Maik Philipp

Lesestrategien. Bedeutung, Formen und Vermittlung

Maik Philipp

Lesestrategien. Bedeutung, Formen und Vermittlung

Der Autor

Maik Philipp, Jg. 1979, Dr. phil., ist wissenschaftlicher Mitarbeiter am Zentrum Lesen innerhalb der Pädagogischen Hochschule in der Fachhochschule Nordwestschweiz. Seine Arbeitsschwerpunkte liegen im Erwerb, der Sozialisation und der Förderung der Lese- und Schreibkompetenz.

Bibliografische Information der Deutschen Nationalbibliothek
Die Deutsche Nationalbibliothek verzeichnet diese Publikation in der Deutschen Nationalbibliografie; detaillierte bibliografische Daten sind im Internet über http://dnb.d-nb.de abrufbar.

Werderstraße 10, 69469 Weinheim
www.beltz.de · www.juventa.de
Herstellung und Satz: Ulrike Poppel
Druck und Bindung: Beltz Bad Langensalza GmbH, Bad Langensalza
Printed in Germany
ISBN 978-3-7799-3288-8

Zwischen den Zeilen
lesen wir richtig.
(Anke Maggauer-Kirsche)

Inhalt

1 Vorwort

„Zwischen den Zeilen lesen wir richtig", so lautet das vorangestellte Motto dieses Buches. Wie sehr das tatsächlich der Fall ist, werden Sie gleich an sich selbst erleben, wenn Sie den nachstehenden Auszug aus einem zeitgenössischen Roman lesen.

Depesche Zweite

Beginnt hier zweite Bericht von Agent Ich, Spion Nummer 67, nach Ankunft Produktvertriebseinrichtung in ■■■■■■■. Absatzgebiet Nummer ■■■■■■■. Datum ■■■■■■. Für Protokoll, während amerikanische Winter ist Jugend unterworfen Zwangsunterricht, während Sommer amerikanische Jugend muss besuchen Einkaufszentrum.

Zaubertür geht stumm seitwärts in Mauer verschwinden, öffnet Zugang von außen. Nicht total Glas, Silberrahmen von Tür stranggepresstes Aluminium, gleitet weg, dahinter alte Frau, Sklavenfrau bekleidet mit rote Kittel, Aufschrift auf Schild an Klemmmechanismus an Kittelfront: „Doris". Alte Wachfrau richtet graue Wolkenauge auf diese Agent, rollt Auge von Haar bis Füße und sagt mit Stimme wie uralt Papagei: „Willkommen bei Wal-Mart." Sagt: „Darf ich dir behilflich sein?"

Mund von diese Agent macht Lächeln, Gesichtmuster freundlich Blickkontakt. Sage: „Verehrung entbiete alte Mutter ... wo verkauft hier Chinaprodukt 81-S-Gasdrucklader-Maschinengewehr mit sechshundertfünfzig Schuss pro Minute?"

Gesicht von alte Frau mumifiziert in sterbende Haut, Wolkenauge nur schaut, nicht blinzelt.

Agent Ich lächelt sagt: „Verehrte bald sterbende Mutter, vertreiben Sie Munition passend für Kroatienprodukt APS-Sturmgewehr Kaliber fünfundvierzig?"

Agent Ich lächelt atmet wartet.

Kehlkopf von alte Papagei ruckt rauf runter von Schlucken. Rotlack aufgeht als Mund, Lacklächeln schmilzt ab.

(Quelle: unveränderter Auszug aus dem Roman „Bonsai" von Chuck Palahiniuk, Anfang des 2. Kapitels)

Der syntaktische, absolut ungrammatisch wirkende Aufbau des Textteils ist gewollt (das gesamte Buch ist übrigens auf diese Art geschrieben) und erschwert zugegeben das Verständnis. Aber dies wird auch noch zusätzlich dadurch erreicht, dass aus der Sicht eines Ausländers der US-amerikanische Alltag geschildert wird. Dennoch können Sie den Text verstehen. Aber man muss beim Lesen doch auch einiges auffüllen: Warum etwa ist ein Teil des Textes zu Beginn geschwärzt? Was ist mit „Zwangsunterricht" gemeint? Was hat es mit der „Zaubertür" auf sich? Welchen Beruf hat die Figur „Doris"? Und warum ist die Frage der anderen Figur nach zu erwerbenden Waren so befremdlich?

Die Antwort auf diese Fragen finden Sie nicht direkt im Text, sondern vor allem in Ihrem eigenen Wissen, das Sie aktiv anwenden mussten, um die textbezogenen Fragen wirklich beantworten zu können. Es ist also eine textseitig beeinflusste und leserseitig gesteuerte Interaktion, die dazu führt, dass man textbezogene Aufgaben erfolgreich bewältigt, obwohl der Text allein nicht die dazu nötigen Informationen vollumfänglich bereitstellt.

Zwischen den Zeilen zu lesen, das ist in aller Regel eine Vorgehensweise, die strategisches und selbstreguliertes Lesen kennzeichnet. Im Kern eines solchen Lesens steht die adaptive und zugleich hochgradig zielgerichtete Verwendung von Lesestrategien. Damit sind mentale Prozesse verschiedenster Art gemeint, die man im besten Falle flexibel dafür nutzt, lesebezogene Probleme möglichst effektiv zu beheben, wobei diese Probleme verschiedenster Couleur sein und praktisch jederzeit beim Lesen auftreten können. Strategien fungieren in diesem Sinne als geistige Werkzeuge, und im besten Fall hat man viele verschiedene solcher Werkzeuge in einem Werkzeugkoffer parat, um maximal handlungsfähig zu sein. Genau darum geht es in diesem Buch: was Lesestrategien sind, wie sie sich in die mentale Verarbeitung von Texten einfügen, welche Gruppen von Strategien es gibt, wie sie spezifischen Leseweisen dienen und – besonders wichtig für Sie als Lehrperson – wie man sie vermitteln kann. Dieses Buch möchte Sie insbesondere im letztgenannten Punkt unterstützen und deshalb umfassend, aber trotzdem noch recht kurz informieren. Das Buch richtet sich vornehmlich an Sprachlehrpersonen, aber im Grunde sind seine Adressaten alle Lehrpersonen, die mit Texten arbeiten, also auch solche aus sozial- und naturwissenschaftlichen Fächern.

2 Einleitung
Dieses Buch und seine Ziele

Worum geht es in diesem Kapitel? Wundern Sie sich bitte nicht, dass bei einer Einleitung wie dieser ein Kasten steht, der die Inhalte des Kapitels zusammenfassend und vorbereitend darstellt. „Advance Organizer" werden solche Texte genannt und gelten schon seit geraumer Zeit als ausgesprochen günstig für das Leseverstehen (Christmann & Groeben, 1999) und das Lernen allgemein (Luiten, Ames & Ackerson, 1980). Weil das Ziel dieses Buches das Vermitteln von Wissen rund um das Thema Lesestrategien und ihre Bedeutung, Gestalt und Vermittlung bildet und weil das Ziel eine hohe Verständlichkeit ist, verdeutlichen die „Advance Organizer" die Inhalte jedes Kapitels. Was erwartet Sie in dieser orientierungsstiftenden Einleitung? Zunächst stehen die vielgestaltigen und umfangreichen Leseaktivitäten des Alltags im Zentrum, um zu zeigen, wie schriftdurchtränkt unser Alltag inzwischen ist und wie viele verschiedene Leseanforderungen wir bewältigen müssen (2.1). Danach erfahren Sie, warum und wofür es dieses Buch gibt (2.2) und wie es systematisch aufgebaut ist (2.3).

2.1 Viereinhalb Stunden täglich – die Allmacht des Lesens im Alltag

Haben Sie sich schon einmal gefragt, wie viel Zeit Sie pro Tag mit dem Lesen verbringen und was Sie alles lesen? Ein Forschungsteam aus den USA hat sich für genau diese Frage interessiert und 400 freiwillig teilnehmende Erwachsene (der Großteil zwischen 20 und 64 Jahren alt) gebeten, über die Leseaktivitäten an zwei Tagen Auskunft zu erteilen (White, Chen & Forsyth, 2010); ein Wochentag entfiel bei Personen mit einem Arbeitsverhältnis auf einen Arbeitstag und der andere (bzw. bei Personen ohne Job: beide Tage) auf einen Nicht-Arbeitstag). Hierfür kam ein Tagebuch zum Einsatz, in dem die Studienteilnehmer zahlreiche Leseaktivitäten samt ihrer Dauer festhielten. Das Ergebnis: Im Durchschnitt summierten sich die Leseaktivitäten auf 272 Minuten auf. Das entspricht mehr als viereinhalb Stunden, täglich wohlgemerkt.

Die Forscherinnen unterschieden vier große Gruppen von Texten: a) kontinuierliche Fließtexte, b) diskontinuierliche Texte (wie Listen), c) Texte, die Zahlen enthielten, und zu guter Letzt d) Hybridformen von Texten, die sowohl kontinuierliche als auch diskontinuierliche Textelemente enthalten. Kontinuierliche Fließtexte absorbierten mit 98 Minuten mehr als ein Drittel (36 Prozent) der Lesezeit. Texte mit Zahlen schlugen mit 94 Minuten (35 Prozent) ähnlich zu Buche. Hybridtexte mit kontinuierlichen als auch diskontinuierlichen Elementen kamen auf 40 Minuten Lesezeit pro Tag (15 Prozent), und rein diskontinuierliche Texte auf 25 Minuten (9 Prozent). Die übrige Viertelstunde Lesezeit entfiel auf andere, zum Teil nicht zuordenbare Texte. Dabei gab es noch einen Unterschied hinsichtlich der (Nicht-)Arbeitstage und des Beschäftigungsstatus: An Arbeitstagen lasen die Erwachsenen eher Texte mit Zahlen, an Tagen, an denen die Personen nicht arbeiteten, etwas mehr kontinuierliche Texte.

Was aber genau lasen die Erwachsenen? Hierfür wurden in der Studie die beiden am häufigsten gelesen Textsorten (kontinuierliche Texte und solche mit Zahlen) noch einmal genauer betrachtet. Hinsichtlich der kontinuierlichen Texte ergab sich folgende Reihung besonders häufig gelesener Texte: Zeitschriften/Zeitungen (36 min), elektronische Korrespondenz wie Mails (33 min), Informationsmaterialien wie Berichte oder Broschüren (30 min), Bücher (18 min), Anleitungstexte (14 min) und Konsumentenmaterial wie Verträge, Kataloge, Werbung (14 min). Bücher und Zeitschriften bzw. Zeitungen bildeten zudem eher eine Freizeitlektüre, Informationsmaterial eher Arbeitslektüre. Bei den Texten mit Zahlen muss vor der Ergebnispräsentation noch darauf hingewiesen werden, dass hier auch diskontinuierliche Texte mitausgewertet wurden. Deshalb übersteigt die Gesamtsumme der in diesem Absatz genannten Zeiten die oben berichteten 272 Minuten. Unter den diskontinuierlichen Texten mit Zahlen dominierte das Lesen von Listen mit 71 Minuten. Fast halb so viel Zeit (37 min) nutzten die Studienteilnehmer für Tabellen und knapp eine halbe Stunde (je 25 min) entfiel auf Schaubilder und Formulare/Rechnungen. Weitere 20 Minuten kostete das Lesen von Karten bzw. Diagrammen.

Die wichtigsten Ergebnisse der US-amerikanischen Studie lauten damit: Wir lesen erstens sehr viel im Alltag. Und wir lesen zweitens sehr unterschiedliche Texte, die jeweils andere Ansprüche an die Lesekompetenz der lesenden Person stellen (Artelt & Schlagmüller, 2004; Christmann & Groeben, 2002; Eggert, 2002; Gehrer & Artelt, 2012; Henschel & Schaffner, 2014; Roick et al., 2010; Schnotz & Dutke, 2004). Leider weist die oben beschriebene US-amerikanische Studie nicht aus, wie hoch der Anteil digitaler und gedruckter Texte ist. Aus anderen Studien lässt sich aber begründet annehmen, dass das Lesen im Internet mitunter am häufigsten erfolgt (Huang et al., 2014; Mokhtari, Reichard & Gardner, 2009). Und: Anders als kulturpessimistische Befürchtungen es vermuten lassen, zeigt sich historisch gesehen eher eine Zunahme der Leseaktivitäten im Alltag (Johnsson-Smaragdi & Jönsson, 2006) bzw. eine Stabilität (van Eimeren & Ridder, 2011). Dabei deuten sich Verlagerungen an, zum Beispiel die zunehmende Nutzung von E-Readern (Kuhn & Bläsi, 2011) oder der Rückgang der Zeitungsnutzung (van Eimeren & Ridder, 2011), der zeitlich gesehen mit einer immer stärkeren Internetnutzung einherging (van Eimeren & Frees, 2009). Nicht das Lesen als solches scheint also rückläufig zu sein, vielmehr scheint seine Bedeutung unverändert hoch zu sein und zugleich Transformationen zu unterliegen. Der digitale Wandel ist dabei eine der treibenden Kräfte, und man kann davon ausgehen, dass die Bedeutung des Lesens in Zukunft eher steigen denn abnehmen wird (Alexander et al., 2012) und dass die vielfältig befürchteten negativen Folgen der Digitalisierung eine Mär sind (Appel & Schreiner, 2014).

2.2 Wozu noch ein Buch zur Leseförderung?

„Es ist schon alles gesagt, nur noch nicht von allen“, hat Karl Valentin einst in seiner unnachahmlichen Art von sich gegeben. Bei den Lesestrategien (manchmal auch „Lesetechniken“ genannt) hat man mitunter als Lehrperson angesichts der Flut an Leseförderpublikationen sicher ebenfalls den Eindruck, es sei eigentlich doch schon alles bekannt. Solche subjektiven Wahrnehmungen decken sich leider nicht mit dem, was in Unterrichtsbeobachtungen seit Jahrzehnten ständig als Ergebnis reproduziert wird: Zu wenig finden sich dort sichtbare lesestrategiebezogene Praktiken und Vermittlungsweisen, von denen wir aus der Interventionsforschung wissen, dass sie Schülerinnen und Schülern dabei helfen, Texte besser zu verstehen (Philipp, 2013a, 2014a).

Rechtfertigt dies allein ein neues Buch zu Lesestrategien, damit – Karl Valentin aufgreifend – wieder einmal jemand etwas zum Thema äußert? Wäre dies der alleinige (Selbst-)Zweck, dann hätte der vorliegende Band Legitimationsprobleme.

Das Buch entstand vor dem Hintergrund wachsenden Unbehagens. Dieses Unbehagen speist sich aus mehreren Quellen. Die erste ist schon benannt: Tatsächliche Strategievermittlung findet in den zugegeben spärlich gesäten Beobachtungsstudien im regulären Unterricht nicht oder in einem nur sehr, sehr geringem Maße statt (Anmarkrud & Bråten, 2012; Kleinbub, 2010). Die zweite Quelle, die in direktem Kontrast dazu steht: Es gibt in der empirischen Leseforschung seit Jahrzehnten eine regelrechte ‚Forschungsindustrie‘ zu lesebezogenen Interventionen, die eine kaum noch zu überblickende Vielzahl von Primärstudien, Überblicksbeiträgen und Metaanalysen hervorgebracht hat. Auch wenn längst noch nicht alle Erkenntnisse gewonnen sind, so ließen sich problemlos ganze Bibliotheken bis unter die Decke mit Publikationen füllen, die sich nur mit Leseförderung befassen. Regelmäßig kommt bei der Forschung heraus, dass die Vermittlung von Lesestrategien zu den effektivsten Fördermaßnahmen überhaupt zählt – zahllose Originalstudien gelangen zu diesem Ergebnis (Philipp, 2013a). Was zusätzlich paradox ist: In aller Regel treffen aus der Systemperspektive jene, die später in der Schule das Lesen aktiv fördern, mit jenen zum Zeitpunkt des Studiums zusammen, die die Effekte der Leseförderung so eifrig erforschen. Eigentlich sollte dort an den Hochschulen ein entsprechender Wissenstransfer stattfinden.

Die dritte Quelle: Mit der flächendeckenden Umorientierung des Bildungssystems hin zur Output- und Kompetenzorientierung kam es zu einer umfassenden Implementation von Schulleistungsstudien im Bildungssystem. Im Bereich Lesen sind die zyklisch seit der Jahrtausendwende durchgeführten PISA- und IGLU-Studien die prominentesten Vertreter, aber bei Weitem nicht die einzigen Studien. Während IGLU Viertklässler in den Blick nimmt und sich schwerpunktmäßig nur der Lesekompetenz widmet, hat PISA Neuntklässler bzw. 15-Jährige fokussiert und testet verschiedene Kompetenzen mit jeweils einem Schwerpunkt pro Zyklus. In Abbildung 1 sind die Anteile der deutschen Schülerinnen und Schüler dargestellt, welche die in den Studien unterschiedlich bestimmten Mindestanforderungen nicht oder nur diese als basal geltenden Lesekompetenzen demonstriert haben. Das waren zusammengenommen bei IGLU 48 bzw. 54 Prozent und bei PISA mit erfreulicherweise rückläufiger Tendenz zwischen 37 und 45 Prozent. Für ein starkes Drittel bzw. sogar über die Hälfte der deutschen Schülerinnen und Schüler am Übergang in die Sekundarstufe bzw. am Ende der Pflichtschulzeit signalisieren die Studien einen Förderbedarf.

Und damit kommen wir zur vierten und für diese Einleitung, die kein Klagelied werden soll, vorletzten Quelle des Unbehagens. Sie hat wiederum mit der Kultusministerkonferenz zu tun, die im Oktober 2004 die Bildungsstandards verabschiedet hat. Diese Standards regeln verbindlich für die BRD, welche Kompetenzen (in der Regel im Fach Deutsch und Mathematik, aber auch noch in weiteren Fächern) Schülerinnen und Schüler zu bestimmten Zeitpunkten im Bildungssystem im Sinne eines Maximalstandards können sollen. Leider ist trotz einer eigenen umfangreichen Expertise „Zur Entwicklung nationaler Bildungsstandards“ (Klieme et al., 2003) das Unterfangen Bildungsstandards nur mäßig geglückt und wurde und wird von Vertretern der Lese- und Literaturdidaktik entsprechend angezweifelt (Kammler, 2014; Spinner, 2004). Aber nun sind sie da, die Bildungsstandards, und wollen in einer langen Liste von Beschreibungen diktieren, was man als Schülerin bzw. Schüler können muss (und was entsprechend Lehrpersonen zuvor vermittelt haben sollen). Einen Auszug für das Lesen und für die Klassenstufe 9 (mittlerer Schulabschluss) enthält der unten stehende Kasten. Die Originalliste ist noch um 30 Einträge länger und kümmert sich um literarische und Sachtexte, Medien sowie Methoden und Arbeitstechniken.

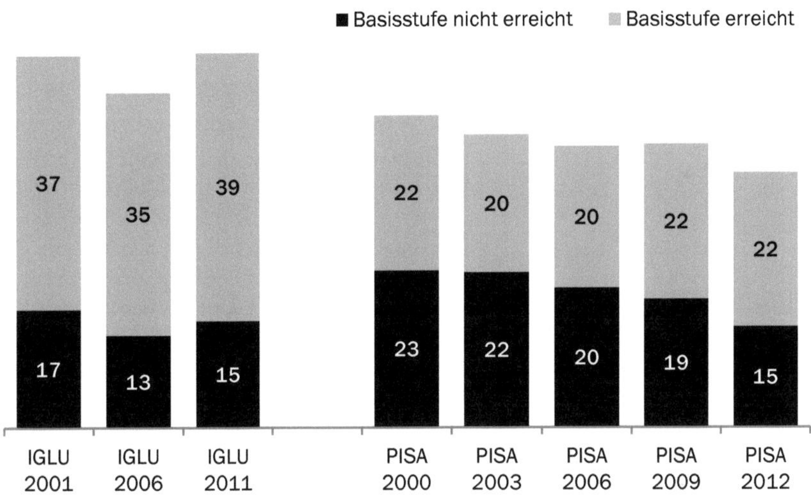

Abb. 1 Anteile von Schülerinnen und Schüler der Klassenstufe 4 bzw. 9 aus Deutschland in den bisherigen IGLU- und PISA-Studien auf der Basisstufe bei der Lesekompetenz bzw. unter dieser Kompetenzstufe (Angaben in Prozent, eigene Darstellung, basierend auf Hohn et al., 2013, S. 231; Naumann et al., 2010, S. 62; OECD, 2013, S. 375)

Was Schülerinnen und Schüler hinsichtlich des Lesens können sollen: Auszug aus den Bildungsstandards im Fach Deutsch für den Hauptschulabschluss (Jahrgangsstufe 9)

1. „Lesetechniken und *Strategien zum Leseverstehen kennen und anwenden,*
2. über grundlegende Lesefertigkeiten verfügen: flüssig, *sinnbezogen, überfliegend, selektiv,*
3. *die eigenen Leseziele kennen,*
4. Vorwissen und neue Informationen unterscheiden,
5. *Wortbedeutungen klären,*
6. Lesehilfen nutzen: z.B. Textsorte, Aufbau, Überschrift, Illustration, Layout,
7. Verfahren zur Textstrukturierung kennen und nutzen: *Inhalte zusammenfassen, Zwischenüberschriften formulieren, wesentliche Textstellen kennzeichnen, Be-*

züge zwischen Textstellen herstellen, Fragen aus dem Text ableiten und beantworten,

8. Verfahren zur Textaufnahme kennen und nutzen: *Aussagen erklären, Stichwörter formulieren, Texte und Textabschnitte zusammenfassen.“*

(Sekretariat der Ständigen Konferenz der Kultusminister der Länder in der Bundesrepublik Deutschland, 2004, S. 13; Kursivierungen von MP, sie betreffen bzw. bezeichnen Lesestrategien)

Schon die ersten acht der mehr als drei Dutzend Einträge verdeutlichen, wie hoch der Anspruch ist. Das Unbehagen rührt auch weniger an dieser Liste, in der die Elemente kursiv gesetzt sind, die mit Strategien zu tun haben (wie übrigens nahezu jeder der hier nicht vorgestellten Listenpunkte). Das Unbehagen hat eher damit zu tun, dass Hauptschülerinnen und -schüler offenkundig die geforderten Leistungen nicht erbringen. Bei der PISA-Studie 2012 erreichten 44 Prozent der Jugendlichen nicht einmal die Basisstufe, an Integrierten Gesamtschulen, wo sich diese Personengruppe auch findet, waren es 14 Prozent aller Getesteten (Hohn et al., 2013).

Quelle Nummer 5: In dieses Vakuum bzw. Spannungsfeld zwischen mangelnder Vermittlung, mangelndem Transfer von Bildungsforschung dorthin, wo die Erkenntnisse dringend gebraucht werden, mangelhafter Bildungsstandards, die viele Lesestrategien im Lesen verbindlich einfordern, und mangelnden Kompetenzen bei Heranwachsenden stellt sich die Frage: Wer behebt die Fehler im System? Vielleicht die Verlage, die findig Arbeitstechnikbücher und oft wenig auf ihre faktische Wirksamkeit hin untersuchte Fördermaterialien auf den Markt werfen, bei denen die Kopiervorlagen und grafische Gestaltung eher den Ausschlag geben als der Inhalt? Oder sollte man dies telegenen Philosophen überantworten, die angesichts vermeintlich bestehender „Bildungskatastrophen“ dem Messias gleich die „Bildungsrevolution“ fordern und praktischerweise auch gleich deren Beschreibung mitliefern?

Das Unbehagen also war die treibende Kraft für dieses Buch. Ein weiterer Antrieb und damit auch ein Ziel des Buches besteht darin, über den Gegenstandsbereich Lesestrategien systematisch Auskunft zu erteilen, eben weil sie laut der Interventionsforschung so effektiv sind. Dabei besteht ein Nachteil der Interventionsforschung darin, dass die in Fachartikeln beschriebenen Förderansätze erstens traditionsgemäß so knapp dargestellt sind, dass man nur rudimentär nachvollziehen kann, was konkret geschehen ist; sich zweitens kaum Informationen zu den eingesetzten Materialien finden und drittens die Forscherinnen und Forscher die Materialien häufig auch nicht direkt zugänglich machen. Außerdem führen sehr häufig nicht die Lehrpersonen selbst, sondern intensivst geschulte Personen (in der Regel: Studentinnen und Studenten) die Fördermaßnahme durch, was günstig für die Umsetzungstreue ist (und die Effektstärken; Boer, Donker & van der Werf, in press) – und die Publikationschancen (Bakker, van Dijk & Wicherts, 2012). Dies ist gut für den Förderansatz und die Studie, jedoch schlecht für die Bedürfnisse der Schulpraxis, zumal es erstaunlich wenige Studien gibt, die weiter gehen und sich darum kümmern, dass Förderansätze in der Praxis ausgeweitet werden und dort auch wirklich etwas bewirken (Klingner et al., 2003).

Doch selbst wenn man Materialien zur Verfügung stellt und Lehrpersonen begleitet, heißt das nicht, dass theoretisch fundierte und empirisch wirksame Förderansätze eins zu eins im Regelunterricht ankommen. In aller Regel kommt es zu Anpassungen und Modifikationen, wenn Lehrpersonen Förderansätze einführen wollen. Lehrpersonen, die beispielsweise den Förderansatz „Reziprokes Lehren" (eine Mischung aus Lesestrategievermittlung und kooperativem Lernen) in ihren Unterricht integrieren wollten, veränderten ihn in Einzelfällen massiv. Sie veränderten die Rollendynamiken, modifizierten die Sozialform, nahmen andere Texte als empfohlen, sie ergänzten das Schreiben – und das war die Regel, nicht die Ausnahme (Coley et al., 1993; Hacker & Tenent, 2002; Marks et al., 1993). Ist ein solches Konfektionieren gut für den Unterricht, aber schlecht für den Förderansatz?

Zudem: Selbst wenn die Materialien öffentlich zugänglich sind und die Umsetzung im Spannungsfeld zwischen ausreichender Genauigkeit und gebotener Kürze beschrieben ist, garantiert dies noch lange nicht, dass ein Strategietraining im Unterricht den erhofften Erfolg erbringt. Viele Faktoren beeinflussen den Unterricht, und das wissen Sie als Lehrperson natürlich (und wir in der Wissenschaft wissen es auch; Helmke, 2009; Ruddell & Unrau, 2004). Außerdem ist nicht gesagt, dass ein konkretes Förderprogramm den Bedürfnissen von Lehrpersonen und ihren Unterrichtszielen passt – oder dass eine Fördermaßnahme alle Klassenmitglieder gleichermaßen erreicht (Fuchs & Fuchs, 2006). Das gilt insbesondere bei methodisch sehr strengen Studien (Slavin et al., 2008, 2009), und selbst intensive, langfristige Förderansätze führen nicht automatisch zu hohen Fördereffekten (Wanzek et al., 2013).

Was ebenfalls zu beobachten ist: Wissenschaftlerinnen und Wissenschaftler modifizieren ihrerseits Fördermaßnahmen in ihren Interventionsstudien aufgrund neuerer Erkenntnisse, aber auch ihrer eigenen Überzeugungen (siehe den Punkt zwei oben in der Liste unter dem Stichwort „Forschungsindustrie"). Das führt dazu, dass sich aus wissenschaftshistorischer Sicht mehr oder weniger abgrenzbare Phasen mit erheblich konfligierenden (Alexander & Fox, 2013) und geradezu ideologischen Vorstellungen zur Leseförderung ergeben haben (Pearson, 2004). Wenn also selbst in der Wissenschaft Dissens herrscht, wie eine optimale Leseförderung auszusehen hat, und Vertreter der Wissenschaft Förderansätze modifizieren (und das als Fortschritt verkaufen) und kaum Replikationsstudien vorliegen (Makel &

Plucker, 2014; Makel, Plucker & Hegarty, 2012) bzw. die vorliegende Forschung mit einigen Problemen zu kämpfen hat (Bakker, van Dijk & Wicherts, 2012) – mit welchem Recht kann es dann Lehrpersonen verwehrt werden, sich eine passende Vermittlungsform zu suchen und zu erstellen? Mitunter wird in der Forschungsliteratur sogar explizit darauf verwiesen, dass es im Grunde genommen ein Ausdruck von Expertise ist, adaptiv Elemente auszuwählen und zu kombinieren (Duffy & Hoffman, 1999; Duffy et al., 2009; Krauss, 2011). Dafür braucht es Wissen. Und deshalb ist dieses Buch ein produktiver Weg, das individuelle Unbehagen anzugehen und gleichermaßen für Lehrpersonen umfassend Informationen zum Thema Lesestrategien und ihre Förderung bereitzustellen.

2.3 Zum Aufbau des Buches und einige Hinweise zum Gebrauch

Mit dem erklärten Ziel, systematisch praxisrelevantes Wissen über Leseprozesse, Lesestrategien und Strategievermittlung zu liefern, korrespondiert der Aufbau des Buches. Jedes der folgenden vier Kapitel behandelt eine in sich abgeschlossene Thematik, auf welche die später folgenden Kapitel systematisch aufbauen.

Ein Buch, in dem es um Lesestrategien geht, ist ohne eine Beschreibung der Leseprozesse vergleichbar mit einem Gemälde ohne Rahmen. Genau diese rahmende Funktion nimmt das nachfolgende Kapitel innerhalb dieses Buches ein: Es soll dabei helfen, Lesestrategien besser innerhalb der Leseprozesse zu verorten. In einer der einflussreichsten Theorien zum Leseverstehen bilden Strategien sogar ein äußerst zentrales Element und tauchen sogar im Titel des Buches auf, das ausführlich die Theorie beschreibt (van Dijk & Kintsch, 1983). Deshalb wird im Kapitel 3 dargelegt, was lesende Personen im Leseprozess tun, um Textinhalte zu verstehen. Dabei geht es sowohl um die Lektüre von einzelnen Fließtexten, um die Lektüre von mehreren verschiedenen Fließtexten und zu guter Letzt um die Lektüren von nicht-kontinuierlichen und digitalen Hypertexten. Es sind also drei Arten von lesebezogenen Prozessen und Anforderungen, die dargestellt werden.

Kapitel 4 nimmt sich der Lesestrategien an, indem es sie durch einen Selbstversuch erlebbar macht, den Begriff definiert, Merkmale und Voraussetzungen von Strategien benennt und klärt, woher wir aus der Forschung so viel über Strategien wissen. In besagtem Kapitel werden also auf einer mittelabstrakten Ebene die Lesestrategien als Werkzeuge des Lesens und Lernens auf knappem Raum beschrieben. Dadurch sollen zunächst einmal allgemeine Aspekte zur Sprache kommen. Eine Spezifikation erfolgt dann in Kapitel 5.

Ausgehend von den drei lesebezogenen Prozessen und Anforderungen aus Kapitel 3 werden nun empirisch ermittelte Lesestrategien vorgestellt. Da dies inzwischen sehr viele sind, wird nicht für jede Strategie separat ein Beispiel gegeben. Stattdessen soll es darum gehen, gewissermaßen einen umfangreichen Werkzeugkasten zu skizzieren und einen Blick in ihn zu werfen. Wie es sich für einen guten Werkzeugkoffer gehört, sind einander ähnelnde Werkzeuge mit ähnlicher Funktion an einem gemeinsamen Ort versammelt. Das ist in Kapitel 5 ebenfalls der Fall: Je nach ihrer Funktion und ihren Zielen sind die Strategien in Teilkapiteln zusammengefasst. Wegen der unterschiedlich stark ausgeprägten Forschungsbemühungen dominieren Strategien beim Lesen einzelner fortlaufender Texte. Die Strategien bei der Lektüre multipler oder Hypertexte setzen diese Strategien voraus und spezifizieren noch einmal die zusätzlichen Anforderungen.

Im Kapitel 6 geht es schließlich um die Vermittlung von Lesestrategien im Unterricht. Hierfür wird die Strategievermittlung in lesedidaktische Kompetenzmodellierungen eingebettet, um eine Orientierung zu stiften, wo dieser Förderansatz genau ansetzt. Der eigentlichen Vermittlung und der schüler- und lehrpersonenseitigen Aneignung geht das Kapitel ebenso mit einigen theoretischen Verortungen nach, wie es Beispiele für die Strategievermittlung und das wichtige sogenannte „Modellieren“ beisteuert. Diese Praxisperspektive wird flankiert von sieben ausführlichen praxisrelevanten Tipps und der Beschreibung einer Schule, in der die Strategievermittlung ebenso systematisch wie erfolgreich ist.

Neben diese konkreten Inhalte der jeweiligen Kapitel treten einige strukturelle, kapitelübergreifende Merkmale. Jedes der Hauptkapitel beginnt mit einer vorangestellten Zusammenfassung des Kapitelinhaltes und endet mit einem zusammenfassenden Teilkapitel. Die vorgestellten Zusammenfassungen in Kästen sollen Sie als Nutzerin bzw. Nutzer des Buches auf die Kapitelinhalte vorbereiten und zugleich für sich entscheiden können, welche Teilkapitel sie vertiefend lesen oder auslassen wollen. Damit geht einher, dass Sie das Buch selbstverständlich selektiv lesen können. Gleichwohl ist das Buch in seiner Struktur so angelegt, dass die Inhalte aufeinander aufbauen und systematisch miteinander zusammenhängen. Seinen größten Nutzen entfaltet entsprechend das Buch bei einer durchgängigen und vollständigen Lektüre. Wenn sie jedoch selektiv lesen möchten, so seien Ihnen folgende Teile des Buches besonders ans Herz gelegt: Kapitel 6 wird Sie als (angehende) Lehrperson vermutlich am meisten interessieren. Ohne das Kapitel 3 und die selektive Lektüre des Kapitels 5 wird Kapitel 6 allerdings nur ein Fragment bleiben. Dasselbe gilt für das Teilkapitel 4.4 und 5.1, die für dieses Buch zentral sind.

3 Leseprozesse Was zwischen Text(en) und lesender Person geschieht

Worum geht es in diesem Kapitel? Lesen ist nicht einfach nur Bedeutungsentnahme aus Texten, sondern ein dynamischer Prozess, in dem die lesende Person und der Text auf komplexe Weise interagieren. Dabei stellen verschiedene Texte bzw. Leseanforderungen unterschiedliche Ansprüche an die Leserinnen und Leser, bei denen wiederum auch die Vorwissensbestände darüber mitentscheiden, inwieweit die lesenden Personen einen Text wirklich verstehen. In diesem Kapitel soll es genau um diese Prozesse des Lesens gehen. Zunächst stehen die Prozesse bei der Lektüre singulärer Texte im Vordergrund. Diese sind am besten erforscht, und anhand des Beispiels „Erlkönig" wird das „Konstruktions-Integrations-Modell" erläutert (3.1). Danach verändert sich die Perspektive, denn nun wird mittels eines Beispiels das „Dokumenten-Modell" erklärt, das sich der Lektüre multipler Texte widmet (3.2). Dieses Modell ist eine Erweiterung des Modells im Teilkapitel zuvor. In dem sich anschließenden Teilkapitel (3.3) werden die zusätzlichen Anforderungen dargestellt, die sich bei der navigierenden Lektüre bei Hypertexten ergeben. Es folgt eine Zusammenfassung am Kapitelende (3.4).

3.1 Das Konstruktions-Integrations-Modell bei linearen Texten

Für den Hirnforscher Ernst Pöppel ist die Sache klar. Er schreibt: „Lesen ist für unser Gehirn eine der unnatürlichsten Tätigkeiten überhaupt" (Pöppel, 2009, S. 40), erkauft werde es durch den „Missbrauch" von Gehirnarealen, die für die vergleichsweise junge Kulturtechnik in den Dienst gestellt werden, evolutionär gesehen aber für anderes bestimmt sind (Stanilas Dehaene (2012) spricht etwas freundlicher von „neuronalem Recycling"). Menschen haben aber auch viel vom Lesen, da es zum Beispiel Wissensbestände und den Wortschatz erhöht (Cunningham & Stanovich, 2001) und ihm auch sonst vielfältige Wirkungen und Funktionen zugeschrieben werden (Groeben, 2004a). Nicht umsonst wurde die Lesekompetenz so prominent als Schlüsselkompetenz in PISA & Co. untersucht. Wie aber schaffen es Menschen, aus der Ansammlung von grafischen Zeichen Bedeutung zu generieren? Und wieso kann man nach der Lektüre eines GEO-Artikels die wichtigsten Informationen wiedergeben oder sogar bei der Lektüre eines Harry-Potter-Romans eine konkrete Vorstellung eines fiktiven Internats im eigenen Geist aufbauen?

An dieser Stelle setzen theoretische Überlegungen zum Leseprozess an. Am frühesten sind dabei lineare, also fortlaufende Fließtexte in den Blick geraten. Ein sehr einflussreiches Modell des Textverstehens haben die beiden Forscher Adrian van Dijk und Walter Kintsch in den 1970er Jahren entwickelt und in mehreren Varianten später spezifiziert und ausdifferenziert (Kintsch & van Dijk, 1978; van Dijk & Kintsch, 1983; Kintsch, 1998 – auf der Basis dieser Publikationen erfolgt die Paraphrase des Modells). Das „Konstruktions-Integrations-Modell“ betont stark die Prozesse des Lesens und hilft dabei, das Zusammenspiel von text- und leserseitigen Elementen besser zu beschreiben und zu verstehen. Das hat diesem Modell eine breite Akzeptanz innerhalb der psychologisch orientierten Leseforschung verschafft, und es ist bis heute eine der wirkmächtigsten Theorien zum Leseverstehen überhaupt. Dieses Modell soll anhand des Beispiels „Der Erlkönig“ im Folgenden beschrieben werden, als Referenzpunkt ist die Ballade im nachstehenden Kasten abgedruckt.

Johann Wolfgang von Goethe
Der Erlkönig

Wer reitet so spät durch Nacht und Wind?
Es ist der Vater mit seinem Kind.
Er hat den Knaben wohl in dem Arm,
Er fasst ihn sicher, er hält ihn warm.

Mein Sohn, was birgst du so bang dein Gesicht?
Siehst Vater, du den Erlkönig nicht!
Den Erlenkönig mit Kron’ und Schweif?
Mein Sohn, es ist ein Nebelstreif.

Du liebes Kind, komm geh’ mit mir!
Gar schöne Spiele, spiel ich mit dir,
Manch bunte Blumen sind an dem Strand,
Meine Mutter hat manch gülden Gewand.

Mein Vater, mein Vater, und hörest du nicht,
Was Erlenkönig mir leise verspricht?

Sei ruhig, bleibe ruhig, mein Kind,
In dürren Blättern säuselt der Wind.

Willst feiner Knabe du mit mir geh'n?
Meine Töchter sollen dich warten schön,
Meine Töchter führen den nächtlichen Reihn
Und wiegen und tanzen und singen dich ein.

Mein Vater, mein Vater, und siehst du nicht dort
Erlkönigs Töchter am düsteren Ort?
Mein Sohn, mein Sohn, ich seh' es genau:
Es scheinen die alten Weiden so grau.

Ich lieb dich, mich reizt deine schöne Gestalt,
Und bist du nicht willig, so brauch ich Gewalt!
Mein Vater, mein Vater, jetzt fasst er mich an,
Erlkönig hat mir ein Leids getan.

Dem Vater grauset's, er reitet geschwind,
Er hält in den Armen das ächzende Kind,
Erreicht den Hof mit Mühe und Not,
In seinen Armen das Kind war tot.

Das Konstruktions-Integrations-Modell konzentriert sich auf die mentalen Prozesse beim Lesen im Sinne einer Text-Leser-Interaktion. Wahrnehmungsprozesse etc. blendet es gezielt aus. Das Modell geht davon aus, dass Menschen einen Text auf drei verschiedene Arten mental repräsentieren können: wörtlich, propositional und als Situationsmodell. Die verschiedenen Repräsentationen bauen zudem im Leseprozess aufeinander auf, sind also hierarchisch und auch zeitlich voneinander abhängig. Sie unterscheiden sich außerdem in der Art, in der es um die Oberflächenebene des Textes bzw. dessen Tiefenstruktur und die Inhalte geht.

Die geringste Verarbeitungstiefe liegt im Falle der *wörtlichen Repräsentation* vor. Man kann „Den Erlkönig" beispielsweise Wort für Wort aus dem Gedächtnis aufsagen, ohne dass man den Text dafür verstanden haben muss. Vielmehr kann man ihn reproduzieren. Genau dieses Phänomen hat auf amüsante Weise der Kolumnist Axel Hacke in seinem Buch „Der weiße Neger Wumbaba" am Beispiel des Verhörens beschrieben: Die Leserschaft des Kolumnisten hat ihm zahlreiche Beispiele geschickt, in denen vergnügliche Verhörer berichtet wurden, etwa „der weiße Neger Wumbaba" statt „der weiße Nebel wunderbar". Die an den Kolumnisten geschickten Beispiele haben sich jahrelang fälschlich ins Gedächtnis eingebrannt und wurden überhaupt erst durch Aha-Effekte als Fehler identifiziert.

Stärker inhaltlich präsent sind Texte bzw. Textinhalte im Falle der *propositionalen Repräsentation*. Namensgebend sind die Propositionen als kleine bedeutungstragende Einheiten im Text. Propositionen bestehen aus zwei Bestandteilen: einem „Prädikat“ und einem oder mehreren „Argumenten“. Die Prädikate verbinden die Argumente miteinander. Das Prädikat klärt, was die „Argumente“ genannten Informationen kennzeichnet bzw. wie sie zueinander in Beziehung stehen. Argumente können dabei sowohl im Text erwähnte Informationen als auch andere Propositionen sein. Dies wird an einem Beispiel gleich verdeutlicht.

Man nummeriert in der Forschung die Propositionen eines Textes durch, gibt zunächst das Prädikat an (nicht immer im Wortlaut des Textes, sondern teilweise in seiner logischen Bezeichnung bzw. Funktion) und in Klammern folgt dann das Argument bzw. folgen die Argumente. Nehmen wir beispielsweise die ersten beiden Verszeilen der ersten Strophe („Wer reitet so spät durch Nacht und Wind? Es ist der Vater mit seinem Kind.“). Diese lassen sich in folgende propositionale Struktur übersetzen, in der die ersten sechs Propositionen aus der Frage in der ersten Verszeile stammen und die restlichen aus der zweiten Verszeile. Wichtig ist bei alldem: Es handelt sich um Propositionen, die der Text explizit enthält.

P1: REITEN(WER)
P2: REITEN(SPÄT)
P3: SO(P2)
P4: REITEN(NACHT)
P5: REITEN(WIND)
P6: DURCH(P4, P5)
P7: SEIN(P1, VATER)
P8: MIT(P7, KIND)
P9: VERWANDTSCHAFT(VATER, KIND)

Die Propositionen 1, 2, 4 und 5 drehen sich um das Prädikat „Reiten“, zu dem der erste Satz diverse Informationen enthält. Daneben gibt es in den Propositionen 3 und 6 noch Spezifikationen von Propositionen, nämlich dass es reichlich spät ist (P3) und dass der Ritt „durch“ Nacht und Wind erfolgt (P6). Die Antwort auf die Frage aus der ersten Verszeile „Es ist“ wird in P7 mit dem Prädikat „Sein“ dargestellt, welches die Information „Vater“ mit der P1 verknüpft. Die P8 spezifiziert, dass der Vater nicht allein ist, und P9 indiziert – angezeigt durch das Wort „seinem“ im Originaltext –, dass es ein Verwandtschaftsverhältnis zwischen dem Vater und dem Kind gibt.

Schon die Darstellung der Propositionen aus lediglich zwei Sätzen zeigt, wie komplex Informationen in einer scheinbar kleinen Textmenge aus

15 Wörtern angeordnet sind. Dies ließe sich für den gesamten Text der Ballade weiter durchexerzieren, und am Ende stünde eine lange Liste von Propositionen, die für die Zwecke dieses Buches zu lang ist, aber die logische Struktur der Informationen im Text darstellen würde. Alle Propositionen bilden zusammen die sogenannte „Mikrostruktur" des Textes.

Untereinander sind die Propositionen hierarchisch organisiert. Das bedeutet: Nicht alle der Informationen im Text sind gleich wichtig oder zentral. Andere hingegen sind es: etwa die drei Figuren bzw. Handlungsträger (Vater, Sohn und Erlkönig), das Setting (Nacht, Sturm), die Handlung (die zunehmende Verängstigung des Kindes, die sich auf den Vater überträgt; die Tatsache, dass nur das Kind die Worte des Erlkönigs wahrnimmt und dass der Vater über Naturphänomene zu beruhigen versucht). In Texten können solche als „Makropropositionen" bezeichneten wichtigeren Informationseinheiten auch explizit markiert werden, Beispiele dafür sind Überschriften oder Kästen mit Zusammenfassungen oder auch Formulierungen wie „zentral für … ist". Die Mikro- und Makropropositionen bilden in ihrer Gesamtheit gemäß dem Konstruktions-Integrations-Modell die „Textbasis", also alle textbezogenen Informationen in ihrer Struktur untereinander. Wenn Leserinnen und Leser diese Textbasis beim Lesen formieren, dann geht dies stark in Richtung dessen, was man gemeinhin unter dem Begriff Leseverstehen subsummiert: ein aktives Prozessieren des Textes.

Die höchste Form der Repräsentation bildet – im Wesen gänzlich anders als die wörtliche, die sich stark an der Textoberfläche bewegt – das *Situationsmodell.* Damit ist eine nicht mehr rein sprachliche Repräsentation des Textinhaltes gemeint, welche weit weg vom ursprünglichen Textwortlaut ist, aber zugleich die Inhalte des Textes betrifft. Wenn Sie beim Lesen des „Erlkönigs" vor Ihrem inneren Auge die Szenerie und die Handlung präsent haben, die Verlockungen des Erlkönigs und die zunehmende Bedrohlichkeit wie in einem Film sehen, dann entspricht das einem textbasierten Situationsmodell. Ob die Handlung als Ballade oder in einem Roman dargestellt wurde, ob die Verse sich reimen und in welcher Sprache der Originaltext verfasst wurde, spielt eine untergeordnete Rolle bei dieser Repräsentationsform. Umgekehrt dürfte das Situationsmodell Informationen enthalten, die nicht aus der Textbasis stammen, etwa das Aussehen des Pferdes, des Kindes, des Vaters, der Umgebung und nicht zuletzt des Erlkönigs. All diese Informationen sind im Text nicht direkt angegeben, und sicher haben Sie ein individuelles Situationsmodell, das sich von dem anderer Personen unterscheidet. Dieses Situationsmodell stellt die höchsten Anforderungen an eine lesende Person im konkreten Leseprozess.

Wie aber kommt es, dass man sich im Lauf des Leseprozesses und der Transformation der Repräsentationen immer weiter von dem eigentlichen sprachlichen Input löst? Und warum haben Menschen trotz des identischen Textes unterschiedliche konkrete Vorstellungsbilder zu den Inhalten eines Textes? Das wird im Konstruktions-Integrations-Modell über die zwei namensgebenden Prozesse erklärt: die Konstruktion und die Integration. Die Basis dafür bildet das technische Erlesen des Inhaltes. Bei der *Konstruktion* geht es darum, die Propositionen eines Textes zu extrahieren. Dabei muss man Schlussfolgerungen im eigenen Geist ziehen (etwa, dass mit „Kind", „Knabe" und „Sohn" dieselbe Figur gemeint ist) und sein Vorwissen nutzen (z. B. um zu klären, was mit „Schweif" beim Erlkönig gemeint sein könnte, oder das Muster der sprachlichen Interaktionen zu erkennen, nämlich dass der Sohn zunächst vom Erlkönig angesprochen wird, der Sohn sich dann an den Vater wendet und dieser immer wieder mit naturbezogenen Aussagen die Unruhe seines Kindes beruhigen will). Solche Schlussfolgerungen gelten theoretisch (Graesser, Singer & Trabasso, 1994) und empirisch (Cromley & Azevedo, 2007) als besonders wichtig für das Textverstehen. Deshalb ist das Wissen – sei es das allgemeine Vorwissen, sei es das Wissen zu Textstrukturen – zentral, und wer viel Wissen hat, versteht Texte in der Regel auch besser und konstruiert beim Lesen eine reichhaltigere propositionale Repräsentation. Oder anders: Die Leserinnen und Leser schaffen es im Konstruktionsprozess, allmählich die lokale, textteilbezogene und globale, gesamttextbezogene Kohärenz des Textes nachzuvollziehen.

Damit die propositionale Repräsentation zum Situationsmodell avancieren kann, bedarf es aber noch der *Integration*. Texte enthalten nämlich Widersprüche oder unwichtige Elemente. Umgekehrt kann eine im weiteren Text auftauchende Information die bisherige mentale Repräsentation völlig infrage stellen (denken Sie nur an einen Krimi, bei dem am Ende aufgeklärt wird, wer der Mörder war, und alle Handlungsstränge auf einmal in einem völlig anderen Licht erscheinen). In beiden Fällen bemühen sich Leserinnen und Leser um eine möglichst stimmige, kohärente Repräsentation des Textinhalts. Sie eliminieren Unstimmigkeiten bzw. Details (etwa welche konkreten Dinge der Erlkönig dem Kind verspricht oder welche konkreten Erklärungsversuche der Vater anstellt) und nutzen mehr oder minder intensiv ihre Wissensbestände. Weil diese Vorwissensbestände individueller Natur sind, erklärt dies, warum sich die mentalen Modelle von Personen unterscheiden.

Das Konstruktions-Integrations-Modell enthält also viele Elemente, um das Zusammenspiel von lesender Person mit ihren Merkmalen und dem Text mit seinen Merkmalen zu erklären. Hinsichtlich der Texte geht es um die Vielzahl verbundener und in der Regel hierarchisch organisierter Propositionen, welche in ihrem Gesamt die Textbasis bilden. Diese Textbasis (re)konstruieren die Lesenden und integrieren die Informationen in ein möglichst kohärentes Ganzes. Sie nutzen dazu die Textbasis ebenso wie ihre

Wissensbestände, was sie zu aktiven Akteuren macht. Je nachdem, wie stark eine lesende Person konstruiert und integriert (und sich dabei erheblich von der Oberfläche des Textes löst), gelangt sie zu mentalen Repräsentationen des Textes jenseits der reinen wortwörtlichen Repräsentation wie beim reinen Gedichtaufsagen. Eine lesende Person kann die zentralen Informationen aus einem Text als propositionale Repräsentation während des Lesens und nach dem Lesen im Geist verfügbar halten. Daneben kann die textbezogene Repräsentation auch über die reine Textbasis hinausgehen, weil das Situationsmodell sowohl Elemente aus dem Text als auch aus dem eigenen Wissen enthält. Das Konstruktions-Integrations-Modell ist nicht das einzige Modell zu Leseprozessen, aber für die Zwecke dieses Bandes soll es genügen, nicht zuletzt deshalb, weil es in der Wissenschaft breite Akzeptanz gefunden hat (für einen Überblick s. Lenhard & Artelt, 2009).

3.2 Das Dokumenten-Modell bei mehreren linearen Texten

Sie fanden, dass das in Teilkapitel 3.1 beschriebene Verarbeiten von einem einzelnen Text auf dem Weg zum umfassenden Leseverstehen bereits sehr anspruchsvoll ist? Dann haben Sie völlig Recht. Das Verstehen eines geschriebenen Textes – selbst eines kurzen – ist aufwändig, selbst wenn dies geübten bzw. mit vielen Vorwissensbeständen ausgestatteten Leserinnen und Lesern kaum noch auffällt. Für schwache Leserinnen und Leser bzw. solche mit geringem Vorwissen sieht es völlig anders aus. Doch auch für geübte, wissensstarke lesende Personen kann ein Einzeltext zur Hürde werden. Insbesondere wenn ein Text sehr lang ist, seine Informationen inkohärent organisiert sind oder er viele bzw. sehr widersprüchliche Informationen enthält, wird die Lektüre zur Tour de Force.

Im Alltag bildet die Lektüre längerer Einzeltexte nur einen Ausschnitt aller Lektüren. Alltäglich ist es, mehrere Texte zu lesen. Denken Sie zum Beispiel daran, dass Sie vor einer Urlaubsreise im Internet umfangreich recherchieren, welches Hotel Sie nehmen wollen. Dabei werden Sie je nach Ihrem Ziel andere Informationen als relevant betrachten: Ist das jeweilige Hotel gut zu erreichen? Gibt es kostenloses Internet? Wie wurde das Hotel von anderen Gästen beurteilt – und sind diese Bewertungen glaubwürdig? Bieten andere Hotels vielleicht bessere Serviceleistungen, wodurch sie zu interessanten Alternativen werden könnten? Die Liste der Fragen ließe sich ohne Weiteres verlängern, entscheidend aber ist: Es gilt, aus separaten Texten Informationen systematisch aufeinander zu beziehen und zu beurteilen. Was das Lesen multipler Dokumente damit ganz besonders stark vom Lesen einzelner linearer Texte unterscheidet, ist das Verbinden von Informationen aus mehreren Texten (Afflerbach & Cho, 2009).

Das eben gewählte Beispiel bezog sich auf Internettexte, es lässt sich aber schnell auf analoge Texte beziehen, etwa bei der vergleichenden Lektüre von Schulbuchtexten, um sie für eine Stationenarbeit oder eine Unterrichtseinheit auszuwählen, auf die Sichtung von Versicherungsangeboten, auf das Schreiben von Hausarbeiten oder das Vorbereiten von Referaten in der Hochschule. Auch wenn hilfsbereite Freiwillige die Dissertationen von Politikerinnen und Politikern und anderen Promovierten auf mögliche Plagiate untersuchen und die Ergebnisse in Blogs zur Verfügung stellen, auf Wikipedia Versionen der Artikel vergleichen oder Harry-Potter-Fans bei den Übersetzungen sogenannte „Gurken" suchen und finden und dadurch zu Modifikationen der Buchtexte führen (s. dazu die Website harrypotter-xperts.de), sind das Beispiele für die Lektüre multipler Texte bzw. Textteile. Die Fähigkeit, mehrere Texte lesen und verstehen zu können, wird spätestens bei der ersten Bewerbung unmittelbar relevant sein, wenn alle Anhänge einer Bewerbung mit dem Anschreiben korrespondieren sollten und ein einzeltextübergreifendes großes Ganzes schaffen sollten.

Beim Verstehen mehrerer Texte – im einfachsten Fall sind es nur zwei, aber selbstredend ist die Grenze nach oben offen – müssen Leserinnen und Leser mehr und zusätzliche Informationen verarbeiten. Wie man das aus Sicht der Leseforschung erklärt, ist Gegenstand des „Dokumenten-Modells". Dieses Dokumenten-Modell wurde von einer Arbeitsgruppe rund um Anne Britt und Jean-François Rouet in mehreren Versionen entwickelt und verfeinert (Britt et al., 1999; Perfetti, Rouet & Britt, 1999; Rouet & Britt, 2011; Britt & Rouet, 2012; diese Literatur wird im Folgenden paraphrasiert). Das Dokumenten-Modell ist von Anfang an auch als Modell für das Lernen aus mehreren Texten konzipiert und weiterentwickelt worden, was seine Relevanz für das Lesen und die (fächerübergreifende) Leseförderung in der Schule nochmals steigert.

Das Dokumenten-Modell (s. Abb. 2) baut auf den Annahmen des Konstruktions-Integrations-Modells auf und erweitert die dort postulierten drei Repräsentationsformen um zwei weitere, um dem Umstand Rechnung zu tragen, dass man mehrere Texte zu einem Sachverhalt liest. Beide neuen Repräsentationsformen sind die Hauptbestandteile des Dokumenten-Modells, nämlich zum einen das *Intertext-Modell* und zum anderen das umfassende *textübergreifende Situationsmodell*. Es gibt also zwei Formen von Situationsmodellen: die des jeweiligen Einzeltexts und das umfassende textübergreifende. Das Dokumenten-Modell mit seinen Bestandteilen wird nun ausführlicher beschrieben und erklärt. Und wie schon im Teilkapitel zuvor soll dazu ein Beispiel bzw. sollen sinnvollerweise zwei Beispiele die abstrakten Inhalte mit Leben füllen. Es handelt sich bei den Beispielen um zwei Beschreibungen, wie der Panamakanal von den USA als Hoheitsgebiet auf fremdem Terrain akquiriert wurde. Kursiv im Text gesetzt sind im Text B jene Sätze, in denen der zweite Autor James Sachverhalte anders schildert als der erste Autor Norman im Text A, nämlich hinsichtlich der Rolle der USA während einer Revolution in Panama, die 1903 zur politischen Unabhängigkeit des Landes führte. (Diese explizite Hervorhebung ist als Service für Sie als Leserin bzw. Leser gedacht. In der Realität besteht die Anforderung an eine lesende Person exakt darin, solche Diskrepanzen zu erkennen und erfolgreich in das eigene Dokumenten-Modell zu integrieren.)

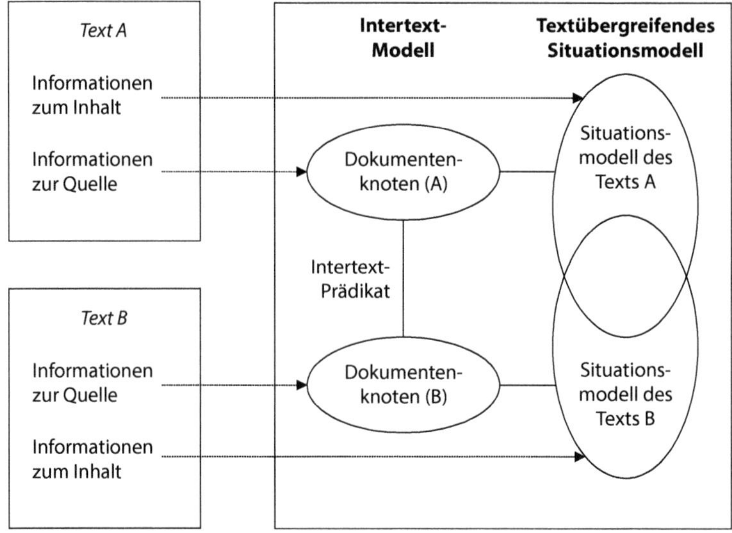

Abb. 2 Komponenten des Dokumenten-Modells
(Quelle: Übersetzung von Britt & Rouet, 2012, S. 285, mit leichten Modifikationen)

Text A (von Norman) zur Übernahme des Panamakanals durch die USA

Die USA wollten einen Kanal bauen, um die Reise zwischen der Ost- und Westküste sicherer und schneller zu machen. Ein Komitee des Kongresses empfahl als Ort das Territorium Panamas. Um die Erlaubnis für den Bau zu erhalten, begann das Komitee Verhandlungen mit Kolumbien, dem Besitzer der Provinz Panama. Die Verhandlungen führten zu einem Abkommen, das vom US-Kongress ratifiziert, aber vom kolumbianischen Kongress abgelehnt wurde. Ein panamaischer Revolutionär, der nach Washington gekommen war, um Hilfe zu erbitten, traf den Präsidenten und den Staatssekretär. Der US-Präsident bot keine direkte Unterstützung an, aber während der panamaischen Revolution blieb ein US-Militärschiff im Hafen Panamas und verhinderte, dass die Kolumbianer ihre Macht behielten. Die Präsenz der USA mündete in den Erfolg der Revolution. Innerhalb dreier Tage erkannte die USA die Unabhängigkeit Panamas an, und innerhalb von zwei Monaten unterzeichneten sie einen Vertrag mit der neuen Nation Panama, der die USA dazu befähigte, einen Kanal durch Panama zu bauen und zu kontrollieren.

Text B (von James) zur Übernahme des Panamakanals durch die USA

Die USA wollten einen Kanal in der Region Zentralamerikas. Sie bildeten ein Komitee, das nach möglichen Orten suchte, und das Komitee empfahl schlussendlich Kolumbiens Provinz Panama als den besten Ort. Die Verhandlungen mit Kolumbien führten zu einem Abkommen, das vom US-Senat, aber nicht vom kolumbianischen Kongress angenommen wurde. *Die Ablehnung des Vertrags erhöhte den Wunsch der panamaischen Bürger nach Unabhängigkeit. Sie machten sich Sorgen um den Verlust des finanziellen Nutzens des Kanals. Die wütenden Panamaer planten eine Revolution gegen Kolumbien und führten sie durch. Die USA hatten ein Schiff in der Gegend, und die Panamaer nahmen die Präsenz der USA als ein Zeichen der Unterstützung wahr und führten die Revolution durch.* Sie war erfolgreich. Wenige Tage später führten die USA und Panama Verhandlungen durch und unterzeichneten ein Abkommen, das den USA erlaubte, einen Kanal auf dem Territorium Panamas zu bauen.

(Quelle beider Texte: Perfetti, Rouet & Britt, 1999, S. 109)

Wie stellt man sich nun die Vorgänge innerhalb einer lesenden Person vor, die dazu führen, dass sie die Inhalte verschiedener Texte präsent hat. Wendet man sich zunächst dem Intertext-Modell innerhalb des Dokumenten-Modells zu, so sind die sogenannten „Dokumentenknoten“ von Relevanz. Jeder Text hat einen solchen Knoten, den man sich salopp wie eine Art ‚Waschzettel‘ vorstellen kann. Es handelt sich um eine Liste von Informationen zu einem Text bzw. über ihn. Das Intertext-Modell geht von drei übergeordneten Informationskategorien aus: der Quelle selbst, den rhetorischen Zielen und dem Inhalt (s. Tab. 1).

Bei der Kategorie *Quelle* gibt es eine weitere Unterscheidung in drei Subkategorien und weiteren Untergliederungen. Die erste Subkategorie hat den Autor eines Textes zum Gegenstand. Der Name wäre im Beispiel A Norman. Der Status von Norman ist, dass er Professor für Geschichte ist. Seine Motive liegen darin, dass er Informationen verbreiten möchte, die ihrerseits forschungsbasiert sind. Die zweite Subkategorie behandelt das Setting. Der Text ist in den USA in Chicago erschienen, stammt aus dem Jahr 1988, und die dominante Kultur im Text sind die USA. Die dritte Subkategorie behandelt die Form des Textes. Hinsichtlich des Stils ist der Text erzählend, und die Textsorte ist ein historischer Aufsatz. (Einige dieser Informationen zu Norman gingen nicht aus dem Originaltext hervor, sondern man muss sie sich gezielt beschaffen. Gerade bei Schülerinnen und Schülern ist nicht davon auszugehen, dass sie umfassende Wissensbestände haben, um den ‚Waschzettel' komplett ausfüllen zu können.)

Quelle	Autor	Name	Norman
		Status	Professor für Geschichte
		Motive	Informationen verbreiten
		Zugang	forschungsbasierte Daten
	Setting	Ort	Chicago, USA
		Zeit	1988
		Kultur	US-amerikanische Kultur
	Form	Stil	narrativ
		Textsorte	historischer Aufsatz
Rhetorische Ziele	Absicht	informieren und überzeugen	
	Adressaten	Kollegen und Studierende	
Inhalt	These	USA unterstützten die Revolte in Panama	

Tab. 1 Dokumentenknoten für den Text des Autors Norman
(Quelle: nach Perfetti, Rouet & Britt, 1999, S. 106)

Die *rhetorischen Ziele* des Verfassers lassen sich in zwei Punkte aufteilen: die Intention (hier: informieren und überzeugen) sowie die Adressaten (Kollegen und Studierende). Zu guter Letzt bildet auch der *Inhalt* des Textes eine dritte Informationskategorie. Norman beschreibt in seinem Text, dass die USA die revoltierende Provinzbevölkerung indirekt unterstützte, um den gewünschten Kanal bauen zu können.

Auf den Dokumentenknoten zum zweiten Text sei an dieser Stelle aus Platzgründen verzichtet, zumal es viele Dopplungen mit dem ersten Text gibt. Der zentrale Inhalt des zweiten Textes von Norman aber ist anders: Er weist den USA eine ausschließlich passive Rolle zu und der revoltierenden Provinzbevölkerung eine aktive und entscheidende. Hierin unterscheiden sich die beiden Texte, und diese andere Sichtweise bildet zugleich das „Intertext-Prädikat", welches diese beiden Texte verbindet: Sie haben eine jeweils andere Perspektive auf die Rolle der USA. Es gibt natürlich prinzipiell noch viele weitere Formen von Intertext-Prädikaten. Texte können einander unterstützen, sich völlig oder teilweise widersprechen, einander zitieren, aufeinander basieren, etwas spezifizieren, was in einem anderen Text fehlt etc.

Wichtig ist, dass es eine Verbindung gibt – und sei sie vorderhand nur, dass es in den Texten um ein ähnliches Thema geht.

Das Intertext-Modell bildet zusammen mit den Informationen zum Inhalt des jeweiligen Einzeltextes die Basis für ein umfassendes Situationsmodell, das wegen der Vielzahl von Informationen entsprechend verarbeitungsintensiv ist. Im umfassenden Situationsmodell hat eine lesende Person präsent, dass die beiden Autoren einen ähnlichen Sachverhalt beschreiben und dabei einiges gleich schildern (etwa a) den Wunsch, den Kanal in Panama zu bauen, b) einen Vertrag, der von einem der beiden beteiligten Ländern nicht bewilligt wird, c) die Revolution in Panama, und d) dass der Kanal letztlich gebaut wurde). Zusätzlich ist den Leserinnen und Lesern dann auch klar, dass Autor Norman den USA eine Drohgeste zuschreibt, die zur Zielerreichung führte. Autor James hingegen macht eher die sich um finanzielle Einbußen sorgende Provinzbevölkerung zur treibenden Kraft.

Man kann das umfassende Situationsmodell für die Texte von Norman und James auch noch einmal in grafischer Form darstellen. Dies ist in Abbildung 3 erfolgt. Oben in den Ellipsen sind mit Norman und James die Dokumenten-Knoten dargestellt. Außerdem enthält der obere Teil der Grafik noch das Intertext-Prädikat („partieller Widerspruch“). In der Grafik ist die Kette der beschriebenen Ereignisse durch Kästen und Pfeile dargestellt. In der Mitte sind jene Informationen dargestellt, die beide Autoren geben. Jeweils links bzw. rechts folgen Informationen, die jeweils nur einer der Autoren gibt. Grau unterlegt sind in der Grafik die Elemente, die die Intertext-Prädikate betreffen und sie genauer spezifizieren.

Wie man an der Grafik (Abb. 3) unschwer erkennen kann, ist sie komplex. Dabei beruht sie auf einer Textmenge von lediglich knapp 300 Wörtern. Man kann sich leicht vorstellen, dass bei längeren und mehr Texten ganz besonders große Ansprüche an die Verarbeitung im Geist einer lesenden Person bestehen. Dies wiederum legt es nahe, dass Leserinnen und Leser Lesestrategien anwenden, um sich nicht im Leseprozess zu verlieren. Deshalb ist es auch wenig verwunderlich, dass in einer neueren Publikation zum Dokumenten-Modell noch eine weitere Komponente ergänzt wurde, nämlich das „Aufgaben-Modell“ (Rouet & Britt, 2011). Grob verkürzt geht es dabei darum, vor dem Lesen eine genaue Analyse des Leseauftrags vorzunehmen, um auf dieser Basis gezielt nach Informationen zu suchen, die der Zielerreichung bei der Aufgabe dienen, und das Vorgehen zu planen (etwa: „Worin unterscheiden sich die Darstellungen der Rolle der USA bei der Kontrolle über den Panamakanal?“). Es geht also um eine Form der selektiven Lektüre, die die lesende Person absichtsvoll initiiert und die zu einer Ressource im gelingenden Leseprozess avanciert. Dafür werden ebenfalls wieder Lern- bzw. Lesestrategien benötigt (s. dazu Teilkap. 4.2).

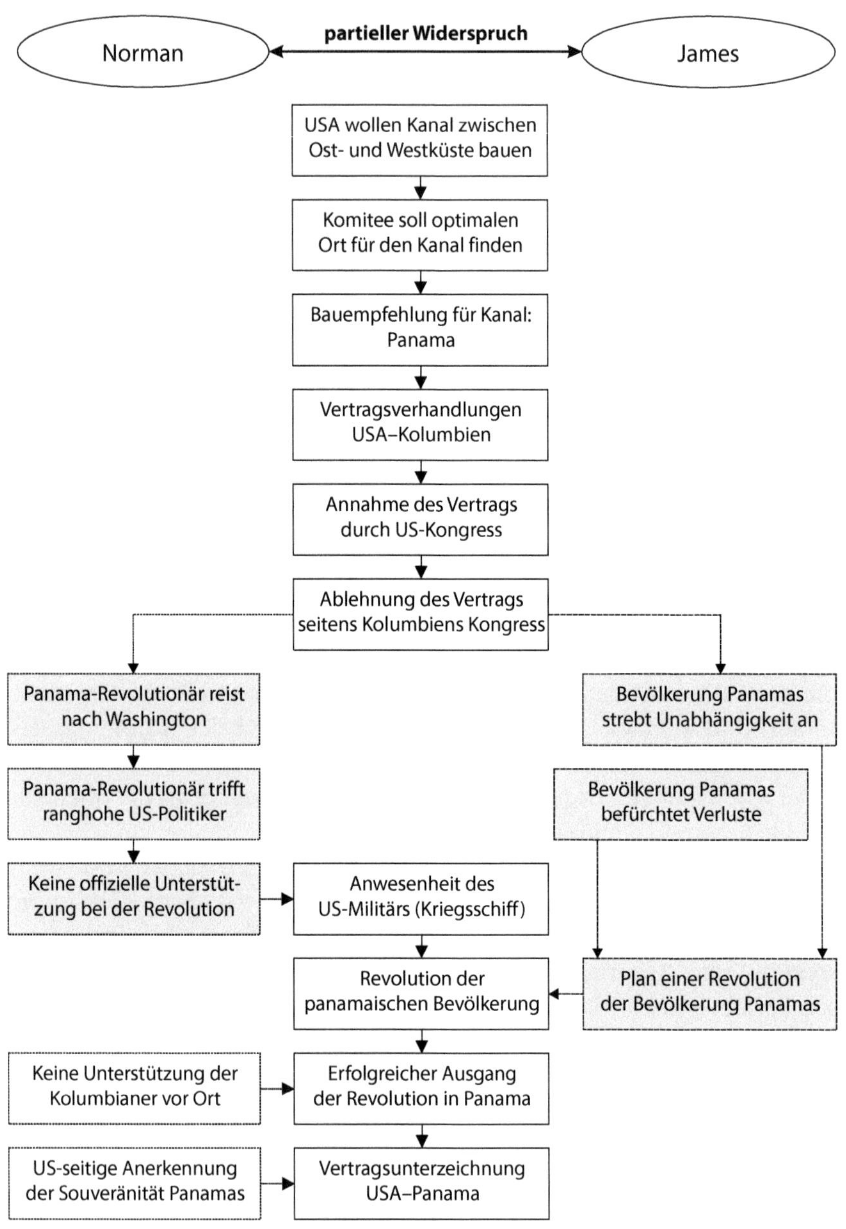

Abb. 3 Beispiel für ein Dokumenten-Modell auf der Basis von zwei Texten (Quelle: Perfetti, Rouet & Britt, 1999, S. 112 mit Modifikationen und ohne vollständige Angaben zum Dokumentenknoten)

3.3 Hypertexte lesen und verstehen – zusätzliche Anforderungen

Eine dritte Form des Lesens im Alltag betrifft digitale Texte. Diese sind nicht einfach nur medial anders repräsentierte Texte, sondern eine multimediale Verknüpfung verschiedener Zeichensysteme wie Text, Grafiken, Animationen, Film etc. (McKnight, Dillon & Richardson, 1996), die ihrerseits hohe Anforderungen an die Fähigkeiten einer lesenden Person stellen (Mayer, 2008). Hinzu kommt bei den Hypertexten, dass sie nicht nur multimedialer Natur sein können, sondern über Hyperlinks Textteile miteinander verbinden, zu denen man über die Aktivierung des jeweiligen Links gelangt (McKnight, Dillon & Richardson, 1996). Zum Teil enthalten Hypertexte sehr viele Links (s. z.B. den Text im Selbstversuch in Teilkap. 4.1, bei dem auf etwas mehr als 360 Wörter 24 Links kommen – praktisch jedes fünfzehnte Wort im Text ist damit mit einem Link verknüpft). Diese Hyperlinks bilden ein Angebot, den Lesevorgang individuell auszugestalten, weil man bei jedem Link entscheiden muss, ob man ihm folgt oder nicht. Die Konsequenzen für den Leseprozess reichen entsprechend weit, weil Leserinnen und Leser individuell vorgehen können (und im Kern sogar müssen) *und* sich ihren Gesamttext selbst schaffen *und* die Folgen ihrer Entscheidungen zugleich antizipieren sollten. Das als „Lost in Hypertext" bezeichnete Phänomen zeigt, dass solche aufwändigen Hypertext-Lektüren in Desorientierung münden können. Daher nimmt man an, dass die Anforderungen an die lesenden Personen bei Hypertexten anders und teilweise höher ausfallen (Afflerbach & Cho, 2009; Alexander et al., 2012; Alexander, Kulikowich & Jetton, 1994; Dillon & Gabbard, 1998).

Gerade weil Hypertexte eine historisch junge Erfindung sind, stehen sie im Fokus der aktuellen Leseforschung. Auffällig häufig werden in der Forschungsliteratur Vergleiche darüber angestellt, was die Lektüre von Hypertexten anders und so anspruchsvoll macht (Dalton & Proctor, 2008). Grob gesagt, besteht die größte Herausforderung darin, sich einen Weg durch einen immateriellen Gesamttext zu schlagen, wobei der konkrete Gesamttext erst durch den Lektüreprozess der lesenden Person entsteht (Afflerbach & Cho, 2009). Man geht in der Forschung sogar davon aus, dass das Lesen von Hypertexten eine stärkere Verarbeitungsaktivität bei der lesenden Person auf höheren Verarbeitungsebenen erfordert, die nicht direkt mit dem Lesen linearer Texte zu vergleichen ist (Rouet, 2006). Zugleich konnte schon nachgewiesen werden, dass die allgemeine Lesekompetenz das Navigationsverhalten bei Hypertexten vorhersagt, welches wiederum das Leseverstehen digitaler Hypertexte beeinflusst (Naumann, 2012).

Einen Überblick zu den Differenzen zwischen dem Lesen von einzelnen linearen Texten und dem Lesen digitaler Texte haben Bridget Dalton und Patrick Proctor (2008) vorgelegt. Sie unterscheiden insgesamt sechs leserseitige Faktoren, die analytisch trennbar sind, und stellen sie in puncto analoges und digitales Lesen gegenüber:

1. Worterkennung und Leseflüssigkeit,
2. Wortschatz,
3. allgemeine Wissens- und lesespezifische Wissensbestände (Vorwissen),
4. Problemlöseprozesse bei dem sich entwickelnden Textverstehen,
5. kognitive und metakognitive Strategien und
6. motivationale Prozesse und Merkmale.

Für die Zwecke dieses Buches sind die Punkte 3 bis 5 aus der Liste von besonderem Interesse, zumal sie auch kompatibel sind mit Modellen wie dem Konstruktions-Integrations-Modell, welches bereits erfolgreich auf die Lektüre von Hypertext angewendet wurde (Salmerón et al., 2005; Salmerón, Kintsch & Cañas, 2006). Die Beschränkung auf ausgesuchte Bereiche soll jedoch nicht nur der besseren Vergleichbarkeit und höheren Übersichtlichkeit dienen, sondern trägt auch dem Umstand Rechnung, dass eine so elaborierte und umfassende Theorie wie das Konstruktions-Integrations-Modell für einzelne lineare Texte bei dem Hypertext-Leseverstehen bis heute aussteht. Dass diese theoretische Basis fehlt, hat auch damit zu tun, dass Hypertexte menschheitsgeschichtlich ein sehr junges Phänomen darstellen und verschiedene Zeichensysteme umfassen können. Gerade bei vergleichsweise neuen Phänomenen – zumal solch komplexen – ist es schwierig, sie angemessen in wissenschaftlicher Manier in ein theoretisches Modell zu fassen.

Zurück zur Gegenüberstellung von Dalton und Proctor (2008). In Tabelle 2 sind drei ausgewählte Unterschiede dargestellt. Zusätzlich enthält die Darstellung noch explizit, wodurch sich die Hypertext-Lektüre in ihrer Schwierigkeit im Vergleich zu einem fixierten linearen Text erhöht. So ist beispielsweise beim Faktor *Vorwissen* eine zusätzliche Schwierigkeit, dass man nicht nur den Textsinn wie in Teilkapitel 3.1 beschrieben (bzw. wenn es mehrere Texte sind: so wie in Teilkapitel 3.2 skizziert) aktiv konstruieren muss. Hinzu kommt hier, dass man viele Entscheidungen treffen muss, welchen Links man folgt, und das wiederum erhöht die Anforderungen hinsichtlich der Selbstregulation und Orientierung. Bei den *Problemlöseprozessen* im sich entwickelnden Textverstehen wird die Hypertext-Lektüre dadurch erschwert, dass man als lesende Person die Informationen und die Quelle nicht nur suchen, sondern auch die Glaubwürdigkeit beurteilen muss. Das Internet

Leserseitiger Faktor	Fixierter linearer Text	Variabler Hypertext	Zusätzliche Anforderungen beim Hypertext-Lesen
Vorwissen	Vorwissen zum Textthema und Textstruktur sagen Leseverstehen voraus.	Der Einfluss des Vorwissens wird zu einem größeren Teil durch Entscheidungen bei Hyperlinks und verschiedenen medialen Repräsentationen vermittelt.	Nicht-lineare Strukturen des Textes erfordern mehr Entscheidungen und vor allem selbstreguliertes Lesen und umfassendere Orientierung.
Problemlöseprozesse beim sich entwickelnden Textverstehen	Vorwissen und andere Ressourcen helfen dabei, den Text zu verstehen.	Vorwissen und andere Ressourcen helfen dabei, den Text zu verstehen, außerdem verstärkter Einsatz von Suchmaschinen.	Besondere Betonung der nicht-linearen Verarbeitung, zudem Notwendigkeit, Informationen zu suchen, zu beurteilen und sie über mehrere Texte hinweg zu synthetisieren
Kognitive und metakognitive Strategien	Strategien beziehen sich vor allem auf die Textebene zur Herstellung von Kohärenz und Leseverstehen.	Strategien beziehen sich neben dem Text auch auf den Browser, verschiedene multimediale Elemente, mehrere Texte und das Verhältnis von all diesen Elementen.	Flexible Strategieanwendung bei mehr Elementen und mit entsprechend höherem kognitiven und metakognitiven Aufwand

Tab. 2 Gegenüberstellung bei den Anforderungen des linearen Einzeltext-Lesens und des variablen Hypertext-Lesens nebst Zusatzanforderungen bei der Hypertext-Lektüre (Quelle: eigene Darstellung, basierend auf Dalton & Proctor, 2008, S. 305f.)

enthält unzählige Informationen und Texte. Sie reichen von Hass-Manifesten (wie dem des norwegischen Attentäters Anders Breivik) über die Duden-Website oder die Enzyklopædia Britannica, deren Glaubwürdigkeit man einschätzen muss. Suchmaschinenergebnisse können von Marketing-Unternehmen beeinflusst werden, und in Blogs kann sich praktisch jeder (anonym) äußern – auch das muss man bei lesebezogenen Entscheidungen berücksichtigen. Dies schlägt sich im dritten Bereich – den *Strategien* – unmittelbar nieder. Da tendenziell mehr Informationen (und andere Informationsarten: Wirkt die Seite seriös? Leitet mich ein Link zu einer obskur oder zuverlässig wirkenden Adresse? Wer verbirgt sich hinter dem Link/der Website?) mittels Strategien aufeinander bezogen werden müssen, stellt dies erhöhte Anforderungen an die Flexibilität zum einen und die mentale Verarbeitung der Informationen zum anderen. Daher hat das Lesen digitaler Hypertexte summa summarum eigene und zugleich sehr hohe Anforderungen an die Leserinnen und Leser.

3.4 Zusammenfassung

Der Alltag enthält viele Leseaktivitäten für Erwachsene. Diese Leseaktivitäten erstrecken sich auf diverse analoge und digitale, kontinuierliche und diskontinuierliche Texte. Damit stellt der Alltag hohe Anforderungen an die Lesekompetenz von Menschen, die verschiedene Texte verstehen können müssen. Daher stellt sich aus der Sicht der Leseforschung die Frage, wie man das Leseverstehen und die ihm zugrundeliegenden Prozesse angemessen beschreiben kann. Es gibt in der Forschung sehr viele und zum Teil konkurrierende Modelle, sodass in diesem Kapitel ein (wichtiger) Ausschnitt präsentiert wurde. (Beispielsweise fehlen Modelle zur integrierten Verarbeitung von Texten mit verschiedenen Informationsrepräsentationen, also etwa Texte, die Diagramme *und* Text oder Bilder *und* Text enthalten; s. hierfür Schnotz & Dutke, 2004). In diesem Ausschnitt ging es um Modelle des Leseverstehens bei einzelnen linearen Texten, mehreren linearen Texten und nicht-linearen Hypertexten. Grundsätzlich kann man festhalten, dass Leseprozesse immer komplexer werden, je mehr Texte jemand liest bzw. wenn es zusätzlich noch zu einer Verschiebung von linearen zu nicht-linearen Hypertexten kommt. Dem trägt der abschließende grafische Vergleich in Abbildung 4 Rechnung.

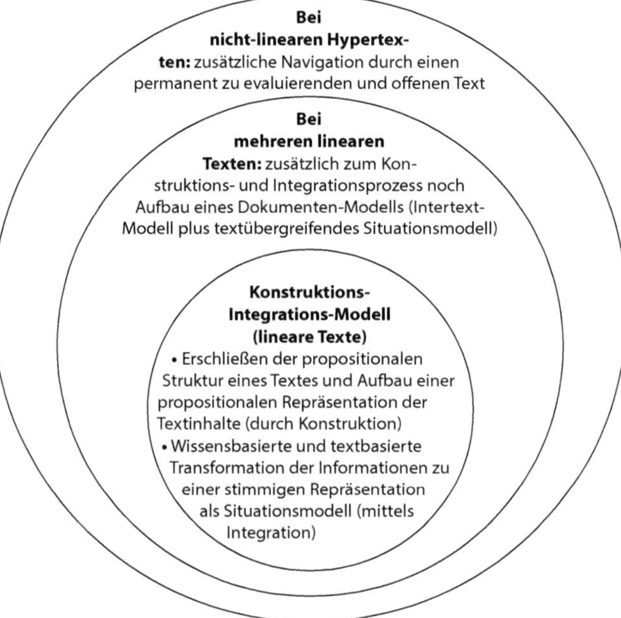

Abb. 4 Vergleichende Darstellung der Leseprozesse bei linearen Einzel- bzw. multiplen Einzeltexten und nicht-linearen Hypertexten (Quelle: eigene Darstellung)

Im Kern der Abbildung 4 stecken jene Prozesse, die grundsätzlich beim Lesen ablaufen. Das Konstruktions-Integrations-Modell geht davon aus, dass *einzelne lineare Texte* eine geordnete Anordnung von Informationen besitzen, die im Modell als „Propositionen“ bezeichnet werden. Das Modell postuliert, dass in einem der namensgebenden Prozesse (der Konstruktion) eine lesende Person diese Struktur textbasiert rekonstruiert. Dadurch erlangt die lesende Person eine propositionale Repräsentation des Textinhaltes. Mithilfe eines zweiten Prozesses (der Integration) ordnet die lesende Person die Informationen so an, dass sie maximal stimmig, also kohärent sind. Dies geschieht mit viel Rückgriff auf individuelle Wissensbestände. Durch diese Transformation gelangt eine lesende Person zu einer umfassenden mentalen Repräsentation (Situationsmodell), die sich zwar stark vom Wortlaut des Textes entfernt, aber dafür die Inhalte des Textes sehr wohl enthält.

Liest man nicht nur einen einzigen Text, sondern gleich *mehrere Texte*, wird die Angelegenheit komplexer. Nun geht es nicht nur um das Verständnis singulärer Texte, sondern mehrerer, deren Beziehungen untereinander von einer lesenden Person zudem erkannt und in die Repräsentation des Sachverhaltes zwingend integriert werden müssen, damit sie zu einem adäquaten Verständnis gelangt. Hierfür spielen nicht nur die textuellen Informationen eine Rolle, sondern auch jene zum Paratext wie den unterstellten Intentionen des Verfassers oder auch dem Erscheinungsort und -zeitpunkt. Die systematische Berücksichtigung solcher Informationen ist beispielsweise absolut üblich bei der Lektüre von Historikern oder auch Chemikern, die ganz gezielt Merkmale des Textes wie Autor oder Herkunft des Textes als relevante Informationen nutzen (Shanahan, Shanahan & Misischia, 2011). Dies wird in der Forschung mittels des Dokumenten-Modells zu erklären versucht. Dieses Modell umfasst zwei wichtige Elemente, die zugleich die drei Repräsentationsformen aus dem Konstruktions-Integrations-Modell ergänzen: das Intertext-Modell und das textübergreifende Situationsmodell. Das Intertext-Modell besteht aus Dokumentenknoten und deren Verbindung(en), dem Intertextprädikat (den Intertextprädikaten). Die Knoten ihrerseits umfassen Informationen zum Text und zum Autor sowie die Informationen des Textes. Die Prädikate verbinden die Knoten und machen damit das Verhältnis der Einzeltexte untereinander deutlich. Dadurch wird deutlich, ob sich Autoren ganz oder teilweise widersprechen, ob sie einander beipflichten etc. Zusammen mit den jeweiligen Situationsmodellen der einzelnen Texte avanciert aus dem Intertext-Modell dann das jeweilige textübergreifende Situationsmodell. Unnötig zu erwähnen, dass dies die Anforderungen an Leserinnen und Leser erhöht.

Liest man digitale *Hypertexte*, verändern sich noch einmal die Bedingungen. Der Grund dafür: Die umfassende Linearität der Texte, die zugleich

Strukturgeber ist, fehlt mindestens teilweise. Zwar existieren Blöcke von kontinuierlichem Text, aber es gibt auch noch andere Repräsentationsformen von Informationen (auditiv, visuell, audiovisuell, statisch, dynamisch etc.). Außerdem navigiert eine Person selbstständig durch einen prinzipiell offenen Text, der erst unmittelbar im Navigationsprozess entsteht und von den Entscheidungen der lesenden Person abhängig ist, welche permanent aktiv über die Relevanz des aktuellen Textteils zu entscheiden hat. Zeitgleich müssen Leserinnen und Leser, die sich durch Hypertexte bewegen, ähnliche Operationen ausführen wie solche Leserinnen und Leser, die multiple Texte lesen und aufeinander beziehen. Häufig müssen sich Hypertext-Leserinnen und -Leser Informationen überhaupt erst suchen und sie im unübersichtlichen Hypertext erfolgreich lokalisieren. Zwar fehlt es zurzeit noch an umfassenden theoretischen Modellen für die Leseprozesse bei Hypertexten, aber schon jetzt lässt sich berechtigt behaupten, dass die Hypertext-Leseprozesse sehr anspruchsvoll sind.

Wenn der Schwierigkeitsgrad (der selbst bei linearen Texten noch sehr hoch ist) sich mit mehreren bzw. Hypertexten immer stärker erhöht, dann müssen lesende Personen einen hohen Aufwand betreiben. In aller Regel mündet dieser Aufwand in die gezielte und adaptive Nutzung von Lesestrategien, die eine dem Leseverstehen dienende Funktion haben. Um die Lesestrategien – der Begriff ist auch in diesem Kapitel schon gefallen – soll es nun ausführlicher in Kapitel 4 gehen.

4 Lesestrategien Was sind Lesestrategien und wie lassen sich diese charakterisieren und anwenden?

Worum geht es in diesem Kapitel? Lesen macht inzwischen einen großen Teil unseres Alltags aus, in dem wir auf vielfältige Texte treffen, die jeweils andere Ansprüche an Leserinnen und Leser stellen. In diesem Kapitel stoßen Sie zuerst im Rahmen eines Selbstversuchs auf einen komplexen Text, den Sie bearbeiten sollen (4.1). Wie Sie dabei konkret vorgehen, bildet einen ersten Zugang zu dem zentralen Gegenstand des Kapitels: den Lesestrategien. Was Lesestrategien ausmacht und wie sie sich systematisieren lassen (4.2), wird ebenso betrachtet wie deren modulartiger Aufbau und Verwendungszweck (4.3). Im Anschluss geht es darum, welche drei Wissensbestände man für die effektive Strategieanwendung benötigt (4.4) und woher einerseits Forschende so viel über Lesestrategien im konkreten Einsatz erfahren haben und welches Vehikel andererseits für Sie als Lehrperson die Strategieförderung erleichtert (4.5). Wie auch sonst rundet eine Zusammenfassung das Kapitel ab (4.6).

4.1 Ein kurzer Selbstversuch mit einem Wikipedia-Text

Wenn man sich vergegenwärtigt, wie oft und viel Menschen in Wissensgesellschaften derzeit lesen (s. Teilkap. 2.1), dann dürfte die Wahrscheinlichkeit relativ groß sein, dass man durchaus auf Texte trifft, die man nicht sofort versteht. Nehmen wir zum Beispiel einen Textauszug aus Wikipedia, der im nachstehenden Kasten abgedruckt ist. Angenommen, Sie selbst sollen den Text für einen eigenen Vortrag im Unterricht lesen und verstehen. Lesen Sie bitte den Text und achten Sie auf Verständnisprobleme. Beantworten Sie (gern schriftlich mit Notizen) die folgende Frage: Wie würden Sie konkret vorgehen, wenn Sie den Textauszug bearbeiten? Nehmen Sie sich bitte kurz Zeit, diese Frage zu bearbeiten. Das ist keine Fingerübung. Wir kommen gleich darauf zurück.

Ein Auszug aus einem Wikipedia-Artikel

Physikalischer Aufbau
→ Hauptartikel: *Sternaufbau*
Die Sonne besteht aus schalenförmigen Zonen, die sich teilweise scharf abgrenzen lassen. Eine grobe Einteilung ist die Kernzone als Fusionsofen, die *innere Atmosphäre* bis zur sichtbaren Oberfläche und darüber die *äußere Atmosphäre*.

Kern
Die Hälfte der Sonnenmasse konzentriert sich innerhalb von 25 % des Sonnenradius, also ungefähr in $^{1}/_{64}$ ihres Volumens. Die Fallbeschleunigung am Rand dieser Kernzone ist achtfach höher als an der Sonnenoberfläche und 220fach größer als an der Erdoberfläche. Damit setzt sich das Material selbst unter Druck: Im Zentrum liegt er bei 200 Milliarden bar, entsprechend dem Gewicht der Cheops-Pyramide auf einem Stecknadelkopf. Da die Temperatur dort mit 15,6 Mio K vergleichsweise kühl ist, etwa 50.000fache Raumtemperatur, kann das Plasma den für die Stabilität nötigen Gegendruck nur durch seine hohe Dichte aufbringen, im Zentrum 150 g/cm³, 13-mal die Dichte von Blei und 200-mal die mittlere Dichte der *inneren Atmosphäre*.
Es ist nicht direkt die Dichte, die den Gegendruck bewirkt, sondern die Teilchenkonzentration, im Zentrum fast 250.000 mol/ℓ. Gut die Hälfte davon sind Elektronen, die aber dank der vorliegenden Dichte-Temperatur-Bedingungen nicht entartet sind, wenn auch nur knapp.[12] Auch der Strahlungsdruck hat einen geringen Anteil – in der Sonne gilt also das Gasgesetz.
Die Teilchendichte der Protonen ist im Zentrum etwa 1000-mal größer als in Wasser. Da die Häufigkeit der Kernfusionsreaktionen quadratisch von der Teilchendichte und exponentiell von der Temperatur abhängt, werden 99 % der Fusionsleistung von $3{,}9 \cdot 10^{26}$ W innerhalb der dichten, heißen Kernzone frei. Innerhalb eines engeren Radius ist die Leistungsdichte höher: In einem Tausendstel des Volumens der Sonne entsteht die Hälfte ihrer Leistung; das ist eine mittlere Leistungsdichte von knapp 140 Watt pro Kubikmeter, nicht mehr als in einem Komposthaufen. Die große Gesamtleistung der Sonne ist also eher die Folge des großen Volumens und die hohe Kerntemperatur eine Folge der dicken Isolierschicht.
Dass die stark temperaturabhängige Fusionsreaktion nicht thermisch durchgeht und die Sonne explodiert (oder abschaltet), liegt daran, dass zusätzliche Wärmeleistung das Innere von Sternen nicht heißer macht, sondern kälter, denn die normale Wärmeausdehnung des Gases wird verstärkt, indem der gravitative Druck der angehobenen Schichten nachlässt.[13] Diese negative Rückkopplung wirkt sehr schnell, denn Kompressionswellen durchlaufen die Sonne in deutlich unter einer Stunde, siehe Helioseismologie.

(Quelle: http://de.wikipedia.org/wiki/Sonne [15. Juni 2014])

Sind Sie auf Schwierigkeiten gestoßen? Haben Sie schon einmal den Ausdruck „knapp nicht entartete Elektronen“ gelesen? Was sind „bar“, „mol“,

„Plasma“, das „Gasgesetz“, „Helioseismologie“ oder eine „negative Rückkopplung“? Waren das überhaupt für Sie wichtige Begrifflichkeiten? Haben Sie die Vergleiche mit der Cheops-Pyramide und mit dem Komposthaufen hilfreich gefunden? Und warum wird es im Kern der Sonne nicht derart heiß, dass er zerknallt? Was macht eigentlich die Sonne so heiß, obwohl die einzelnen Fakten eigentlich dagegen sprechen? Zu guter Letzt: Hand aufs Herz – haben Sie den Textauszug vollumfänglich verstanden?

Für einen Astrophysiker mag der Auszug aus dem Wikipedia-Hauptartikel zum Thema Sonne leichte Kost sein. Für diejenigen, die nur ein begrenztes Vorwissen aufweisen, kann selbst ein Wikipedia-Artikel zu einer echten Hürde werden, und das war auch Zweck der Übung. Möglicherweise haben Sie als versierte Leserin bzw. als versierter Leser dennoch Umgangsweisen mit Texten wie dem Wikipedia-Artikel parat, um den Text trotz seiner schwierigkeitsgenerierenden Merkmale (wie der lexikalischen Dichte, der teilweise erheblichen syntaktischen Komplexität und des inhaltlich hohen Abstraktionsgrades) zu verstehen. Möglicherweise haben Sie den Text auch nicht verstanden, aber einige Handlungsoptionen notiert, die Ihnen helfen, Probleme im Leseprozess effektiv zu lösen.

Sie könnten beispielsweise den Text mehrfach lesen. Sie könnten außerdem Teile ignorieren, wenn Sie den Text online lesen, auf einzelne Links klicken, die Ihnen hilfreich erscheinen, bzw. bewusst nicht klicken. Sie könnten Textteile unterstreichen, die Ihnen besonders wichtig erscheinen, oder sich intensiv vorzustellen versuchen, wie es im Inneren der Sonne wohl aussehen könnte. Sie könnten recherchieren, wie viel die Cheops-Pyramide wiegt (es sind etwa sechs Millionen Tonnen). Außerdem könnten Sie eine Zeichnung anfertigen, wie die Schichten der Sonne aufgebaut sind und was im Kern passiert und wo welche Temperaturen herrschen. Sie könnten Begriffe recherchieren, die Sie klären wollen. Außerdem könnten Sie den Text kommentieren, Fragen an den Text stellen oder unklare Stellen farbig anstreichen. Ebenso könnten Sie eine Zusammenfassung anfertigen oder den Text einem Kollegen geben, um mit ihm über den Inhalt zu sprechen.

Haben Sie solche Vorgehensweisen für die Erschließung des Wikipedia-Texts als Optionen für sich notiert? Möglicherweise haben Sie auch Herangehensweisen aufgeschrieben, die im Absatz zuvor nicht enthalten waren. Mit Sicherheit aber dürften Sie in der Auflistung der Handlungsoptionen auf Aktivitäten stoßen, die Sie gegenüber anderen favorisieren oder nicht als erste Wahl bezeichnen. Mit einigen der Handlungsoptionen sind Sie wahrscheinlich zudem vertrauter als mit anderen.

Bislang war von Handlungsoptionen und Herangehensweisen die Rede, die im Grunde einen Werkzeugcharakter haben und dem Leseverstehen dienen sollen. Ein weiterer, präziserer Begriff für solche Vorgehensweisen lautet: „Lesestrategien". Was Strategien auszeichnet und welche Gruppen es gibt, ist Gegenstand des nächsten Teilkapitels.

4.2 Merkmale und Gruppen von Lesestrategien

Lesestrategien zählen zu den Lernstrategien und bilden genau genommen eine domänenspezifische Variante der Lernstrategien, also einen bereichsspezifischen Ausschnitt. Mit Lernstrategien werden für gewöhnlich Verhaltensweisen und Gedanken bezeichnet, die eine lernende Person während des Lernens aktiviert und nutzt, um ihr Lernen zu beeinflussen. Dabei können Lernstrategien darauf abzielen, dass man seine Motivation beeinflusst oder aber gezielt neues Wissen auswählt, sich aneignet, es organisiert oder in sein eigenes Wissen integriert. Die Verhaltensweisen können einzelne Schritte umfassen oder komplexere Sequenzen von Schritten. Die Nutzung von Strategien kann zudem automatisiert werden und ist auf Wissensbestände angewiesen, um effektiv zu sein. Man geht außerdem davon aus, dass Lernstrategien kontextabhängig sind und dass man sie zwingend dafür braucht, um in einem Gebiet (einer Domäne wie dem Lesen) umfassend kompetent zu werden. Strategien als überwiegend mentale Prozesse sind im Ergebnis nicht mehr direkt sichtbar und setzen auf verschiedenen Ebenen (der Wort-, Satz-, Absatz- und Textebene bzw. sogar textübergreifend) an. Was sie von basalen Fähigkeiten (Leseflüssigkeit) trennt, ist die absichtsvolle, bewusste Steuerung (Afflerbach, Pearson & Paris, 2008; Afflerbach & Cho, 2009; Alexander, Graham & Harris, 1998; Paris, Lipson & Wixson, 1983; Pressley et al., 1985; van Dijk & Kintsch, 1983; Weinstein & Mayer, 1986).

Es gibt sehr viele Lern- und Lesestrategien, allein die für diesen Band zentralen Veröffentlichungen (Pressley & Afflerbach, 1995; Afflerbach & Cho, 2009) führen mehrere Hundert einzelner Strategien an, ohne dass damit schon der Anspruch erfüllt wäre, tatsächlich *sämtliche* Strategien erfasst zu haben. Entsprechend gibt es auch mehrere Klassifikationsversuche, die in Tabelle 3 zusammengestellt sind. Diese Klassifikationen sind nicht zwingend exklusiv, sondern weisen zum Teil eine Schnittmenge auf, außerdem sind sie auch nicht immer völlig trennscharf.

Die erste Klassifikation betrifft den *Bezugspunkt* der jeweiligen Aktivität. Hier lassen sich kognitive von metakognitiven Strategien und diese wiederum von Stützstrategien trennen. *Kognitive Strategien* dienen dazu, einen Fortschritt im Lernen bzw. Lesen zu erzielen. Zwei inhaltlich trennbare Untergruppen lassen sich anführen: Elaborations- und Organisationsstrategien. Die Elaborationsstrategien dienen dazu, dass man Textinhalte dauerhaft im Gedächtnis verankert. Beispiele dafür sind Begriffsklärungen, sich intensiv etwas vorzustellen oder Fragen an den Text zu stellen. Die Organisationsstrategien sollen dabei helfen, die Struktur von Informationen und die Textstruktur zu erkennen und diese Informationen zum besseren Verständnis zu nutzen. Beispiele dafür sind Unterstreichungen von zentralen Informationen und das Anfertigen von Zusammenfassungen und Schaubildern zu Texten. Die Wiederholungsstrategien bestehen im Grunde nur aus einer Wiederholung einer Strategie, das kann zum Beispiel ein zweites Lesen betreffen. Die Wiederholungsstrategien können sich sowohl auf die Elaborations- als auch auf die Organisationsstrategien beziehen (Friedrich & Mandl, 2006; Weinstein & Mayer, 1986).

<table>
<tr><td>Bezugspunkt der Aktivität</td><td>• kognitive Strategien
– Elaborationsstrategien
– Organisationsstrategien
– Wiederholungsstrategien
• metakognitive Strategien
– Strategieeinsatz planen
– Strategieeinsatz überwachen
– Strategieeinsatz modifizieren
• Stützstrategien
– interne
– externe</td></tr>
<tr><td>Spezifität</td><td>• allgemeine Strategien
• domänenspezifische Strategien
• aufgabenspezifische Strategien</td></tr>
<tr><td>Verarbeitungstiefe</td><td>• Oberflächenstrategien
• Tiefenstrategien</td></tr>
<tr><td>Zeitpunkt</td><td>• vor dem Lernen
• während des Lernens
• nach dem Lernen</td></tr>
<tr><td>Textart</td><td>• einzelner kontinuierlicher Fließtext
• mehrere kontinuierliche Fließtexte
• diskontinuierlicher Hypertext</td></tr>
</table>

Tab. 3 Klassifikation von Lern- und Lesestrategien (eigene Darstellung, basierend auf Afflerbach & Cho, 2009; Alexander et al., 1998; Dinsmore & Alexander, 2012; Flavell, 1979; Friedrich & Mandl, 2006; Pressley & Afflerbach, 1995)

Die *metakognitiven Strategien* haben die Funktion, den angestrebten Fortschritt zu überwachen, indem eine Person ihren Strategieeinsatz plant, kontrolliert und ggf. interveniert und modifiziert (Flavell, 1979). Metakognitive Strategien haben also weniger mit dem Text bzw. den Texten zu tun als mit der erfolgreichen mentalen Auseinandersetzung mit dem Text; solche Strategien regulieren kognitive Prozesse. Die Entscheidung, einen Link zu klicken, weil man den Begriff nicht verstanden hat, oder unverstandene Textteile zu markieren, um sie ggf. später zu bearbeiten, sind zwei Beispiele für metakognitive Strategien. Ein weiteres Exempel wäre die gezielte Recherche nach der Masse der Cheops-Pyramide, nachdem man für sich gedacht hat: „Das interessiert mich jetzt, ich muss diese Information suchen."

Die *Stützstrategien* flankieren die kognitiven und metakognitiven Prozesse und sollen diese unterstützen. Hierbei lassen sich interne und externe Stützstrategien voneinander trennen. Intern sind Stützstrategien in dem Fall, in dem es darum geht, die eigene Motivation und das eigene Verhalten zu steuern. Das Zeitmanagement wäre ein klassisches Beispiel, ein weiteres ist das In-Aussicht-Stellen von Belohnungen oder das Überprüfen, ob man noch konzentriert ist (hierin liegt eine Überlappung zu den metakognitiven Strategien vor). Die externen Stützstrategien dienen dazu, die Umwelt gezielt zu nutzen, indem man beispielsweise einen ruhigen Arbeitsplatz aufsucht oder andere Personen gezielt als Ressource konsultiert (Friedrich & Mandl, 2006; Weinstein & Mayer, 1986).

Strategien lassen sich außerdem nach dem Grad ihrer *Spezifität* unterscheiden (Alexander, Graham & Harris, 1998). Es gibt *allgemeine Strategien,* die für vielfältige Anlässe geeignet sind. Dazu zählen beispielsweise Strategien wie das Zusammenfassen, das Zeichnen von Schaubildern oder das Notizen-Anfertigen. Auch die Stützstrategien und das Wiederholen lassen sich in diversen Kontexten und Situationen anwenden. *Domänenspezifische Strategien* funktionieren zwar immer noch bei einer Vielzahl von Anlässen, aber nicht mehr in unterschiedlichen Bereichen wie verschiedenen Schulfächern. Beispielsweise enthalten Geschichtsbücher eine Vielzahl von Fakten, bei denen eine hohe Eigenleistung erforderlich ist, die wichtigsten Fakten zu finden und zu verknüpfen (Schleppegrell, Achugar & Oteíza, 2004). Texte aus Naturwissenschaftsschulbüchern enthalten viele Passivkonstruktionen, Nominalisierungen, Abstrakta, lange Wortgruppen, Auslassungen sowie syntaktisch komplexe Sätze (Fang, 2008). Hier weisen Texte also Spezifika auf, die für die Leserinnen und Leser bestimmte Strategien nahe legen. Dafür ein Beispiel aus einer Studie, in der Vertreter (Lehrpersonen, Professorinnen und Professoren) verschiedener Fächer (Geschichte, Mathematik und Chemie) deutlich unterschiedlich vorgehen (Shanahan, Shanahan & Misischia, 2011). In allen drei Disziplinen nutzten die untersuchten Personen das Kontextualisieren von Informationen (s. auch Teilkap. 3.2 und 3.3). Das jedoch sah bei den Historikern bzw. Geschichtslehrpersonen anders aus als bei den Chemikern bzw. Chemielehrpersonen. Die Chemiker auf der einen Seite interessierte vor allem die Aktualität einer Quelle, da sich der Wissensstand in dieser Disziplin rapide verändert und bestimmte Wissensbestände schnell veralten. Die Historiker hingegen nutzten eher den Autor einer Quelle und ihr Wissen, was diese berichtende Person wusste und wann sie es wusste, um so tendenziösen Darstellungen auf die Spur zu kommen (s. Teilkap. 3.2). Die höchste Spezifität weisen zu guter Letzt jene Strategien auf, die man nur bei *einzelnen Aufgaben bzw. Gruppen von Aufgaben* nutzen kann. So lässt sich die Darstellung eines Argumentationsganges in Form eines Schaubildes nur dann sinnvoll nutzen, wenn der vorliegende Text wirklich eine Argumentation ist.

Eine weitere relevante Unterscheidung von Strategien betrifft die *Verarbeitungstiefe.* So können Strategien sich eher auf die Oberfläche oder auf Texttiefenmerkmale beziehen. Es ist müßig und falsch, beide Ebenen gegeneinander im Sinne einer Höher- oder Minderwertigkeit ausspielen zu wollen. Im Leseprozess braucht es Prozesse auf beiden Ebenen (Richter & Christmann, 2002). Bei den oberflächenbezogenen Strategien geht es um einen ersten Zugang zu Texten auf der Wortebene. Einzelne unverstandene Wörter auszulassen oder nachzuschlagen, das Lesetempo zu drosseln – all dies sind Beispiele für Strategien mit Bezug zur Oberfläche. Demgegenüber sind texttiefenbezogene Strategien dadurch gekennzeichnet, dass man als lesende Person gezielt zentrale Inhalte zu erkennen versucht, Texte kritisch liest und vergleicht, sein Vorwissen gezielt aktiviert, um Textinhalte zu kritisieren etc. (Alexander, 2005; Dinsmore & Alexander, 2012). Damit geht einher, dass die umfassende Repräsentation von Textinhalten darauf angewiesen ist, dass man Tiefenmerkmale des Textes unter zum Teil erheblichem Strategieeinsatz verarbeitet (van Dijk & Kintsch, 1983). Auf dem Weg zur umfassenden Lesekompetenz nehmen die (stark wissensabhängigen) Tiefenstrategien zu, während die oberflächenbezogenen rückläufig sind. Demgegenüber überwiegen die Oberflächenstrategien bei jüngeren und schwächeren Leserinnen und Lesern (Alexander, 2005).

Weniger inhaltlich ist die vorletzte Unterscheidung, die einen temporalen Charakter hat, denn es geht um den *Zeitpunkt,* an dem eine Strategie zum Einsatz kommt. Klassischerweise kann man den Zeitpunkt vor dem Lesen bzw. Lernen, während des Lesens und Lernens und danach unterscheiden. Diese Unterteilung steht in Einklang mit Modellen der Selbstregulation beim Lernen, in denen der vorbereitenden Phase vor dem Lernen und der reflexiven Phase im Anschluss eine ebenso hohe Bedeutung zugemessen wird, zumal in den beiden Phasen die Rolle der Motivation besonders betont wird (Zimmerman, 2000).

Eine letzte Unterscheidung hat schließlich mit der *Textart* zu tun. Das bedeutet an dieser Stelle weniger eine Unterscheidung zwischen literarischen und Sachtexten, wenngleich in den Studien, auf denen die Ergebnisse in den Teilkapiteln 5.2 bis 5.4 Sachtexte zugegebenermaßen den Großteil der gelesenen Texte stellen und die Textsorten Sach- und fiktionale unterschiedliche Anforderungen an lesende Person stellen (Christmann & Groeben, 2002;

Eggert, 2002). Mit Textart ist an dieser Stelle im Sinne der lesebezogenen Anforderung die Unterscheidung von einerseits linearen und nicht-linearen Texten und andererseits der Anzahl zu lesender Texte angesprochen. Wie aus den Teilkapiteln 3.1 bis 3.3 bei der Beschreibung der Leseprozesse und Anforderungen an die lesende Person deutlich wurde, erhöht sich bei der Lektüre mehrerer bzw. nicht-linearer Texte der Aufwand für eine lesende Person. Deshalb ist es wahrscheinlich und auch empirisch nachweislich so, dass mit den steigenden Anforderungen spezifischere und andere Lesestrategien benötigt werden (Afflerbach & Cho, 2009, 2010). Im Grunde entspricht dies der Logik der Darstellung in Abbildung 4 aus Teilkapitel 3.4.

Damit lässt sich festhalten: Strategien sind absichtsvolle Handlungen, die im Falle der Lesestrategien dazu dienen, das Leseverstehen zu ermöglichen und aktiv zu unterstützen. Dieses Ziel kann man mit ganz unterschiedlichen mentalen und anderen Handlungen erzielen, sodass man die Strategien auf unterschiedliche Arten klassifizieren kann. In der Forschung wird deshalb unterschieden zwischen a) dem Bezugspunkt der Aktivität, b) der Spezifität von Strategien, c) der jeweiligen Verarbeitungstiefe, d) dem Zeitpunkt des Strategieeinsatzes sowie e) der Textart, auf die sich die jeweilige Strategie bezieht. Dies sind längst nicht alle Unterscheidungsformen, denn manche Autoren unterscheiden auch noch zwischen basalen und komplexen Strategien (Weinstein & Mayer, 1986). Gleichwohl bilden die Taxonomien von Strategien keine starren und rigiden Gefäße, denn es ist der Zielbezug von einzelnen Strategien, der darüber entscheidet, um was für eine Strategie es sich konkret handelt. Strategien haben nämlich einen modularen und vielgestaltigen Charakter, und um dieses Thema geht es im folgenden Teilkapitel.

4.3 Der modulare und vielgestaltige Charakter von Lesestrategien

Lesestrategien haben einen im Kern modularen Charakter. Das bedeutet, dass man sie sich wie einzelne Bausteine vorstellen kann, die man individuell in eine Sequenz überführen kann. Analog zu Lego-Spielzeugbausteinen kann man aus einzelnen Lesestrategien mehr oder minder komplexe Gebilde herstellen. Dabei können mehr oder weniger geglückte Produkte entstehen, und auch für Leseprozesse ist die Sequenz der Strategien entscheidend dafür, ob man das lesebezogene Ziel (meistens das Textverstehen) erreicht.

Hinzu kommt, dass verschiedene Lesestrategien dabei helfen, ähnliche Ziele zu erreichen. Wer zentrale Inhalte eines Textes markiert, Inhalte von Absätzen als Randnotiz paraphrasiert, ein Schaubild erstellt oder einen Text am Ende der Lektüre für sich zusammenfasst, wendet zwar verschiedene Einzellesestrategien an, zielt aber auf etwas im Kern Vergleichbares ab: die Reduktion der Informationen, die so typisch für die Organisationsstrategien sind (s. Teilkap. 4.2; Friedrich & Mandl, 2006). Umgekehrt kann eine Lesestrategie auch unterschiedlichen Zwecken dienen. So kann man das Zusammenfassen sowohl zur Inhaltsreduktion verwenden (dann wäre es eine kognitive Lesestrategie) als auch dazu, den Erfolg beim Lesen selbst zu überprüfen (als metakognitive Lesestrategie). Auch das Unterstreichen kann mehrere Funktionen haben. Wenn es sich bei den unterstrichenen Elementen um zentral wirkende Elemente handelt, fungiert das Unterstreichen als Organisationsstrategie. Selbiges gilt, wenn man verschiedene Textmarker mit jeweils unterschiedlichen Farben verwendet und Hauptbegriffe mit einer anderen Farbe markiert als Beispiele. Unterstreicht man Wörter, die man nicht kennt und nachschlagen will, kommt es zu einer Vermengung von Elaborationsstrategien (hier: Wortbedeutungen klären) und metakognitiven Strategien (es muss einem aufgefallen sein, dass man das Wort nicht kennt, sodass man es markiert).

Der modulare Charakter von Strategien zeigt sich auch darin, dass man einander ähnelnde Strategien gezielt in einer sinnvollen Sequenz nutzen kann. Man könnte also einen Text lesen, parallel dazu Unterstreichungen der wichtigsten Begriffe anfertigen, nebenbei zusammenfassende Randnotizen anfertigen und am Ende noch eine ausführliche Zusammenfassung schreiben, wenn der Text eine hohe Wichtigkeit hat. In diesem Falle haben Unterstreichen und das Anfertigen von Randnotizen eine dem schriftlichen Zusammenfassen dienende Funktion: Sie fungieren als wichtige Zwischenschritte.

Dem modularen Charakter von Lesestrategien begegnet man auch in Interventionsstudien immer wieder. Dort wird in quasi-experimentellen Studien in aller Regel eine überschaubare Anzahl von einzelnen Strategien vermittelt, wobei die Forscherinnen und Forscher festlegen, welche Strategien das sind, bei welchen Texten sie zum Einsatz kommen und wie viele Trainingssitzungen lang geübt wird. Einige dieser Lesestrategien sind schon recht gut untersucht, auf andere trifft dies weniger zu. Besonders hervorzuheben sind die folgenden acht Lese- und Lernstrategien, wobei die ersten sieben individuelle kognitive Prozesse betreffen und auch Gegenstand der Strategien in diesem Buch sind:

1. die Verstehensüberwachung beim Lesen,
2. das Textstrukturwissen gezielt nutzen,
3. eigene Schaubilder erstellen,
4. Zusammenfassungen erstellen,

5. Fragen zum Text beantworten bzw.
6. Fragen zu einem Text selbst stellen,
7. das eigene Vorwissen aktivieren und
8. das kooperative Lernen bzw. Lesen (National Institute of Child Health and Human Development, 2000).

Über die Wirksamkeit von einzelnen Strategien lässt sich kaum etwas seriös sagen, weil in Studien Strategien oftmals im Verbund Schülerinnen und Schülern vermittelt werden. Man kann zwar im Nachhinein in sogenannten Metaanalysen versuchen, studienübergreifend effektive Bestandteile von Strategievermittlung zu bestimmen (Boer, Donker & van der Werf, in press), aber ein besserer Weg ist es, von vornherein Studien durchzuführen, die systematisch Interventionen variieren, sodass es nur einen Unterschied in der jeweiligen Zusammensetzung von Strategien gibt, um so die effektiveren Varianten zu finden (s. z.B. Seuring & Spörer, 2010).

Ein paar letzte Hinweise in Sachen Modularität von einzelnen Lesestrategien betreffen die Darstellung in diesem Band. Es gibt wie gesagt sehr viele Strategien, die insbesondere versierte Leserinnen und Leser in den Originalstudien angewendet haben. Diese Einzelstrategien wurden in den Originalstudien unterschiedlich bezeichnet und von den Forschern noch einmal aggregiert zusammengestellt. Dies geschah mit Blick auf die Zielgruppe Forschende und ging zwar mit einer erfreulichen Informationsreduktion und Vereinheitlichung einher, die für die angestrebte Zielgruppe sicherlich kein Problem ist. Für Lehrpersonen als Adressaten dieses Buches sind durch die Abstraktionsleistungen wichtige Informationen verlorengegangen. Deshalb wurden die Strategien wo nötig anders als im Original dargestellt, gestrafft und einige wurden auch nicht aufgenommen, weil sie eher einem wissenschaftlichen Lesen entsprechen. Die Darstellung der Strategien folgt also insgesamt weitestgehend den Originalüberblickstexten, aber wo immer es mit Blick auf die schulische Leseförderung geboten erschien, gab es Modifikationen. Das Ziel war eine maximale Übersichtlichkeit und Verständlichkeit.

4.4 Ein gut ausgebautes Strategiewissen als Basis der effizienten Strategienutzung

Wenn Sie bei der Aufgabe zum Wikipedia-Textauszug aus Teilkapitel 4.1 mögliche Umgangsweisen mit dem Text notiert haben, haben Sie aktiv Ihr Strategiewissen angewendet. Damit sind spezifische Wissensbestände gemeint, die sich in Ihrem Langzeitgedächtnis als Ressource für die gelingende Verarbeitung von Textinhalten befinden. In der Forschung unterscheidet man drei Arten von Wissen, die ihrerseits zusammenhängen: deklaratives (bezeichnendes) Wissen, prozedurales (den Ablauf von etwas betreffendes) Wissen und konditionales (die Bedingungen von etwas betreffendes) Wissen (Paris, Lipson & Wixson, 1983).

Im Falle des Wikipedia-Textes könnte sich Ihr *deklaratives Wissen* darauf beziehen, dass es sich bei dem Artikel um einen kooperativ entstandenen Text handelt. Sie wissen auch, dass die unterstrichenen Wörter Links darstellen. Ein weiterer Teil Ihres deklarativen Wissens könnte sich darauf beziehen, dass Sie wissen, dass Wikipedia-Texte sich von anderen Textsorten im Aufbau unterscheiden und was das Wort „Hauptartikel" bedeutet. Auch Ihr Wissen über sich selbst („Internettexte lese ich ungern") oder die Aufgabe („Das ist ein schwieriger Text, deshalb ist die Aufgabe schwer") fällt in das deklarative Wissen, das „Wissen, dass".

Das *prozedurale Wissen* ist das buchstäbliche Know-how, wie man vorgeht. Sie wissen, dass Sie von links oben nach rechts lesen, aber Sie wissen auch, dass Sie mit einem Klick auf den Link, den Sie mit einer motorischen Aktion aktivieren, zum nächsten Wiki-Eintrag folgen und über den Zurück-Button wieder zum Ursprungstext gelangen können. Prozedurales Wissen liegt beispielsweise auch dann vor, wenn Sie jemandem beschreiben können, wie Sie konkret beim Überfliegen vorgehen oder wie sie gezielt nach Überschriften oder kursiv gesetzten Begriffen suchen. Es geht also nicht nur darum, die eben beschriebenen Aktionen auszuführen, sondern sie darüber hinaus aufgrund der eigenen Wissensbestände als Sequenzen von Einzelaktivitäten zu beschreiben.

Die dritte Wissensform, das *konditionale Wissen*, ist die anspruchsvollste Wissensform, denn dieses Wissen spezifiziert die Bedingungen und Grenzen der Anwendung sowie den (un)günstigen Zeitpunkt von Strategien. Wenn Sie unbekannte Wörter aus dem Wikipedia-Text gezielt klären oder auch gezielt ignorieren, jedoch nicht erklären können, warum Sie so vorgegangen sind, ist das konditionale Wissen ausbaufähig. Umgekehrt ist es hoch, wenn Sie das Verstehensproblem benennen *und* Sie verbalisieren können, warum Sie eine spezifische Vorgehensweise für geeigneter halten als eine andere.

Um die drei Wissensarten noch einmal an einem anderen Beispiel zu demonstrieren, folgt ein Exempel aus dem Handwerk. Ein Zimmermann kann Wissen darüber haben, dass ein Schrank anders hergestellt wird als ein Dachstuhl (deklaratives Wissen). Er kann zusätzlich auch Wissen darüber haben, was die Reihenfolge der einzelnen Arbeitsschritte und die Zwischenstationen auf dem Weg zum Möbelstück bzw. Dachstuhl betrifft und wie man diese Schritte ausführt (prozedurales Wissen). Zudem kann er im besten Falle auch noch erklären, warum einzelne Arbeitsschritte (nicht) vertauscht werden können, was also das dahinterstehende Prinzip ist (konditionales Wissen).

Gute Leserinnen und Leser verfügen im besten Falle über alle drei Wissensformen. Sie kennen Strategien, können sie richtig anwenden und haben Wissen darüber, was Alternativen und Einsatzmöglichkeiten betrifft. Allerdings müssen die lesenden Personen auch motiviert genug sein, die Strategien anzuwenden bzw. sie zu erlernen (Paris, Lipson & Wixson, 1983; Pressley, Borkowski & Schneider, 1989). Strategiewissen ist demnach eine Ressource, deren faktische Nutzung von der Motivation eines Lesers bzw. einer Leserin abhängt. Das ist übrigens auch das Ergebnis der PISA-Studie aus dem Jahr 2009. Dort waren im deutschsprachigen Raum die Effekte der (unveränderlichen) Personenmerkmale wie Geschlecht oder der sozioökonomische Status nicht mehr bei der erreichten Leseleistung statistisch auffällig, wenn man das (schulische veränderbare) Wissen über Lesestrategien und die intrinsische Lesemotivation statistisch berücksichtigte (OECD, 2010). Daher ist die Vermittlung von Strategien und Strategiewissen im Unterricht eine wichtige (wenn auch nicht die einzige) Möglichkeit der fachübergreifenden Leseförderung.

4.5 Lautes Denken und Strategieanwendung

Vieles von dem, was wir zu Lesestrategien bzw. deren Einsatz wissen (s. Teilkap. 5.2 bis 5.4), verdanken wir Studien mit dem sogenannten „lauten Denken". Diese Methode dient dazu, die nicht direkt von außen erkennbaren Strategien im Leseprozess sichtbar zu machen, was häufig über das laute mündliche Verbalisieren erfasst wurde, das parallel zur Textverarbeitung erfolgte (Afflerbach, 2000; Afflerbach & Cho, 2009; Pressley & Afflerbach, 1995). Diese Methode hat – wie jede andere in der Forschung auch – Vor- und Nachteile. Von Vorteil ist, dass man prinzipiell alle auftretenden Prozesse in den Blick nehmen und man die motivationalen und weiteren Merkmale der lesenden Person in Bezug zum konkreten Leseprozess setzen kann. Selbiges gilt auch für Kontextdaten wie Textmerkmale (Afflerbach, 2000).

An der Methode wird kritisiert, dass häufig nur die kognitiven Prozesse untersucht wurden, also das eigentliche Potenzial nicht vollumfänglich ausgenutzt wurde. Ebenfalls wird problematisiert, dass oftmals nur (auskunftsfähige) Experten bei (kurzen) Sachtexten im Erstkontakt untersucht wurden. Zudem müssen die Prozesse, die man erfassen will, einer lesenden Person bewusst und verbalisierbar sein, zugleich muss die Person auswählen, was sie verbalisiert (Stark, 2010). Man erhält also nur einen gewissen Ausschnitt der Lesestrategien, aber immerhin erhält man diesen. Weil inzwischen schon eine große Zahl von Studien vorliegt, die mit dieser Methode gearbeitet haben und weitere kontinuierlich hinzukommen (Cho, 2014; Ferguson, Bråten & Strømsø, 2012), ergibt sich (trotz des unbestritten fragmentarischen Charakters eines Einzelprotokolls des lauten Denkens) beim Lesen eine in Forschungsüberblicken überdeutlich werdende Vielzahl von einzelnen Strategien (Afflerbach & Cho, 2009; Pressley & Afflerbach, 1995). Es sind Hunderte Lesestrategien, die man bislang identifiziert hat, und Strategien sind bekanntermaßen in anderen Domänen hochbedeutsam und lernförderlich (Donker et al., 2014; Duckworth, Gendler & Gross, 2014; Hattie, 2012).

	Lautes Denken	Modellieren der Strategien
Ziel	mentale Prozesse bzw. bewusste Ausschnitte daraus sichtbar machen (ursprünglich als Forschungsmethode)	mentale Prozesse sichtbar und für Dritte nachvollziehbar sowie anwendbar machen (als Bedingung des Strategieerwerbs)
Adressat(en)	eigene Person (und Forscher, die mit viel Expertenwissen Prozesse rekonstruieren)	Schülerinnen und Schüler (die mit zum Teil wenig Wissen verstehen wollen, was sie stellvertretend erleben)
Metakognitive Elemente	• eher implizit enthalten • eher Gedankenstrom ohne große Beeinflussung	• explizit enthalten • starke Überwachung der mentalen Prozesse und deshalb kommentierter und gesteuerter Gedankenstrom
Anwendung von Strategien	• erfolgt implizit • muss nachträglich rekonstruiert werden	• erfolgt explizit • wird prozessnah erläutert und kommentiert
Rückgriff auf Vor- und Strategiewissen	geschieht implizit und beiläufig	geschieht explizit und intendiert

Tab. 4 Gegenüberstellung von lautem Denken und Modellieren
(Quelle: leicht veränderte Variante der Tabelle in Philipp, 2013a, S. 174)

Das laute Denken, bei dem alles, was bewusst und verbalisierbar ist, versprachlicht wird, gewährt nicht nur einen Einblick in etwas, das sich der direkten Beobachtung systematisch entzieht. Besonders attraktiv ist es auch für die erfolgreiche Vermittlung (s. dazu Kap. 6). Denn das laute Denken ist gewissermaßen das Vehikel, um Schülerinnen und Schülern zu demonstrieren, wie man als lesende und zugleich Lesestrategien vermittelnde Lehrperson vorgeht. Nachweislich wurde dieses Vorgehen auch bei exemplarisch guten Lehrpersonen im regulären Unterricht beobachtet (Philipp, 2014a). Lautes Denken und seine als „Modellieren" bezeichnete Variante als Teil der Strategievermittlung haben zwar den gemeinsamen Bezugspunkt, dass kognitive und metakognitive Strategien und Prozesse verbalisiert werden. Das Modellieren ist aber eine didaktisierte und aufwändigere Form, weil der Zweck und die Adressaten anders ist bzw. sind und deshalb eine modellierende Person viel expliziter sein muss als eine „nur" untersuchte Person, die laut denkt (s. Tab. 4 sowie Ness & Kenny, in press).

4.6 Zusammenfassung

Jeder neue Text (zumal bei unvertrauten Themen) birgt tendenziell neue Schwierigkeiten für eine lesende Person. Im günstigsten Fall erleichtern umfangreiche Wissensbestände zum Thema und Lesestrategien das Textverstehen. Lesestrategien fungieren als absichtsvolle, bewusstseinsfähige Handlungspläne im Leseprozess und helfen im besten Falle dabei, Probleme im Leseprozess zu reparieren. Deshalb kann man sie auch als „mentale Werkzeuge" bezeichnen. Gute Leserinnen und Leser haben einen großen „Werkzeugkasten", also zahlreiche Strategien im Repertoire. Die Lesestrategien lassen sich zudem in verschiedene Gruppen klassifizieren, und diese Taxonomien schließen einander nicht kategorisch aus, sondern stehen nebeneinander.

Für den effektiven Strategieeinsatz braucht man ein hohes Strategiewissen. Man muss nicht nur wissen, dass es Strategien gibt (deklaratives Strategiewissen), sondern auch, wie man sie konkret anwendet (prozedurales Strategiewissen) und wann man bestimmte Strategien anwenden kann bzw. nicht anwenden kann und was der Grund dafür ist (konditionales Strategiewissen). Im günstigsten Fall haben Leserinnen und Leser umfassendes Wissen in allen drei Wissensarten erworben, um auch bei ungewohnten Leseaufträgen handlungsfähig und kompetent zu sein.

Vieles, was wir aus der Forschung zu Strategien (insbesondere bei gut lesenden Personen) wissen, stammt aus Studien, in denen Testpersonen beim Lesen stimuliert wurden, ihre mentalen Vorgehensweisen zu verbalisieren. Diese als „lautes Denken" bezeichnete Forschungsmethode gewährt (selektive) Einblicke in die parallel zum Lesen ablaufenden mentalen Prozesse bei Leserinnen und Lesern. Dadurch können Forschende den Einsatz von Lesestrategien so prozessnah wie möglich erfassen und aus den aufgezeichneten

Verbaldaten im Nachhinein den Strategieeinsatz analysieren. Das laute Denken hat aber nicht nur seinen Wert für die kognitionspsychologisch geprägte Leseforschung, sondern auch für den Unterricht. Das hat damit zu tun, wie man sich den Strategieerwerb in der Forschung vorstellt und in Interventionsstudien auch nachweislich bei Schülerinnen und Schülern erreicht hat (dazu mehr in Kap. 6). Das laute Denken ist ein Hilfsmittel bei der Demonstration von Lesestrategien, die Schülerinnen und Schüler zunächst einmal in der Anwendung stellvertretend beobachten müssen, ehe sie durch Übung in das eigene Verhaltensrepertoire Einzug halten.

5 Lesestrategien und Texte

Wie ein zielgerichteter Umgang mit einzelnen linearen Texten, mehreren linearen Texten und digitalen Hypertexten aussieht

---

Worum geht es in diesem Kapitel? Lesestrategien sind absichtsvolle Handlungen, die dem Leseverstehen dienen. Sie fungieren damit als mentale Werkzeuge, die eine lesende Person im optimalen Fall dazu verwendet, spezifische lesebezogene Ziele zu erreichen und lesebezogene Probleme bei spezifischen Texten effektiv zu lösen. Weil der (Schul-)Alltag so viele verschiedene Textformen und -sorten bereithält, sind jene Leserinnen und Leser klar im Vorteil, deren „Werkzeugkoffer" gut gefüllt ist. In diesem Kapitel geht es daher darum, einen systematischen Blick in einen umfassenden Werkzeugkoffer zu werfen, um zu zeigen, wie vielfältig die mehrheitlich sehr kompetenten Leserinnen und Leser in den Studien auf Texte reagieren.

Den Auftakt bildet ein kurzes Teilkapitel, in welchem das Idealbild einer gut lesenden Person skizziert wird, damit das Ziel gelingender Leseförderung von vornherein klarer konturiert ist. Diese Person verfügt über einige allgemeine Merkmale, die kennzeichnend für das sogenannte „konstruktiv-reagierende Lesen" sind (5.1). Das darauffolgende Teilkapitel 5.2 bildet schon allein wegen der schieren Zahl an verschiedenen Lesestrategien das Rückgrat des gesamten Kapitels. Es enthält überblicksartig jene Strategien, die Personen aus Studien nachweislich bei der Bearbeitung von linearen Einzeltexten angewendet haben. Dabei gingen sie im konkreten Prozess sehr flexibel und dynamisch vor, was für die sprachlich-lineare Darstellungsmöglichkeit von Informationen in einem Buchtext wie diesem eine Hürde bildet. Deshalb wurden einander ähnelnde Lesestrategien in Gruppen gebündelt und partiell mit Verweisen ausgestattet. Die im Teilkapitel 5.2 aufgeführten Lesestrategien bilden ferner die Basis für Leseprozesse bei mehreren linearen Texten (Teilkap. 5.3) und digitalen Hypertexten (5.4). Diese Lesestrategien kommen zu jenen hinzu, die man für lineare Texte benötigt.

Im Kern werden in diesem Kapitel damit vor allem die kognitiven und metakognitiven Lesestrategien systematisch dargestellt. Es ist nicht Ziel des Kapitels, jede einzelne Strategie kleinteilig vorzustellen, sondern auf einem mittleren Abstraktionsgrad relativ häufig vorkommende Strategien im Gesamt. Der mittlere Abstraktionsgrad wurde deshalb gewählt, weil Lesestrategien im Einzelfall immer adaptiv bei einem jeweiligen Text zum Einsatz kommen und zudem auch noch von den

Vorwissensbeständen einer lesenden Person abhängen. Das sind zwei unbekannte Variablen in einer komplexen Gleichung, und die Reaktion auf dieses Problem besteht in einem mittleren Abstraktionsgrad. Hierdurch soll Ihnen als Leserinnen und Lesern auch bewusst gezeigt werden, wie viele Lese-Werkzeuge kompetente Personen verwenden. Dies soll Ihnen zur Sensibilisierung dienen. Suchen Sie gezielt Parallelen zu sich selbst und zu Vorgehensweisen, die auch Sie an den Tag legen. Dies ist nämlich der erste Schritt für die autonome und authentische Vermittlung von Lesestrategien in Ihrem Unterricht (s. Kap. 6).

Hinweis zur Darstellung der Lesestrategien. Um die Übersichtlichkeit im Folgenden zu gewährleisten, sind die Strategien durchnummeriert. In einigen Fällen gibt es auch noch Unternummerierungen, weil es beispielsweise wichtige Differenzen darin gibt, woraufhin man einen Text überfliegt. Ferner korrespondieren einige Strategien miteinander. Inhaltlich ähnliche Strategien werden daher in Gruppen dargestellt statt isoliert. Einige sind aber auch zeitlich vor- oder nachgelagert bzw. über- oder untergeordnet. Um dieses besondere Verhältnis zu verdeutlichen, wurden folgende Symbole in den entsprechenden Fällen verwendet: ↓ und ↑ für weiter vorn bzw. hinten im Manuskript stehende Strategien nebst den Seitenangaben. Tauchen die Strategien, auf die verwiesen wurde, auf derselben Seite auf, gibt es keine Seitenangabe.

5.1 Den „idealen Leser“ bzw. die „ideale Leserin“ vor Augen – das Ziel der Lesestrategievermittlung

In den nachträglichen Auswertungen von Lautleseprotokollen (s. Teilkap. 4.5), auf denen dieses Kapitel basiert, wurden einander ähnelnde Vorgehensweisen (Lesestrategien) eruiert und zusammengestellt. Dabei ließen sich vielfältige einzelne Strategien rekonstruieren, die die lesenden Studienteilnehmerinnen und -teilnehmer in aller Regel relativ flexibel und zielgerichtet einsetzen. Deshalb haben Michael Pressley und Peter Afflerbach (1995) diese Art des Lesens als „konstruktiv-reagierendes Lesen“ bezeichnet. Ein solches Lesen weist vier Hauptmerkmale auf:

a) Die Leserinnen und Leser versuchen, die *allgemeine, übergeordnete Textbedeutung aktiv zu konstruieren,* indem sie gezielt in Texten nach Hauptideen suchen und über Texte reflektieren.
b) Die Leserinnen und Leser *reagieren auf Texte mit Vorhersagen und Hypothesen,* die Ausdruck ihres Vorwissens sind. Dabei kommt es durchaus zu fehlerhaften und vorläufigen Interpretationen des Text-

inhaltes, die die Leserinnen und Leser aber im Laufe des Leseprozesses reparieren.

c) Das *Vorwissen* der Leserinnen und Leser bestimmt zu einem gewissen Grad, *wie sie die Textinhalte verarbeiten und auf den Text reagieren.*
d) Die Leserinnen und Leser *reagieren engagiert und passioniert* auf die Texte.

Aus der kurzen Merkmalsliste lässt sich ableiten, dass im gelingenden Leseverstehensprozess eine intensive Leser-Text-Interaktion erfolgt. Ein solches Vorgehen ist auch zu beobachten, wenn Expertinnen und Experten sich mit dem Gegenstandsbereich auseinandersetzen, in dem sie ihre umfassende Expertise erworben haben. Teilweise ließ sich dies – selbst wenn es nicht erklärtes Ziel aller Originalstudien mit Lautleseprotokollen war – anhand der Daten rekonstruieren, sodass Michael Pressley und Peter Afflerbach (1995) das konstruktiv-reagierende Lesen explizit als *Expertise in der Domäne Lesen* bezeichnet haben. Dies wiederum ist bedeutsam für die Leseförderung, weil Leselehrpersonen dann in zwei miteinander zusammenhängenden Bereichen Expertinnen und Experten sein sollten, um erfolgreich das Lesen zu fördern. Einerseits ist Expertise in der Domäne Lesen erforderlich, andererseits auch in der Domäne Lehren (s. Teilkap. 6.2).

Um Sie auf die weiteren Inhalte der vielen Vorgehensweisen beim konstruktiv-reagierenden Lesen mit verschiedenen Texten in den Teilkapiteln 5.2 bis 5.4 vorzubereiten, enthält der nachstehende Kasten noch einmal ein Bündel von Merkmalen, die gute Leserinnen und Leser charakterisieren. Die in den folgenden Teilkapiteln enthaltenen Lesestrategien lassen sich in der Regel nahtlos einem oder mehrerer der Merkmale zuordnen. Viele der Strategien haben zudem mit drei Hauptaktivitäten zu tun, die typisch für das konstruktiv-reagierende Lesen sind: Bedeutungskonstruktion, Evaluation und Überwachen (Afflerbach & Cho, 2009; Pressley & Afflerbach, 1995).

Was tun gute Leserinnen und Leser, wenn sie Texte lesen?

Gute Leserinnen und Leser

1) verschaffen sich vor dem Lesen einen Überblick (bestimmen, was für einen Text sie vor sich haben und welche Teile davon sie bearbeiten werden);
2) suchen nach wichtigen Informationen im Text und widmen diesen Informationen mehr Aufmerksamkeit als anderen (indem sie die Lesegeschwindigkeit und die Konzentration hinsichtlich der wahrgenommenen Wichtigkeit des Textes mit Bezug zum Leseziel anpassen);

3) bemühen sich, wichtige Informationen im Text miteinander zu verknüpfen, um den Text als Ganzes zu verstehen;
4) aktivieren und nutzen ihr Vorwissen, um den Text zu interpretieren (Hypothesen über den Text generieren, den Inhalt vorhersagen);
5) verknüpfen den Textinhalt mit ihrem Vorwissen, speziell wenn es darum geht, eine Textinterpretation vorzunehmen;
6) berücksichtigen und/oder revidieren ihre Hypothesen zur Textbedeutung anhand des Textinhaltes;
7) überdenken und überprüfen ihr Vorwissen mittels des Textinhalts;
8) versuchen, nicht explizit im Text angegebene Informationen über Schlussfolgerungen zu erhalten, wenn diese Informationen wichtig für das Textverstehen sind;
9) bemühen sich, die Wortbedeutung unbekannter Wörter zu bestimmen, sofern ein solches Wort zentral für das Verstehen erscheint;
10) nutzen verschiedene Lesestrategien, um sich an Textinhalte zu erinnern (Unterstreichen, Wiederholen, Notizen anfertigen, Visualisieren, Zusammenfassen, Paraphrasieren, sich selbst Fragen stellen etc.);
11) nutzen andere Lesestrategien, wenn sie merken, dass das Textverstehen nicht gelingt;
12) beurteilen die Textqualität, wobei diese Urteile zum Teil beeinflussen, ob der Text das Wissen der lesenden Person, ihre Einstellung, ihr Verhalten etc. verändert;
13) reflektieren über den Text bzw. verarbeiten ihn nach dem Lesen weiter;
14) betreiben eine adaptive Konversation mit dem Autor bzw. der Autorin;
15) planen, das Wissen zu nutzen, welches sie aus dem Text erwerben.

(Quelle der Liste: adaptierte Variante aus Pressley & Afflerbach, 1995, S. 105)

5.2 Einzelne lineare Texte lesen

Die Bearbeitung von linearen Einzeltexten ist besonders breit untersucht worden und in diesem Bereich liegen die differenziertesten Befunde vor. Deshalb ist dieses Teilkapitel das umfangreichste in diesem Kapitel. In insgesamt elf Teilen werden die vielen Strategien vorgestellt. Strategien können sowohl vor dem eigentlichen Lesen zum Einsatz kommen (Teilkap. 5.2.1) als auch nach dem Lesen (5.2.11). Einige Strategien beziehen sich auf ein adaptives Lesen beim Einstieg in den Text (5.2.2), das allmähliche Interpretieren des Textinhaltes und seiner Bedeutung (5.2.3), das Prognostizieren des weiteren Textinhaltes (5.2.4), das gezielte Schlussfolgern beim Lesen (5.2.5), das Identifizieren von wichtigen Inhalten (5.2.6), das Aufeinander-Beziehen von

Textteilen (5.2.7) und das Wahrnehmen sowie Beurteilen von Textmerkmalen (5.2.8). Überwiegend metakognitiver Natur sind die Familien von Lesestrategien, mittels derer man Leseverstehen gezielt initiiert und überwacht (5.2.9) bzw. auf Probleme im Leseprozess reagiert (5.2.10). Alle angeführten Strategien stammen aus dem Buch von Pressley und Afflerbach (1995), sie sind aber zuweilen anders zusammengefasst, um die Gemeinsamkeiten bzw. Unterschiede stärker herauszuarbeiten.

5.2.1 Strategien vor dem Lesen

Strategisches Lesen beginnt schon vor der eigentlichen Auseinandersetzung mit dem konkreten Text und einer kontinuierlichen Lektüre des Textes. Im besten Falle – hier: mehrheitlich bei Expertinnen und Experten in einem bestimmten Bereich wie Physik oder Geschichte – formuliert eine lesende Person ein Ziel (Strategie 1) oder überlegt sich schon, wie sie auf den Text reagieren könnte (Strategie 2). Die Ziele können unterschiedliche angestrebte Zustände bezogen auf das Lesen sein, etwa eine bestimmte Information erhalten zu wollen, den Text verstehen zu können, einen Zusammenhang besser begreifen zu können. Solche Zielsetzungen gelten allgemein als besonders lernförderlich (Zimmerman, 2002). Günstig an explizit formulierten Zielen ist, dass Leserinnen und Leser die Zielerreichung kontinuierlich metakognitiv überprüfen können und ihren Strategieeinsatz entsprechend planen, überwachen, beurteilen und ggf. ändern (Paris, Lipson & Wixson, 1983). Nicht immer aber formulieren Leserinnen und Leser explizite Ziele, wie Pressley und Afflerbach (1995) berichten. Häufig beginnen sie sofort mit der Lektüre.

Strategie 1 Ein lesebezogenes Ziel formulieren, zum Beispiel was man als Leser bzw. Leserin aus dem Text erfahren will
(↓ Strategie 3.3, S. 59; Strategie 8, S. 61; Strategie 4, S. 60; Strategie 55.1, S. 74; Strategie 60, S. 77; Strategie 61.7, S. 77; Strategie 62, S. 78; S. Strategie 88, S. 85)

Strategie 2 Ausgehend vom Vorwissen und eigener Motivation eine mögliche Reaktion auf den Text vorwegnehmen
(↓ Strategie 59, S. 76)

Eine erste Annäherung an den konkreten Text, den eine Person mit einem mehr oder minder klar vorab formulierten Leseziel lesen soll bzw. will, ergibt sich aus einem ersten Überfliegen des Textes (Strategie 3). Damit ist ein höchst selektives Betrachten und Lesen einzelner Textteile gemeint, das verschiedenen Zwecken dient. So kann das Überfliegen eine orientierende Funktion hinsichtlich der allgemeinen Textstruktur haben, aber auch der Suche nach wichtigen Informationen und/oder jenen, die mit dem eigenen Leseziel zu tun haben, dienen. Ganz besonders wichtig ist dieses orientierende Sichten, weil es zeitökonomisch ist und die Entscheidungen über die (Nicht-)Lektüre beeinflusst (s. Strategie 8 auf S. 61).

Strategie 3	Den Text überfliegen (↓ Strategie 14, S. 63)
Strategie 3.1	Überfliegen, um Merkmale des Textes wie Länge oder Struktur zu erkennen (↓ Strategie 4.2, S. 60)
Strategie 3.2	Überfliegen, um wichtige Textteile zu erkennen, speziell jene Textteile, in denen man wichtige Informationen vermutet (↓ Strategie 4.1, S. 60)
Strategie 3.3	Überfliegen, um Informationen zu erhalten, die für das Erreichen des Leseziels relevant sind (↑ Strategie 1, S. 58)

Doch nicht nur mit den Textmerkmalen machen sich gute Leserinnen und Leser im Vorfeld vertraut. Sie aktivieren außerdem ihr Vorwissen, das sie zum Thema, zum Text oder zum Autor/zur Autorin und dessen/deren Absicht haben (Strategie 4). Für die Relevanz des inhaltlichen Vorwissens beim Textverstehen gibt es diverse Hinweise in verschiedenen Altersgruppen (Anmarkrud & Bråten, 2009; Bråten et al., 2014; Cromley & Azevedo, 2007; Guthrie et al., 1999; Schaffner & Schiefele, 2007; Taboada et al., 2009). Dabei sind die Effekte des Vorwissens auf das Textverstehen in aller Regel mit die höchsten. Auch das Textstrukturwissen spielt eine Rolle vor dem Lesen. Indem man für sich klärt, ob man es mit einer Geschichte, einem Zeitungsartikel, einem Forschungsartikel oder einer anderen konventionalisierten Textsorte mit einer jeweils erwartbaren Grundstruktur zu tun hat, kann es einem helfen, gezielt die Aufmerksamkeit zu lenken. Das Wissen über solche Textstrukturen hilft zum Beispiel schwach lesenden Heranwachsenden (Souvignier & Antoniou, 2007). Solche Wissensbestände gezielt vor der eigentlichen Lektüre als Ressource zu nutzen, hilft auch dabei, den Wert eines Textes für sich selbst zu klären, was wiederum entscheidungsrelevant für die Lektüre und die Art der Leseweise ist.

Strategie 4	Relevantes Wissen aktivieren (↓ Strategie 8, S. 61; Strategie 14, S. 63; Strategie 56, S. 75; Strategie 63a, S. 78; Strategie 73.6 und 73.7; S. 80)
Strategie 4.1	Mentale Suche nach eigenem Wissen zum Thema (↑ Strategie 3.2, S. 59; ↓ Strategie 17, S. 64; Strategie, S. 67; Strategie 34, S. 68)
Strategie 4.2	Textstrukturwissen aktivieren (↑ Strategie 3.1, S. 59; ↓ Strategie 55.4, S. 74)
Strategie 4.3	Absicht des Autoren bzw. der Autorin aufgrund des eigenen Wissens ermitteln (↓ Strategie 35, S. 69)

Aus dem Zusammenspiel von Strategie 3 und Strategie 4 ergeben sich zwei mögliche (und für die aktive Vermittlung von Lesestrategien sehr nützliche didaktische) Konsequenzen. Die erste Konsequenz besteht darin, die Ergebnisse des Text-Überfliegens noch einmal zu bündeln (Strategie 5). Ein solches Vorgehen bildet einen weiteren Zwischenschritt und lenkt noch einmal die Aufmerksamkeit auf die einzelnen Teilstrategien aus der Strategie 3. Ein zweites Ergebnis des Überfliegens (und auch des Zusammenfassens des Überfliegens) sind: eine mögliche Hypothese über die Textinhalte (Strategie 6) und eine Entscheidung, ob die Lektüre sich lohnen dürfte oder nicht (Strategie 7). Damit bauen Leserinnen und Leser eine Erwartungshaltung auf, die sie gezielt mit dem Textinhalt abgleichen können bzw. die sie für ihre lesebezogenen Entscheidungen nutzen können.

Strategie 5	Zusammenfassen, was vom Überfliegen als vorläufiges Ergebnis zustande gekommen ist (↑ Strategie 3; S. 59; Strategie 4, S. 60)
Strategie 6	Nach dem Überfliegen eine erste und vorläufige Hypothese über den Textinhalt formulieren (↑ Strategie 3; S. 59; Strategie 4, S. 60; Strategie 5, S. 61; ↓ Strategie 14, S. 63; Strategie 63, S. 78; Strategie 73.8, S. 80)
Strategie 7	Früh anhand schnell erkennbarer Informationen (Autor, Titel, Kurzzusammenfassungen) entscheiden, ob der Text wichtige Informationen enthält und der (ganzen bzw. teilweisen) Lektüre wert ist (↓ Strategie 8, S. 61; Strategie 14, S. 63; Strategie 60, S. 77)
Strategie 7.1	Klären, ob der Text das Wissen des Lesers bzw. der Leserin verbessern wird

Strategie 7.2	Klären, ob der Text relevant für die gegenwärtigen Tätigkeiten, Ziele und Projekte ist
Strategie 7.3	Klären, ob es Informationen gibt, denen man schon in früheren Texten begegnet ist

Das Klären eines Leseziels, die Vorwissensaktivierung sowie das Überfliegen eines Textes bilden die Entscheidungsgrundlage für geübte Leserinnen und Leser, wie sie bei einem konkreten Text vorgehen wollen (Strategie 8). Prinzipiell haben die Leserinnen und Leser hier eine große Bandbreite an Entscheidungsmöglichkeiten. Diese reichen von der selektiven oder genauen Lektüre hin zum Ausblenden ganzer Textteile, wobei die lesenden Personen nicht planen müssen, dem Text in seinem linearen Aufbau zu folgen, sondern eigensinnig einzelne Textteile in einer nicht vom Verfasser angelegten Reihenfolge zu lesen. Außerdem können Leserinnen und Leser sogar planen, von der Lektüre eines Textes Abstand zu nehmen, weil er Merkmale aufweist, die mit dem eigenen lesebezogenen Ziel unvereinbar sind.

Strategie 8	Entscheidungen zum Lesen treffen (↑ Strategie 1, S. 58; Strategie 3; S. 59; Strategie 4, S. 60; Strategie 5; S. 61; Strategie 6, S. 60; Strategie 8, S. 61; ↓ Strategie 9.2, S. 62; Strategie 37, S. 70; Strategie 39, S. 70)
Strategie 8.1	Bestimmen, welche Textteile man liest (z. B. den Textteil lesen, der die für den Leser/die Leserin interessante bzw. zum Leseziel passende Informationen enthält)
Strategie 8.2	Bestimmen, welche Textteile man ganz detailliert liest
Strategie 8.3	Bestimmen, welche Textteile man in welcher Reihenfolge liest
Strategie 8.4	Bestimmen, welche Textteile man ignoriert
Strategie 8.5	Sich dazu entscheiden, das Lesen gar nicht erst zu beginnen, weil der Text nicht relevant für die eigenen Ziele ist

5.2.2 Adaptives Lesen beim Einstieg in den Text und während des Lesens

Die Strategien während des Lesens machen den größten Teil der in diesem Teilkapitel vorzustellenden Strategien aus. Die Entscheidung für die Art der Lektüre (s. Strategie 8 im Teilkap. 5.2.1) ist natürlich nur ein erster Plan, den eine lesende Person umsetzen muss. Dabei steht Leserinnen und Leser grundsätzlich offen, ob sie den Text bzw. Textteile leise lesen (Strategie 9) oder ob sie laut lesen, um ihr kognitives System zu entlasten (Strategie 10).

Ebenfalls mit mündlichen Anteilen versehen ist die Strategie 11, die dazu dient, Gelesenes oder Gedachtes im „Arbeitsspeicher" zu behalten, um es für weitere kognitive Bearbeitungsprozeduren verfügbar zu haben.

Strategie 9	Text oder Textteile leise lesen
Strategie 9.1	Nicht-selektiv lesen, das heißt, den Text linear lesen (↓ Strategie 84.1, S. 85)
Strategie 9.2	Selektiv lesen, zum Beispiel verlangsamtes Lesen, sobald wichtige Informationen im Text vorkommen, Textteile gezielt auslassen oder nur auf zentrale Inhalte achten (↑ Strategie 8.1–4, S. 61)

Strategie 10	Text laut lesen, um das Arbeitsgedächtnis zu entlasten (↓ Strategie 73.1 und 2, S. 80)

Strategie 11	Lautes Wiederholen von Gelesenem bzw. Gedachtem
Strategie 11.1	Textinhalte wiederholen, um das Arbeitsgedächtnis zu entlasten (↓ Strategie 73.1, S. 80)
Strategie 11.2	Textinhalte wiederholen, weil man nur teilweise den Text verstanden hat und für ein vollständiges Verständnis die Inhalte für das Arbeitsgedächtnis verfügbar halten will (↓ Strategie 18, S. 65; Strategie 33.1, S. 67)
Strategie 11.3	Einen Gedanken zum Text wiederholen, um ihn im Arbeitsgedächtnis zu behalten (↓ Strategie 18, S. 65; Strategie 33.1, S. 67)
Strategie 11.4	Einen Gedanken zum Text laut verbalisieren, um sich den Text zu erklären (↓ Strategie 18, S. 65; Strategie 33.1, S. 67)
Strategie 11.5	Einen Gedanken laut aussprechen, um sich selbst zu lenken, zum Beispiel durch eine Selbstanweisung etwas Bestimmtes im Text zu suchen

Leserinnen und Leser treten im besten Falle (bzw. wenn dies eine Leseaufgabe von ihnen verlangt) mit einem Ziel an den Text heran. Solche Ziele sind aber nicht statisch, sondern (kon)textsensitiv. Wenn also ein vorläufig formuliertes Leseziel mit dem aktuellen Text nicht realistisch erreichbar ist, passen gute Leserinnen und Leser diese Ziele an (Strategie 12).

Strategie 12	Leseziel ändern, weil der Text ein passenderes Ziel nahelegt (↑ Strategie 1, S. 58; ↓ Strategie 60, S. 77)

5.2.3 Sukzessives Interpretieren bzw. Verstehen

Lektüren verlaufen nicht zwangsläufig kontinuierlich an einem Stück. Zum Beispiel ist es durchaus üblich, dass Leserinnen und Leser kurze Pausen einlegen, um Textinhalte bzw. ihre eigenen Gedanken zum Gegenstand der Reflexion zu machen (Strategie 13). Diese Strategie berücksichtigt, dass sich im Leseprozess das Textverstehen erst nach und nach entwickelt.

Strategie 13 Pausieren, um über den Text (und etwaige eigene Notizen; ↓ Strategie 42, S. 71; Strategie 52, S. 74) nachzudenken

Das Pausieren und Nachdenken kann mit Strategien zusammenhängen, bei denen es darum geht, sich der Textbedeutung allmählich über gezieltes Nachdenken zu nähern. So nutzen Leserinnen und Leser im Leseprozess ihr eigenes Vorwissen, das mit den Textinformationen interagiert, um eine vorläufige Textbedeutung zu generieren (Strategie 14). Das kann im Einzelfall dazu führen, dass man mehrere Interpretationen gleichzeitig ersinnt (Strategie 15). Ebenso kann dies davon flankiert werden, dass man einen inneren Dialog initiiert, bei dem die verschiedenen Sichtweisen auf den Textinhalt zum Tragen kommen (Strategie 16). Beobachtet wurde zusätzlich, dass Leserinnen und Leser – immer mit Bezug auf das eigene, individuelle Vorwissen – zustimmend bis sehr skeptisch auf Texte reagieren (Strategie 17).

Strategie 14 Eine provisorische Interpretation des Textes bzw. Textteiles entwickeln, die auf verschiedenen leser- und textseitigen Informationen basieren kann:
(↑ Strategie 7, S. 60; ↓ Strategie 15, S. 64; Strategie 17, S. 64; ↓ (Strategie 80.1, S. 83)

a) einem partiellen Verständnis des Textes nach der ersten (sorgfältigen) Lektüre
(↓ Strategie 53, S. 74)
b) dem Überfliegen des Textes und der gezielten Aufmerksamkeitslenkung auf Titel, Bilder, Schlüsselwörter etc.
(↑ Strategie 3, S. 59; ↓
c) Strategie 79.7, S. 82)
d) dem eigenen Vorwissen (wobei es wahrscheinlicher ist, dass bei einem vertrauten Thema mehr provisorische Interpretationen auftauchen)
(↑ Strategie 4.1, S. 60)
e) den Hinweisen bezüglich der Textstruktur
(↑ Strategie 4.2, S. 60, Strategie 14b)

f) dem eigenen Wissen zum Verfasser bzw. zur Verfasserin
(↑ Strategie 4.2, S. 60)

g) dem bis dahin gelesenen Text
(↑ Strategie 14a)

Strategie 15	Mehrere alternative Interpretationen zum Inhalt des Textes entwickeln (↑ Strategie 14, S. 63; ↓ Strategie 16, S. 64; Strategie 80.2, S. 83)
Strategie 16	Einen inneren Dialog während des Lesens führen, bei dem mehrere Sichtweisen und Interpretationen vorkommen und das allmähliche Textverstehen unterstützen (↑ Strategie 15, S. 64; ↓ Strategie 80, S. 83)
Strategie 17	Mit den Textinhalten (un-)kritisch umgehen (↑ Strategie 4, S. 60)
Strategie 17.1	Informationen unkritisch akzeptieren, weil das eigene Vorwissen zu gering ist
Strategie 17.2	Informationen unkritisch akzeptieren, wenn man annimmt, die Funktion des Textes sei es, über etwas zu informieren
Strategie 17.3	Informationen kritisch akzeptieren, wenn man hohes Vorwissen hat und mit dem Autor übereinstimmt
Strategie 17.4	Skeptisches Lesen, wenn man annimmt, dass die Textinhalte das eigene Wissen verändern könnten
Strategie 17.5	Skeptisches Lesen, wenn man annimmt, dass das Dokument bzw. dessen Verfasser tendenziös bzw. befangen ist

Eine Reihe von Strategien hängt ferner damit zusammen, dass Leserinnen und Leser aktiv auf die Textinhalte reagieren und diese in irgendeiner Weise aktiv verarbeiten. Das kann das Paraphrasieren von schwierigen bzw. unvertraut kommunizierten Textinhalten (Strategie 18) ebenso betreffen wie eine Imagination des im Text dargestellten Sachverhaltes, die sich im Geist der lesenden Person vollzieht (Strategie 19). In eine ähnliche Richtung, aber nur bei literarischen Texten, geht es, wenn man die jeweilige Figurenperspektive nutzt, indem man sich mental in sie hineinversetzt oder verschiedene Figurenperspektiven dafür nutzt, den Sachverhalt besser abschätzen zu können (Strategie 20). Eine weitere Möglichkeit, die sich eher auf Sachtexte (und hier insbesondere: anleitende Texte) bezieht, besteht darin, dass man bewusst (und bei Bedarf wirklich mit Handlungen) nachvollzieht, wozu der Text befähigen will (Strategie 21).

Strategie 18 Textinhalte in eigenen, für die lesende Person geläufigeren Formulierungen wiedergeben
(↑ Strategie 11.1–4, S. 62; ↓ Strategie 87, S. 85)

Strategie 19 Sich Inhalte aus den Texten gezielt bildlich vorstellen
(↓ Strategie 81.3, S. 85)

Strategie 20 Figurenperspektiven nutzen
(↓ Strategie 36.1 und 2, S. 69)

Strategie 20.1 Sich in eine Figur hineinversetzen

Strategie 20.2 Alternative Perspektiven auf das Geschehen aus der Sicht verschiedener Figuren einnehmen

Strategie 21 Mental nachvollziehen oder physisch ausführen, was ein Text den Leserinnen und Lesern rät/vorgibt, um das Resultat zu überprüfen
(↓ Strategie 31, S. 67)

5.2.4 Vorhersagen der Textbedeutung sowie textnahes Prüfen

Das Textverstehen ist ein hochdynamischer Prozess, bei dem eine lesende Person begleitend zur Lektüre kontinuierlich gefragt ist, die provisorische Textbedeutung nach und nach zu verfeinern und anzureichern. Das ist ganz typisch für Prognosen zum Textinhalt, die man tätigt und permanent im Lektüreakt textnah überprüft (Strategie 22). Dabei prüft man mittels Textbelegen die Richtigkeit (Strategie 23 bis Strategie 25) und nutzt ebenfalls sein eigenes Wissen (Strategie 26). Wenn es erforderlich ist, werden die Prognosen sogar verändert, weil sie sich nicht mit dem Gelesenen vereinbaren lassen (Strategie 27).

Strategie 22 Eine Vorhersage zum weiteren Inhalt aufstellen und kontinuierlich anhand der weiteren Textinformationen evaluieren
(↑ Strategie 14, S. 63; ↓ Strategie 23, S. 65)

Strategie 23 Über die Richtigkeit der eigenen Vorhersage entscheiden und dabei gezielt Textinhalte als Beleg bzw. Gegenbeleg anführen
(↑ Strategie 22, S. 65; ↓ Strategie 24; Strategie 27.1, S. 66)

Strategie 24 Gezielt Informationen im Text suchen, die mit den eigenen Vorhersagen zum Text kongruent bzw. nicht-kongruent sind
(↑ Strategie 9.2, S. 62; ↓ Strategie 27.3, S. 66)

Strategie 25	Im Text zurück springen, um eine früher gelesene Information anhand eines später gelesenen Textteiles zu überprüfen (↑ Strategie 14f., S. 63; ↓ Strategie 33.4, S. 67)
Strategie 26	Gezielt Textinhalte oder vorherige eigene Gedanken zum Text aus dem Gedächtnis abrufen, wenn eine neue Information im Text auftaucht, die für das vorläufige Verständnis bedeutsam ist (↑ Strategie 14, S. 63; ↓ Strategie 27.3, S. 66)
Strategie 27	Anpassungen der Vorhersagen vornehmen bzw. nicht vornehmen
Strategie 27.1	Ursprüngliche Vorhersage zum Textinhalt mit neuen Informationen abgleichen und eine alternative Hypothese erstellen, die mit der ursprünglichen verglichen wird (↑ Strategie 6, S. 60; Strategie 22, S. 65; Strategie 23, S. 65; Strategie 24, S. 65)
Strategie 27.2	Mehrere alternative und vorläufige Hypothesen aufstellen, im Arbeitsgedächtnis halten und im weiteren Verlauf des Lesens über die Angemessenheit anhand neuer Textinformationen entscheiden (↑ Strategie 22, S. 65; Strategie 23, S. 65; Strategie 26, S. 66)
Strategie 27.3	Kleinteiliges Anpassen der Vorhersagen aufgrund der kongruenten bzw. nicht-kongruenten Informationen im Text (↑ Strategie 22, S. 65; Strategie 24, S. 65; Strategie 26, S. 66)
Strategie 27.4	Eine Vorhersage beibehalten, weil der Leser bzw. die Leserin eine neue Information aus dem Text als unzuverlässig einstuft (↑ Strategie 14, S. 63; Strategie 22, S. 65; Strategie 23, S. 65)

5.2.5 Text- und vorwissensbasierte Schlussfolgerungen gezielt anstellen

Texte bieten – das haben Sie selbst am Beispiel des „Erlkönigs" im Teilkapitel 3.1 erlebt – immer nur einen Teil der zum Textverstehen nötigen Informationen (Propositionen) an. Während des Lesens sind Leserinnen und Leser also gefragt, diese Informationen miteinander zu verknüpfen und jene Lücken im Text aktiv zu füllen, also (um bei dem Beispiel des Erlkönigs zu bleiben) etwa zu bemerken, dass dieselbe Figur mit unterschiedlichen Bezeichnungen wie „Knabe", „Kind" oder „Sohn" bezeichnet wird (Strategie 28). Außerdem bedarf es des Auffüllens mit eigenem Wissen, etwa wenn man bemerkt, dass ein Autor einen Begriff anders verwendet als man selbst (Strategie 29). Die Inferenzbildung ist zusätzlich besonders bei literarischen Texten wichtig, weil die literarische Sprache verfremdet ist und man dies im Leseverstehen aktiv berücksichtigen muss (Strategie 30).

Strategie 28	Schlussfolgern, worauf sich ein Ausdruck bezieht, zum Beispiel auf den letzten Satz oder durch gezielte Analyse bei Verweisen
Strategie 29	Fehlende Informationen vorwissensbasiert auffüllen (↑ Strategie 4.1, S. 60)
Strategie 30	Die Konnotationen und Bedeutungen von Wörtern und symbolischen Ausdrücken jenseits der wörtlichen Bedeutung schlussfolgern (z. B. bei Ironie oder Metaphern)

Nicht immer sind in Texten alle Informationen so explizit gegeben, dass bestimmte Schlussfolgerungen buchstäblich nahe liegen. Denken Sie nur an Kriminalromane, die bis zum Schluss ein gezieltes Verwirrspiel mit den Leserinnen und Lesern betreiben, welche wiederum versuchen, den Täter aufgrund der verfügbaren Informationen zu bestimmen und damit Andeutungen ganz gezielt nutzen (Strategie 31). Dabei haben Schlussfolgerungen durchaus einen rein provisorischen Charakter, der dahin besteht, dass man sie textnah prüft und bei Bedarf modifiziert (Strategie 32).

Strategie 31	Angedeutete Schlussfolgerungen explizit nachvollziehen bzw. anstellen (↑ Strategie 21, S. 65)
Strategie 32	Eine Schlussfolgerung mit später im Text gelieferten Informationen auf ihre Richtigkeit hin prüfen und im Anschluss bestätigen bzw. verändern Da das Vorwissen eine wichtige Ressource für die richtigen Schlussfolgerungen ist, gibt es komplexe und vielgestaltige einzelne Strategien mit unterschiedlichen Bezugspunkten und jeweils benötigten Wissensbeständen, die zusammengefasst in der und Strategie 34 dargestellt sind. Wichtig bei alldem: Die Verbindung von Wissen und Text kann sich auf diverse Aspekte beziehen und hängt im konkreten Fall immer von der Beschaffenheit des Textes und der Expertise des Lesers bzw. der Leserin ab.
Strategie 33	Informationen aus dem Text mit dem eigenen Vorwissen verknüpfen (↑ Strategie 4.1, S. 60; ↓ Strategie 89, S. 85)

Strategie 33.1 Erklären, was im Text geschieht (z. B. ein Ereignis, über das man Vorwissen hat)
(↑ Strategie 11.1–4, S. 62)

Strategie 33.2 Zusätzliche, nicht explizit im Text gegebene Beziehungen herstellen
a) Beispiele zu den im Text beschriebenen Konzepten finden
b) Eine Analogie für eine andere Situation bilden, um den Textinhalt zu klären
c) Über den reinen Textinhalt hinausgehende eigene Vorstellungen zu spezifischen Inhalten bilden, die auf dem Wissen zum Autor und zum Thema basieren
d) Über die konkreten Textinhalte hinaus über Inhalte spekulieren
e) Eine neue Idee entwickeln, bei der einerseits Textinhalte und andererseits eigenes Vorwissen zusammenspielen

Strategie 33.3 Aktives Verknüpfen des Textinhalts mit anderen Wissensbereichen und
a) eigenem Vorwissen
b) anderen Texten
c) wichtigen Inhalten in einem disziplinären Wissensbereich
d) bedeutsamen eigenen Theorien und Erfahrungen
e) dem eigenen Leben und der eigenen Lebenswelt

Strategie 33.4 Inhalt der aktuellen Textpassage mit einer früher im Text erwähnten Information verknüpfen, um diese erste Information zu erklären
(↑ Strategie 25, S. 66; ↑ Strategie 32, S. 67)

Strategie 34 Interpretative Schlussfolgerungen zum Text anstellen
(↑ Strategie 4, S. 60; ↓ (Strategie 80.2, S. 83)
a) basierend auf dem Zeitpunkt, zu dem ein Text geschrieben wurde
b) für die Bestimmung eines allgemeinen Themas, zum Teil basierend auf eigenen Zusammenfassungen
c) für die Bestimmung einer Stimmung oder Atmosphäre
d) einen Überbegriff für Beispiele im Text finden, wobei diese Überbegriffe auch sehr abstrakt sein können (z. B. Kategorisierung von Handlungen als „Sexismus“)
e) als Einschätzung der Textsorte oder der Perspektive, die der Autor einnimmt, ohne sie explizit offenzulegen (z. B. „das ist ein politischer Aufruf“, „eine struktural-funktionalistische Perspektive auf Geschlechtsidentität“)

Einen eigenständigen Bereich des Schlussfolgerns bilden solche Strategien, mittels derer man den Text spezifisch schlussfolgernd liest. Das kann einerseits die Person des Verfassers betreffen (Strategie 35). Andererseits können die eigenen Inferenzen sich auf Merkmale der Figuren in literarischen Texten oder (eher bei Sachtexten) auf Vorgehensweisen bzw. Paraphrasen (Strategie 36) beziehen.

Strategie 35	Schlussfolgerungen zum Autor anstellen (↑ Strategie 4.3, S. 60; ↓ Strategie 82c, S. 84)
Strategie 35.1	Die Ziele und Absichten des Autors rekonstruieren (z. B. zu Wirkungsabsichten bei den Leserinnen und Lesern, dem angestrebten Publikum und dem Kontext, in dem ein Text entstanden ist)
Strategie 35.2	Vermutungen anstellen zu den Annahmen eines Autors, seiner Weltsicht, Motive und seiner Herkunft
Strategie 35.3	Einschätzen der Quellen eines Autors
Strategie 35.4	Beurteilen der Expertise eines Autors in einem Wissensbereich
Strategie 35.5	Spekulation zu den Vorgehensweisen bei der Textherstellung

Strategie 36	Schlussfolgerungen zu den Figuren in Texten bzw. der darin beschriebenen Sachverhalte anstellen
Strategie 36.1	Absichten der Figur rekonstruieren (↑ Strategie 20, S. 65)
Strategie 36.2	Über Merkmale und Hintergründe der Figur Schlussfolgerungen anstellen
Strategie 36.3	Den Zustand der beschriebenen Welt begründen und dabei Textinformationen verwenden
Strategie 36.4	Handlungen benennen, die dazu nötig sind, ein bestimmtes im Text erwähntes Ziel zu erreichen
Strategie 36.5	Ein für eine im Text beschriebene Aktivität notwendiges Hilfsmittel benennen, welches im Text nicht beschrieben wird
Strategie 36.6	Sachverhalte umschreiben

5.2.6 Zentrale Informationen identifizieren

Beim Lesen ist man gefordert, wichtige Informationen zu lokalisieren (s. dazu die Thematik der Makropropositionen in Teilkap. 3.1). Dafür entscheiden Leserinnen und Leser, welche Textteile für sie relevant zu sein scheinen (Strategie 37). Mitunter begeben sie sich auch auf die Suche nach bislang unvertrauten Neuigkeiten in Texten (Strategie 38). Diese selektive Lektüre schließt ein, dass man Informationen ignoriert (Strategie 39), kann aber auch implizieren, dass man genau untersucht, welche Wörter der Autor verwendet, um Kohärenz herzustellen (Strategie 40). Ebenso kann sich die selektive Lektüre auf die Textstruktur richten, weil man als Leserin bzw. Leser erwartbare bzw. typische Textelemente wie Zusammenfassungen sucht (Strategie 41).

Strategie 37	Entscheiden, welche Textteile (in Bezug auf das Leseziel) zentral sind (↑ Strategie 1, S. 58)
Strategie 37.1	Wissen zum Textthema, zum Verfasser und zur Textstruktur nutzen, um Entscheidungen zur Relevanz zu treffen (↑ Strategie 4, S. 60; Strategie 8.1–4, S. 61)
Strategie 37.2	Vertraute Begrifflichkeiten dafür nutzen, zentrale Informationen zu bestimmen (↑ Strategie 4.1, S. 60; ↓ Strategie 39, S. 70)
Strategie 38	Gezielt nach Informationen mit Neuigkeitswert suchen (↓ Strategie 56,7, S. 75)
Strategie 38.1	Zu den Textteilen wechseln, die wahrscheinlich die Neuigkeiten enthalten, und andere Textteile ignorieren (↑ Strategie 9.2, S. 62)
Strategie 38.2	Jenen Textteilen Beachtung schenken, die überraschend sind und den eigenen Hypothesen und dem Vorwissen nicht entsprechen (↑ Strategie 4.1, S. 60; Strategie 9.2, S. 62)
Strategie 39	Informationen im Text ignorieren (↑ Strategie 8, S. 61; Strategie 38.1, S. 70; ↓ Strategie 63, S. 78)
Strategie 39.1	Informationen auslassen, die nicht konsistent mit dem eigenen Wissen sind (↑ Strategie 4.1, S. 60; Strategie 8.4, S. 61)
Strategie 39.2	Beispiele auslassen, weil die zentralen Punkte dort nicht enthalten sind (↑ Strategie 8.4, S. 61)
Strategie 40	Aufmerksamkeit auf Wörter richten und sie nutzen (↓ Strategie 75, S. 81; (Strategie 79.7, S. 83)
Strategie 40.1	Wiederholte Ausdrücke bemerken und entscheiden, was wichtig ist (↓ Strategie 41.4, S. 70)
Strategie 40.2	Spezifisches Vokabular identifizieren
Strategie 40.3	Ausdrücke bemerken, die die Verbindung zwischen Informationen markieren (z. B. „wenn“, „nur“ oder „ob“)
Strategie 41	Gezielte Suche nach einzelnen Elementen im Text (↑ Strategie 3.2, S. 59; Strategie 9.2, S. 62; ↓ Strategie 42, S. 71; Strategie 52, S. 74; Strategie 55.4, S. 74; Strategie 87, S. 85)

Strategie 41.1	Nach zusammenfassenden Sätzen suchen (↓ Strategie 43.2, S. 71)
Strategie 41.2	Nach zusammenfassenden Absätzen suchen
Strategie 41.3	Gezielt nach untereinander verbundenen Begriffen, Konzepten oder Ideen in Texten suchen, um eine Hauptidee oder Zusammenfassung zu kreieren
Strategie 41.4	Nach Mustern im Text suchen (↑ Strategie 40.1, S. 70)

Neben den eben erwähnten mentalen Vorgehensweisen können Leserinnen und Leser zusätzlich Strategien nutzen, in denen sie zentrale Inhalte im weitesten Wortsinne weiterbearbeiten. So kann man Textinhalte markieren (Strategie 42), schriftliche Notizen anfertigen (Strategie 43) oder für sich die wichtigsten Inhalte wiederholen bzw. reformulieren (Strategie 44).

Strategie 42	Wichtige Textinhalte grafisch markieren (↑ Strategie 40, S. 70; Strategie 41, S. 70; ↓ Strategie 43, S. 71; Strategie 52, S. 74; Strategie 87, S. 85)
Strategie 42.1	Unterstreichen
Strategie 42.2	Hervorheben
Strategie 42.3	Umkreisen

Strategie 43	Notizen anfertigen (↑ Strategie 42, S. 71; ↓ Strategie 52, S. 74; Strategie 87, S. 85)
Strategie 43.1	Wörter/Fachausdrücke herausschreiben (↑ Strategie 40.1–2, S. 70)
Strategie 43.2:	Schlüsselsätze herausschreiben (↑ Strategie 41.2, S. 70)

Strategie 44	Textinhalte wiedergeben und umformulieren, zum Beispiel die wichtigsten Geschehnisse in einer Narration) (↑ Strategie 43, S. 71, Strategie 87, S. 85)

Da die Bedeutungskonstruktion beim Lesen immer im Prozess selbst eine provisorische Angelegenheit ist, adaptieren gute Leserinnen und Leser ihre Textbeurteilungen bei neuen Informationen. Das ist bei der Einschätzung zur wahrgenommenen Wichtigkeit nicht anders (Strategie 45).

Strategie 45	Urteile zur Wichtigkeit anpassen, sobald man zusätzliche Textteile liest (↓ Strategie 51e, S. 73)

5.2.7 Textteile aufeinander beziehen

Leseverstehen setzt voraus, dass man im Konstruktions- und Integrationsprozess (s. Teilkap. 3.1) versucht, Textteile zueinander in Beziehung zu setzen und eine möglichst kohärente mentale Repräsentation zu erlangen. Dazu bietet es sich als eine grundlegende Haltung an, dass man sich, wo es geboten erscheint, auf das umfassende Textverständnis konzentriert statt auf die Details (Strategie 46). Gleichwohl gilt es, dynamisch die einzelnen Textinformationen zu verstehen und auf dieser Basis zum übergeordneten Inhalt des Textes zu gelangen (Strategie 47).

Strategie 46	Explizit versuchen, das große Ganze bei Texten zu verstehen, statt sich um die einzelnen Details zu sorgen

Strategie 47	Sowohl ein Verständnis für die übergeordneten Inhalte entwickeln als auch zum Verhältnis von einzelnen Komponenten des Textes
Strategie 47.1	Die Struktur der Informationen aus den Informationen des Textes schlussfolgern
Strategie 47.2	Die Struktur von Informationen dazu nutzen, die Bedeutung von Einzeinformationen zu erschließen
Strategie 47.3	Umgang mit unerwarteten bzw. widersprüchlichen neuen Informationen (↑ Strategie 14, S. 63; Strategie 27; S. 66; Strategie 32, S. 67) a) Erwägen, das entstehende Textverstehen anzupassen b) Prüfen, ob eine bestimmte Information missverstanden wurde c) Beurteilung der Brauchbarkeit von Interpretationen so lange zurückstellen, bis weiterer Text bearbeitet worden ist
Strategie 47.4	Fragen zu einzelnen Informationen stellen, die mit der übergeordneten Struktur zu tun haben
Strategie 47.5	Übergeordnete Bezeichnung für einzelne Informationen im Text bilden

Bei dem In-Bezug-Setzen von Textteilen müssen Leserinnen und Leser die Verbindungen untereinander erkennen. Dazu können sie einerseits auf konventionelle Textsortenmuster zurückgreifen oder andererseits auf die Merkmale des konkreten Texts (Strategie 48), worunter auch die Wort- und Absatzebene fällt (Strategie 49).

Strategie 48	Textteile und ihre Beziehungen untereinander bemerken und nutzen
Strategie 48.1	Konventionalisierte Textstrukturen wie Geschichtengrammatiken bei narrativen Texten oder Ursache-Wirkungsbeschreibungen bzw.

Argumentationsschemata nutzen (etwa, um erwartbare weitere Informationen zu suchen)

Strategie 48.2 — Bemerken, wie einzelne Textteile zur Gesamtbedeutung beitragen, etwa durch (mangelnde) Kohärenz, logische Zusammenhänge und/oder selbst gebildete Verbindungen, die zunächst nicht erkennbar gewesen sind
(↑ Strategie 31, S. 67; ↓ Strategie 50, S. 73)

Strategie 49 — Textstruktur und Kontexthinweise dazu nutzen, die Bedeutung zu ermitteln

Strategie 49.1 — Einzelne verbindende Ausdrücke dazu nutzen, um Textinformationen zu organisieren (z. B. den Ausdruck „später" im Text als Basis für die Schlussfolgerung nutzen, dass im Text zuvor beschriebene Sachverhalte zeitlich vorgelagert sind)
(↑ Strategie 40.3, S. 70)

Strategie 49.2 — Wissen über die Struktur von Absätzen nutzen, um einen einzelnen Absatz zu verstehen

Strategie 49.3 — Wissen über die typische Anordnung von Absätzen dazu nutzen, Schlussfolgerungen über mehrere Absätze hinweg anzustellen

Eine weitere Möglichkeit, Textteile und Informationen aufeinander zu beziehen, besteht darin, dass man beim Lesen nach untereinander verbundenen Informationen aktiv sucht (Strategie 50) oder auf andere Weise mit gelesenen Textteilen verknüpft (Strategie 51). Dies kann auch schriftlich erfolgen, indem man Notizen anfertigt (Strategie 52).

Strategie 50 — Im Text an einer anderen Stelle nach einer Information suchen, die mit der aktuell im Text angetroffenen zu tun hat
(↑ Strategie 24, S. 65)

Strategie 50.1 — In einer Tabelle oder Abbildung suchen

Strategie 50.2 — Im noch nicht gelesenen Text gezielt nach etwas suchen

Strategie 50.3 — Im bislang gelesenen Text gezielt nach etwas suchen
(↑ Strategie 25, S. 66; Strategie 33.4, S. 67)

Strategie 50.4 — Im Text vor- und zurückgehen, um Gemeinsamkeiten und Unterschiede sowie Anknüpfungspunkte zwischen verschiedenen Textteilen zu entdecken
(↑ Strategie 41.4, S. 70; Strategie 48, S. 72; ↓ Strategie 51, S. 73)

Strategie 51 — Den Inhalt des gerade gelesen Textteils mit Inhalten aus zuvor gelesenen Textteilen verbinden, dabei sind verschiedene Ziele bzw. Gründe möglich:

a) aktuellen Textteil verstehen wollen
b) eine Idee wird in verschiedenen Textteilen entwickelt
c) Beispiele können mit anderen Textteilen verbunden werden
d) Konsistenten bzw. Inkonsistenzen im Text
e) eine früher gegebene Information erscheint anhand der aktuellen Ausführungen im Text wichtiger, als es beim Erstkontakt mit jener Information schien
(↑ Strategie 45, S. 71)

Strategie 52 Notizen anfertigen, um die Informationen zu verarbeiten, zum Beispiel durch Listen wichtiger Punkte oder Schaubilder
(↑ Strategie 41, S. 70; Strategie 42, S. 71; Strategie 43, S. 71)

Um sich bei der anspruchsvollen Integration von Textinformationen aus verschiedenen Stellen des Textes zu entlasten, liegt es für Leserinnen und Leser nahe, dass sie Texte wiederholt lesen (Strategie 53 und Strategie 54).

Strategie 53 Nach einem ersten Lesen wiederholt lesen, um die übergeordnete, verständniserleichternde Struktur zu finden, weil sie im ersten Lektüredurchgang nicht identifiziert werden konnte
(↑ Strategie 14a, S. 63; ↓ Strategie 84.2, S. 85)

Strategie 54 Text nochmals lesen, um Verbindungen zwischen den Sätzen zu suchen
(↓Strategie 84.2, S. 85)

5.2.8 Texteigenschaften während des Lesens gezielt überwachen und beurteilen

Einen eigenen Bereich der Lesestrategien bieten jene Vorgehensweisen, mittels derer man Eigenschaften von Texten gezielt in den Blick nimmt. Das kann die Relevanz der Textinhalte ebenso betreffen wie die Struktur oder sprachliche Merkmale bzw. tendenziöse Darstellungsweisen oder auch bestimmte stilistische Elemente (Strategie 55).

Strategie 55 Bewusste Wahrnehmung von Textmerkmalen
(↓ Strategie 56, S. 75; Strategie 57, S. 76; Strategie 73.3, S. 80)

Strategie 55.1 Prüfen, ob der Textinhalt relevant für das Leseziel ist
(↑ Strategie 1, S. 58)

Strategie 55.2	Textschwierigkeit wahrnehmen (↓ Strategie 65, S. 79)
Strategie 55.3	Stil des Texts/Autors bzw. Erwartungen des Autors an die Leserinnen und Leser wahrnehmen: a) Angemessenheit des Wortschatzes b) Satzkonstruktion und Syntax c) ansprechende Formulierungen d) ansprechende Beispiele e) Ursachen für weniger gelungene Texte f) Zusammenhang zwischen Textqualität und Textinhalten (↓ Strategie 82, S. 84)
Strategie 55.4	Struktur des Textes wahrnehmen (↑ Strategie 4.2, S. 60; Strategie 41, S. 70)
Strategie 55.5	Linguistische Merkmale des Texts wie Wortschatz, Syntax, Kohäsion, Zeichensetzung erkennen
Strategie 55.6	Spezifische Tendenzen im Text feststellen
Strategie 55.7	Zusammenhang zwischen einzelnem Textteil und dem übergeordneten Thema herstellen
Strategie 55.8	Beziehung von dem vorliegenden Text zu anderen Texten und Quellen erkennen
Strategie 55.9	Unklare oder widersprüchliche Informationen und Aussagen erkennen
Strategie 55.10	Zusammenhang zwischen eigenem (mangelndem) Vorwissen und Textinhalten erkennen, zum Beispiel bei Widersprüchen oder neuen Informationen

Die Beurteilung des Textes kann sich nicht nur relativ neutral vollziehen, sondern auch als eine Art Dialog zwischen lesender Person und dem Autor. Dabei können die Leserinnen und Leser ablehnend oder zustimmend reagieren (Strategie 56). Solche Beurteilungen zeigen sich außerdem in Kommentaren zu den Texten (Strategie 57).

Strategie 56	Kontinuierliche Beurteilung des Inhalts in puncto Zustimmung oder Ablehnung (↑ Strategie 4, S. 60; Strategie 55, S. 74)
Strategie 56.1	Textinhalte
Strategie 56.2	Argumentationsgang (Vollständigkeit, Klarheit, Umfang, Gültigkeit, Überzeugungskraft)
Strategie 56.3	Textqualität gemessen an der unterstellten Kompetenz des Autors (↓ Strategie 82c, S. 84)

Strategie 56.4	Qualitätsstandard, der sonst üblich ist (↓ Strategie 82c, S. 84)
Strategie 56.5	Inhalt in Hinblick auf das Ziel des Autors bzw. der Autorin (↓ Strategie 82c, S. 84)
Strategie 56.6	Inhalt in Hinblick auf die Leserschaft (↓ Strategie 82c, S. 84)
Strategie 56.7	Neuigkeitswert des Inhalts (↑ Strategie 38, S. 70)
Strategie 56.8	Inhaltstiefe
Strategie 56.9	Glaubwürdigkeit (basierend auf leserseitigem Wissen, seinen Überzeugungen und herrschender Meinung in einem Wissensbereich)
Strategie 56.10	Interessantheit des Inhalts
Strategie 56.11	Konsistenz von autorseitigen Interpretationen gemäß der Faktenlage
Strategie 56.12	Merkmale von Figuren in Texten
Strategie 56.13	Merkmale der im Text beschriebenen Zustände

Strategie 57 Den Text kommentieren (↑ Strategie 55, S. 74)

Das konstruktiv-reagierende Lesen zeichnet sich durch seine Adaptivität aus, welche geradezu das charakteristische Merkmal dieses Lesens bildet. Entsprechend reagieren die Leserinnen und Leser bei ihren textbezogenen und modifizieren sie bei Bedarf (Strategie 58). Die Urteile zum Text sind dabei nicht nur rein kognitiver Natur, sondern können auch emotional ausfallen (Strategie 59).

Strategie 58 Textbeurteilungen bei fortschreitender Lektüre anpassen (↓ Strategie 82, S. 84)

Strategie 59 Mit positiven oder negativen Emotionen auf einen Text reagieren (↑ Strategie 2, S. 58)

5.2.9 Verarbeitungsprozesse initiieren und überwachen

Gute Leserinnen und Leser überwachen und planen ihre Aktivitäten absichtsvoll. Dazu gehört, dass man nicht einfach drauflos liest, sondern die Aktivitäten im Vorfeld mit Bezug auf Ressourcen und Ziele plant (Strategie 60).

Strategie 60 Leseaufgaben bzw. lesebezogene Ziele anhand der zur Verfügung stehenden Ressourcen und der Beschränkungen (Zeit, Vertrautheit mit dem Thema, Informationsmenge im Text) in eine sinnvolle Reihenfolge bringen
(↑ Strategie 1, S. 58; Strategie 7, S. 60; Strategie 12, S. 62; ↓ Strategie 63, S. 78; Strategie 64, S. 78; Strategie 72, S. 80)

Wer Texte absichtsvoll liest, reagiert nicht einfach nur auf den Text. Man nimmt zudem im besten Fall seine Leseprozesse und Bemühungen wahr. Dies sind im Kern sehr vielfältige Wahrnehmungen und Prozesse (Strategie 61).

Strategie 61 Absichtsvolles Verarbeiten des Textes durch gezieltes Beobachten von sich selbst und der Textmerkmale

Strategie 61.1 Eigene Leseabsichten wahrnehmen:
- Information, die man sucht
- Kategorien von Informationen, die relevant für das Leseziel sind
- Bewusstsein für die Erfordernisse, um die lesebezogene Aufgabe erfolgreich zu lösen

Strategie 61.2 Eigene Vorgehensweisen und Strategien bei der Textverarbeitung wahrnehmen

Strategie 61.3 Prüfen, ob die Vorgehensweisen und Strategien dem Leseziel tatsächlich dienen

Strategie 61.4 Effektivität der Prozesse und Strategien wahrnehmen, um die Bedeutung des Textes zu erschließen

Strategie 61.5 Verfügbare kognitive Kapazität bzw. Herausforderungen der eigenen Verstehensprozesse für das Arbeitsgedächtnis wahrnehmen

Strategie 61.6 Eigenen Fortschritt beim Textverstehen wahrnehmen, z.B. ob
- dies automatisch und mühelos gelingt
- Probleme beim Leseverstehen gelöst wurden
- Probleme beim Leseverstehen nicht gelöst wurden
- man einen Text nicht versteht

Strategie 61.7 Erreichen des Leseziels wahrnehmen (↑ Strategie 1, S. 58), zum Beispiel ob
- dies automatisch und mühelos gelingt
- eine aktuell im Text auftauchende Information das vorherige Problem löst
- eine Uneindeutigkeit im Text behoben werden konnte
- man das Ziel nicht erreicht

Strategie 61.8 Schwierigkeit des Textes wahrnehmen, den man bei fortschreitender Lektüre leichter versteht

Strategie 61.9	Ende einer bedeutungstragenden Einheit wahrnehmen
Strategie 61.11	Eigene typische Reaktionen auf die Textart des aktuell zu lesenden Texts wahrnehmen
Strategie 61.12	Differenz zwischen sonstigen typischen Reaktionen auf eine Textart und den Reaktionen auf den aktuellen Text wahrnehmen

Leserinnen und Leser sind bei dem Lesen von Texten im Grunde permanent gefragt, Entscheidungen zum Lesen zu treffen, also beispielsweise wie genau sie einen Text verstehen wollen (Strategie 62), was sie ignorieren (Strategie 63) bzw. gezielt lesen (Strategie 64), später lesen (Strategie 65), überfliegen (Strategie 66), genau lesen (Strategie 67) und wie sorgfältig sie vorgehen wollen (Strategie 68). Außerdem kann man sich entscheiden, weitere Texte zu konsultieren (Strategie 69) oder etwas noch einmal zu lesen (Strategie 70). Außerdem können Leserinnen und Leser auch bemerken, dass sie zwar Schwierigkeiten haben, jedoch darauf setzen, dass die akuten Probleme sich im Laufe der Lektüre beheben lassen, und entsprechend die Lektüre fortsetzen (Strategie 71).

Strategie 62 Anhand des Leseziels bzw. der Aufgabe entscheiden, wie sehr man einen Text wortwörtlich oder darüber hinausgehend verstehen will (↑ Strategie 1, S. 58)

Strategie 63 Sich dazu entscheiden, Textteile zu übergehen (↑ Strategie 39, S. 70), weil

- ... der Inhalt vertraut ist (↑ Strategie 4; S. 60)
- ... es sich um unnötige Details handelt (↓ Strategie 81.6, S. 84)
- ... der Text nicht genügend zielrelevante Informationen enthält, die den Aufwand der Textverarbeitung lohnen würden (↑ Strategie 6, S. 60)
- ... der Text ohnehin schwierig genug ist und es unwahrscheinlich ist, den fraglichen Textteil zu verstehen (↓ Strategie 82b, S. 84)

Strategie 64 Sich dazu entscheiden, nur auf bestimmte Textteile zu fokussieren, weil man sich die Verarbeitung dieser Textteile eher zutraut (↑ Strategie 60, S. 77; ↓ Strategie 79, S. 82)

Strategie 65 Sich dazu entscheiden, einzelne Textteile später zu lesen, weil man die kognitive Überlastung bei hoher Textschwierigkeit (schlecht geschriebener Text, hohe Fremdwortdichte, mangelnde Vertrautheit mit dem Thema etc.) fürchtet
(↑ Strategie 55.2, S. 74; ↓ Strategie 81.1, S. 84)

Strategie 66 Sich dazu entscheiden, den Text zu überfliegen, weil der Text entweder vertraute Informationen oder unnötige Details enthält
(↓ Strategie 82b, S. 84)

Strategie 67 Sich dazu entscheiden, den Text genau zu lesen, weil der zu lesende Text

- unbekannte Informationen enthält
- schwierig ist
- wichtig erscheint
- interessant ist

(↑ Strategie 56.10, S. 75)

Strategie 68 Sich dazu entscheiden, die Bedeutung des Texts wegen seiner Schwierigkeit sorgsam zu erschließen

Strategie 69 Sich dazu entscheiden, andere Quellen und Texte zu konsultieren, um mit dem neue Wissen die Bedeutung des vorliegenden Textes zu erschließen

Strategie 70 Sich dazu entscheiden, etwas nochmals zu lesen, weil

- … man es nicht verstanden
  (↓ Strategie 79.6, S. 83)
- … der Textinhalt interessant wirkt
  (↑ Strategie 56.10, S. 75)

Strategie 71 Sich dazu entscheiden, trotz Verstehensschwierigkeiten weiterzulesen, weil man hofft, der Textinhalt werde später klarer
(↓ Strategie 79.3, S. 83; Strategie 81.5, S. 84)

Schließlich sind Leserinnen und Leser dazu in der Lage, dass sie im fortlaufenden Leseprozess zwar einerseits Leseziele verfolgen (die etwa in der Aufgabenstellung formuliert sind), zugleich verändern sie diese Ziele bei Bedarf. Das selbstregulierte Anpassen von Lesezielen ist besonders dann sinnvoll, wenn man realisiert, dass das ursprüngliche Ziel mit dem Text nicht realistisch erreicht werden kann (Strategie 72).

Strategie 72	Das Leseziel anpassen, weil klar wird, dass das ursprüngliche Ziel mit dem vorliegenden Text nicht erreicht werden kann (↑ Strategie 1, S. 58; Strategie 60, S. 77; Strategie 63 bis Strategie 71, S. 78–79)

5.2.10 Probleme erkennen und beheben

Kompetentes Lesen ist bewusstes Lesen. Das betrifft vor allem die Probleme beim Lesen, vor denen keine Leserin und kein Leser gefeit sind. Deshalb liest man in aller Regel so lange, bis es zu einem wie auch immer gearteten Problem kommt (Strategie 73). Diese Probleme können sowohl auf der Ebene des Worts bzw. des jeweiligen Ausdrucks vorkommen (s. dazu Teilkap. 5.2.10.1) als auch auf darüber liegenden Ebenen (5.2.10.2).

Strategie 73	Solange lesen, bis man ein Problem bemerkt (↓ Strategie 79, S. 82; Strategie 83, S. 85)
Strategie 73.1	Konzentrationsverlust beim Lesen (↑ Strategie 11.1, S. 62)
Strategie 73.2	Unangemessenes Lesetempo (zu schnell oder zu langsam) (↑ Strategie 10, S. 62; ↓ Strategie 79.7, S. 83)
Strategie 73.3	Problematische Merkmale des Textes (Uneindeutigkeit, Inkohärenz ...) (↑ Strategie 55, S. 74)
Strategie 73.4	Unbekannte Ausdrücke (↓ Strategie 74 bis Strategie 77, S. 81–82)
Strategie 73.5	Ungelöste Probleme beim Textverstehen (↓ Strategie 78, S. 82)
Strategie 73.6	Mangelndes Vorwissen erschwert Textverstehen (↑ Strategie 4, S. 60)
Strategie 73.7	Inkonsistenz zwischen eigenem Wissen und im Text enthaltenen Informationen bzw. Positionen (↑ Strategie 4, S. 60)
Strategie 73.8	Inkonsistenzen zwischen eigenen Vorhersagen und Textinformationen (↑ Strategie 6, S. 60; Strategie 22 bis Strategie 27, S. 65–66)

5.2.10.1 Probleme auf der Ebene des Wortes und der Phrase erkennen und beheben

Dass man Wörter oder einzelne Phrasen nicht kennt, dürfte für die Fremdsprachendidaktiker und -lehrpersonen eine Universalerfahrung darstellen. Das Gleiche gilt für Fachausdrücke in den Schulfächern, die für Schülerinnen und Schüler unvertraut sind. Wenn man in Texten auf unbekannte Wörter oder Phrasen stößt, gilt es zu klären, ob es nötig ist, diesen Ausdruck zu verstehen (Strategie 74). Ist dies der Fall, kann man seine Aufmerksamkeit gezielt lenken (Strategie 75), den Kontext zur Klärung der Wortbedeutung nutzen (Strategie 76) und die Wortbedeutung testen (Strategie 77).

Strategie 74	Die Bedeutung eines unverstandenen Worts bzw. Ausdrucks hinsichtlich der übergeordneten Textbedeutung und den Aufwand zur Klärung bestimmen (↑ Strategie 73.4, S. 80)
Strategie 74.1	Bei als unwichtig eingestuften Begriffen: Wort/Ausdruck übergehen
Strategie 74.2	Bei als wichtig eingestuften Begriffen: Wortklärung mittels interner Hinweise (z. B. Wortstämme oder morphologischer Analyse) und externer Hinweise vornehmen
Strategie 75	Aufmerksamkeitslenkung (↑ Strategie 40, S. 70; Strategie 73.4, S. 80)
Strategie 75.1	Gezielt nach der Wortbedeutung fragen („Was bedeutet der Begriff X?“)
Strategie 75.2	Erneutes Lesen des Textteils, der das unbekannte Wort enthält
Strategie 76	Den Kontext gezielt nutzen, um die Wortbedeutung zu erschließen (↑ Strategie 73.4, S. 80)
Strategie 76.1	Weiterlesen (im Satz, Absatz oder Text), um die Bedeutung aus dem weiteren Text zu bestimmen (↓ Strategie 79.7, S. 83)
Strategie 76.2	Im Text zurückgehen, um die Bedeutung aus dem Text zu bestimmen
Strategie 76.3	Im eigenen Vorwissen nach Informationen suchen, die dabei helfen, das Wort zu erschließen
Strategie 76.4	Textinhalt der Passage mit unbekannten Ausdrücken wiederzugeben versuchen
Strategie 76.5	Das bisher Verstandene zusammenfassen, um dadurch das Wort zu erschließen
Strategie 76.6	Mehrere Bedeutungsmöglichkeiten erschließen, die in den konkreten Textzusammenhang passen könnten

Strategie 76.7	Versuchen, ein Synonym für das unbekannte Wort anzuwenden
Strategie 76.8	Strukturelle Merkmale des entsprechenden Wortes nutzen, um die Bedeutung zu erschließen (mittels Zergliederung in bedeutungstragende Einheiten, die weiter analysiert werden)
Strategie 76.9	Ein Wörterbuch benutzen

Strategie 77	Provisorische Wortbedeutungen testen (↑ Strategie 73.4, S. 80)
Strategie 77.1	Bei unpassend wirkender Wortbedeutung: erneuter Klärungsversuch
Strategie 77.2	Bei passend wirkender Wortbedeutung: Neubeurteilung des bisher Gelesenen vornehmen, um eine stimmigere Interpretation zu erzielen
Strategie 77.3	Bei mangelndem Erfolg bei der Klärung: aufgeben und weiterlesen (↓ Strategie 82, S. 84)

5.2.10.2 Probleme auf der Ebene jenseits des Wortes und der Phrase erkennen und beheben

Nicht nur auf der Wortebene können Verständnisprobleme auftreten, sondern auch auf Ebenen jenseits des Wortes oder der Wortgruppe. Gute Leserinnen und Leser bemerken solche Probleme und versuchen über eine Problemanalyse zu ermitteln, was konkret zur Verwirrung führt (Strategie 78).

Strategie 78	Bestimmen, worin genau bei Verwirrung zum Textinhalt das Problem besteht (↑ Strategie 73.5, S. 80)

Weiterhin steht guten Leserinnen und Lesern im besten Fall ein breites Repertoire zur Verfügung, auf das sie zurückgreifen, wenn sie lokale Verständnisschwierigkeiten bemerken und darauf reagieren (Strategie 79) bzw. wenn sie feststellen, dass Textteile untereinander zu konfligieren scheinen und zur Konfusion führen (Strategie 80). Gibt es massive Verstehensschwierigkeiten auf der Gesamttextebene, stehen hierfür ebenfalls verschiedene Möglichkeiten zur Verfügung (Strategie 81) Außerdem kann es produktiv sein, identifizierte Verständnisschwierigkeiten zunächst zu ignorieren (Strategie 82).

Strategie 79	Auf Verständnisschwierigkeiten gezielt reagieren (↑ Strategie 73, S. 80)
Strategie 79.1	Bemerken, dass man etwas nicht verstanden hat (↓ Strategie 79.4, S. 83; Strategie 81.2, S. 84)

Strategie 79.2 Langsam und genau lesen
(↑ Strategie 73.2, S. 80)

Strategie 79.3 Keine Beurteilung der Textbedeutung vornehmen, sondern weiterlesen in der Hoffnung, dass sich im Laufe der Lektüre das Verständnisproblem löst
(↑ Strategie 71, S. 79)

Strategie 79.4 Das Lesen unterbrechen und den Text überfliegen, um die Quelle der Schwierigkeit zu bestimmen

Strategie 79.5 Bisherige Informationen des Texts sorgfältig analysieren:
- Textinhalt wiedergeben
- bisher gelesenen Text zusammenfassen
- bei Widersprüchlichkeiten zwischen bzw. innerhalb von Absätzen satzweise bzw. wortweise Analyse des Inhalts

Strategie 79.6 Erneute Lektüre des zuletzt gelesenen Textteils:
(↑ Strategie 70, S. 79)
- vom Beginn der unverstandenen Passage
- jene Passagen, die man verstanden hat, um sie mit der problematischen zu verknüpfen

Strategie 79.7 Eine Frage formulieren, die die Aufmerksamkeit lenkt und die helfen soll, das Verstehensproblem zu lösen (indem man mit dieser Frage im Geist den Text sichtet)
(↑ Strategie 14a, S. 63; Strategie 40, S. 70; Strategie 75, S. 81)

Strategie 79.8 Im darauffolgenden Text nach Informationen suchen, die helfen, das Verständnisproblem zu lösen
(↓ Strategie 81.4, S. 84)

Strategie 79.9 Sich jenen Textteilen zuwenden, von denen man annimmt, dass man sie mit dem eigenen Vorwissen sicher verstehen kann
(↑ Strategie 64, S. 78)

Strategie 80 Umgang mit verschiedenen, untereinander konfligierenden Textbedeutungen
(↑ Strategie 14 bis Strategie 16, S. 63–64)

Strategie 80.1 Genaue Analyse des Textes, um die am besten zum Text passende Bedeutung auszuwählen

Strategie 80.2 Schlussfolgerungen anstellen, die die Diskrepanzen bei der Bedeutung zulassen (z. B. wenn bei einem strittigen Thema mehrere Standpunkte zulässig sind)
(↑ Strategie 32, S. 67; Strategie 34, S. 68)

Strategie 80.3 Bemerken, dass das Thema eines Textes nicht mit den eigenen Bedeutungskonstruktionen vereinbar ist und man anderes Vorwissen benötigt, um das Thema zu verstehen

Strategie 80.4	Eine neue stimmige Textbedeutung kreieren, die zu allen Informationen passt, die man bisher gelesen bzw. verstanden hat
Strategie 81	Umgangsweisen, wenn man Texte nicht versteht
Strategie 81.1	Sich auf andere Textteile konzentrieren (↑ Strategie 65, S. 79)
Strategie 81.2	Sich auf andere Verstehensprobleme konzentrieren (↑ Strategie 79.4, S. 83)
Strategie 81.3	Sich eine Analogie vorstellen, die den Text verständlicher werden lässt (↑ Strategie 19, S. 65)
Strategie 81.4	Andere Texte konsultieren (↑ Strategie 79.8, S. 83)
Strategie 81.5	Weiterlesen, ohne das Problem zu lösen (↑ Strategie 71, S. 79)
Strategie 81.6	Informationen aus dem Text ignorieren, die nicht zum eigenen vorläufigen Verstehen passen (↑ Strategie 63b, S. 78)
Strategie 81.7	Abbruch der Lektüre
Strategie 82	Trotz Verständnisschwierigkeiten nichts unternehmen, weil – ... der Textinhalt nicht wichtig erscheint (↑ Strategie 66, S. 79; Strategie 77.3, S. 82) – ... man annimmt, die Verständnisschwierigkeit nicht aus eigener Kraft beheben zu können (↑ Strategie 63d, S. 78) – ... man die mangelnde Verständlichkeit dem Verfasser des Textes zuschreibt (↑ Strategie 35, S. 69; Strategie 53.3, S. 74; Strategie 56.3–6, S. 75; Strategie 58, S. 76)

5.2.11 Strategien nach dem Lesen

Wenn Leseprozesse zeitlich beendet sind, heißt das noch lange nicht, dass damit der Einsatz von Strategien beendet sei. Im Gegenteil nutzen gute Leserinnen und Lesern vielfältige Strategien, um ihr Textverstehen nachgängig gezielt zu beeinflussen. So nutzen sie beispielsweise viele metakognitive Strategien. Beispielsweise überprüfen sie, ob sie alle prozessbegleitenden Probleme faktisch gelöst haben (Strategie 83). Auch Re-Lektüren sind denkbar (Strategie 84); Selbiges gilt für verschiedene Möglichkeiten, zentrale Informationen wiederzugeben (Strategie 85 bis Strategie 88).

Strategie 83	Überprüfen, ob alle Probleme beim Textverstehen erfolgreich gelöst wurden (↑ Strategie 73, S. 80)
Strategie 84	Erneutes Lesen nach der ersten Lektüre
Strategie 84.1	Linear und nicht-selektiv (↑ Strategie 9.1, S. 62)
Strategie 84.2	Gezielt nach Informationen suchen (↑ Strategie 53, S. 74; Strategie 54, S. 74)
Strategie 84.3	Überfliegen
Strategie 84.4	Re-Lektüre nach einer umfassenden Reflexion (↓ Strategie 90.2, S. 85)
Strategie 85	Textinhalte wiedergeben, um sie sich längerfristig zu merken (↓ Strategie 86, S. 85; Strategie 87, S. 85)
Strategie 86	Informationen aus dem Text als Liste wiedergeben
Strategie 87	Eine Zusammenfassung zum Text erstellen (↑ Strategie 18, S. 65; Strategie 41 bis Strategie 44, S. 70–71; Strategie 85, S. 85)
Strategie 88	Fragen an sich zum Text stellen, um das Textverstehen zu überprüfen (↑ Strategie 1, S. 58)

Weitere Strategien nach dem Lesen haben mit dem Reflektieren zu tun. Beispielsweise kann man darüber nachdenken, wie man Textinhalte auf neue Situationen anwenden kann (Strategie 89). Weitere Handlungen beziehen sich darauf, dass man längerfristig über die Textinhalte nachdenkt (Strategie 90).

Strategie 89	Sich vorstellen, wie hypothetische Situationen im Licht der Informationen aus dem Text aussehen können (↑ Strategie 33, S. 67)
Strategie 90	Reflektieren und umfassenderes Textverstehen anstreben
Strategie 90.1	(Ggf. langfristiges) Reflektieren über die Textinhalte und -bedeutung
Strategie 90.2	Nach dem Lesen des Textes über den Text nachdenken, um zu einer Schlussfolgerung zu den Textinhalten zu gelangen (↑ Strategie 84.4, S. 85)

Strategie 90.3	Verzögerte Beurteilung eines Textes, nachdem man weitere Texte gelesen oder andere Verarbeitungsaktivitäten unternommen hat
Strategie 90.4	Veränderte Reaktion auf den Textinhalt zeigen, die mit dem Textverstehen zusammenhängt
Strategie 90.5	Über den Text reflektieren, weil man ihn weiterverwenden will (z. B. als Grundlage für eine Diskussion)

5.3 Mehrere lineare Texte lesen

Schon die Lektüre einzelner Texte verlangt von Leserinnen und Lesern einiges in der Verwendung von Lesestrategien ab. Mit dem Lesen multipler Texte treten einige neue Strategien hinzu. Ganz wichtig und im Einklang mit theoretischen Modellen (s. Teilkap. 3.2) ist es für die Leserinnen und Leser, *Verbindungen zwischen den Texten aktiv herzustellen*. Entsprechend schreiben Afflerbach und Cho (2009, S. 80) ganz richtig: „Verknüpfungsstrategien geben den Ausschlag für das Verständnis multipler Texte, und konstruktiv-reagierende Lesestrategien unterstützen die Bedeutungskonstruktion, die Verstehensüberwachung und Textbeurteilung auf der zwischentextuellen Ebene beim Lesen." Dabei ist es für die Bedeutungskonstruktion unerlässlich, dass man wichtige Informationen in den Einzeltexten findet und verknüpft (Teilkap. 5.3.1) und diese Informationen selbstredend nicht ohne Prüfung in sein Dokumenten-Modell übernimmt (5.3.2). Wegen des erhöhten mentalen Aufwands ist es zusätzlich günstig, wenn metakognitive Strategien zur Verständnisüberwachung zum Einsatz kommen (5.3.3). Sämtliche hier berichteten Strategien wurden dem Artikel von Afflerbach und Cho (2009) entnommen.

5.3.1 Wichtige Informationen identifizieren

Die Lektüre mehrerer Texte setzt voraus, dass man mit einem der Texte anfängt und dann bei weiteren Texten fortsetzt. Dem Umstand, dass damit Texte in einer zeitlichen Reihenfolge gelesen werden, tragen gleich mehrere Strategien Rechnung. So kann man das bislang erworbene Wissen aus den zuvor gelesenen Texten gezielt aktivieren (Strategie 91) und beispielsweise dafür nutzen, Prognosen über den aktuell zu lesenden Text und seinen Inhalten aufzustellen (Strategie 92).

Strategie 91	Das Vorwissen aus den vorherigen Lektüren aktivieren, um das Verständnis des aktuellen Textes zu verbessern

(↓ Strategie 94, S. 87; Strategie 97, S. 88; Strategie 113, S. 91, Strategie 114, S. 91)

Strategie 92 Vorhersagen zum Inhalt des aktuellen Textes aufgrund der vorherigen Lektüre anderer Texte aufstellen
(↓ Strategie 113, S. 91, Strategie 114, S. 91)

Das Ziel bei der Lektüre mehrerer Texte besteht darin, dass man die Gemeinsamkeiten und Unterschiede zwischen den Texten und ihren Inhalten bemerkt. Diese beziehen sich auf eine Thematik, weshalb es eine sehr wichtige Strategie ist, das textübergreifende Thema zu erkennen (Strategie 93). Dafür wiederum kann man auf verschiedene Vorgehensweisen zurückgreifen. Darunter fällt der bewusste Vergleich von Einzeltexten (Strategie 94), das schlussfolgernde Bestimmen von Zusammenhängen (Strategie 95) oder auch die gezielte Nutzung neuer Informationen aus dem aktuellen Text zur textübergreifenden Verknüpfung von Inhalten (Strategie 96). Auch die Gegenrichtung ist denkbar (Strategie 97). Hinzu kommen organisierende Strategien, etwa das einzeltextübergreifende Thema aktiv dazu nutzen, die einzelnen Informationen kohärent zu strukturieren, indem man beispielsweise Subthemen identifiziert und diesen Subthemen passende Einzelinformationen aus den Texten zuordnet (Strategie 98). Ein solches Vorgehen spiegelt sich auch darin, dass man sehr genau prüft, welcher Text eigentlich was konkret beisteuert (Strategie 99). Um bei der mentalen Verarbeitung aber nicht überlastet zu werden, kann man sich auch nur auf die zentral wirkenden Hauptinformationen konzentrieren (Strategie 100). Dies kann auch schriftlich erfolgen, indem man Tabellen, Notizen oder Zusammenfassungen anfertigt (Strategie 101). Außerdem kann man die dabei entstehenden neuen Einsichten wiederum für das eigene textbasierte Lernen nutzen (Strategie 102).

Strategie 93 Ein textübergreifendes Thema identifizieren
(↓ Strategie 98, S. 88; Strategie 99, S. 88; Strategie 106, S. 89; Strategie 109, S. 90; Strategie 118, S. 92)

Strategie 94 Den Inhalt der einzelnen Texte miteinander vergleichen und kontrastieren, um textübergreifend Kohärenz zu bilden
(↓ Strategie 103, S. 89; Strategie 110, S. 90)

Strategie 95 Kausale Schlussfolgerungen ziehen, um die Verbindungen zwischen den Texten und den in ihnen repräsentierten Informationen herzustellen
(↓ Strategie 105, S. 89; Strategie 106, S. 89)

Strategie 96 Durch Hinzufügen von Informationen aus dem aktuellen Text aktiv Verbindungen zwischen textübergreifenden Inhalten herstellen
(↓ Strategie 105, S. 89; Strategie 106, S. 89)

Strategie 97 Den aktuellen Text lesen und ihn mit den zuvor gelesenen Texten/dem zuvor gelesenen Text verbinden
(↑ Strategie 91, S. 86)

Strategie 98 Ein identifiziertes Thema beachten, um Informationen untereinander zu organisieren und sich diese strukturierende Information aktiv zu merken
(↑ Strategie 93, S. 87)

Strategie 99 Textübergreifend die spezifischen bzw. geteilten Beiträge der einzelnen Texte für das textübergreifende Verständnis identifizieren
(↑ Strategie 93, S. 87)

Strategie 100 Sich auf textübergreifende Hauptinformationen konzentrieren, um ein textübergreifendes Verständnis aufzubauen
(↓ Strategie 101, S. 88)

Strategie 101 Schriftlich Verbindungen zwischen den Texten durch Schaubilder, Notizen oder Zusammenfassungen herstellen
(↑ Strategie 100, S. 88)

Strategie 102 Neue Einsichten, die auf der Lektüre basieren, für ein verbessertes Lernen aus den Texten nutzen
(↓ Strategie 106, S. 89)

Einige der in Studien vorgefundenen Strategien beziehen sich auf mentale Vertiefungsvorgänge bei der Verarbeitung von Informationen aus mehreren Texten. Eine solche Einzelstrategie besteht darin, dass man bei dem sich entwickelnden Textverstehen nach Informationen sucht, die die Uneindeutigkeiten zu beheben helfen (Strategie 103). Auch erneutes Lesen kann bei Verständnisproblemen helfen (Strategie 104 und Strategie 105). Zu guter Letzt kann es im Laufe der Leseprozesse günstig sein, isoliert wirkende Textteile erneut zu lesen und zu verknüpfen, wenn dies für das Textverstehen hilfreich ist (Strategie 106).

Strategie 103	Ein vorläufiges textübergreifendes Verständnis der Texte bemerken und in den Texten nach Informationen suchen, die die Uneindeutigkeit zu reduzieren helfen (↑ Strategie 94, S. 87)
Strategie 104	Teile verschiedener Texte wiederholt lesen, um textübergreifende Probleme zu lösen (↓ Strategie 117, S. 91)
Strategie 105	Ein tiefes Verständnis des textübergreifenden Themas aufbauen, indem man Informationen in den Texten wiederholt liest (↑ Strategie 95, S. 88; Strategie 96, S. 88)
Strategie 106	Textsegmente erneut lesen und miteinander verbinden, die man zuvor für unverbunden hielt, um die textübergreifende Struktur der Informationen zu verstehen (↑ Strategie 93, S. 87; Strategie 95, S. 88; Strategie 96, S. 88; Strategie 102, S. 88; ↓ Strategie 112, S. 90)

5.3.2 Texte und Informationen beurteilen

Für das umfassende und einzeltextübergreifende Textverstehen ist es erforderlich, dass man als Leserin oder Leser die Texte evaluiert und miteinander vergleicht. Hierfür gibt es wiederum diverse empirisch nachgewiesene Vorgehensweisen. Einige von ihnen beziehen sich weniger auf den Inhalt der Texte als deren äußere Merkmale. So gibt es diverse Informationen über den Text, die Leserinnen und Leser dazu verwenden, sich ein Urteil über den Text bzw. die Texte zu bilden (Strategie 107). Solche Urteile dienen dazu, später die Inhalte zu evaluieren (Strategie 108) bzw. lesebezogene Entscheidungen zu treffen (Strategie 107.5).

Strategie 107	Die Merkmale der Texte (etwa Textsorte, Alter, Autor, Stil etc.) wahrnehmen und unterscheiden (↓ Strategie 108, S. 90; Strategie 109, S. 90)
Strategie 107.1	…, um dadurch die Akkuratheit der Texte einzuschätzen
Strategie 107.2	…, um dadurch die Vertrauenswürdigkeit der Texte zu beurteilen

Strategie 107.3 …, um dadurch die Nützlichkeit des jeweiligen Einzeltexts für das Gesamtverständnis zu beurteilen

Strategie 107.4 …, um die Einzeltexte untereinander zu beurteilen

Strategie 107.5 …, um zu entscheiden, ob der jeweilige Einzeltext für das textübergreifende Verständnis relevant ist

Strategie 108 Die Informationen über die Quelle jedes Textes nutzen, um Textinhalte zu beurteilen und zu interpretieren
(↑ Strategie 107, S. 89; ↓ Strategie 109, S. 90)

Einige weitere Vorgehensweisen konzentrieren sich eher auf die Textinhalte. So verbinden Leserinnen und Leser diverse Informationen (darunter die Inhalte), um die Vertrauenswürdigkeit von Texten besser abschätzen zu können (Strategie 109) oder sie untereinander zu vergleichen (Strategie 110). Eine lesende Person kann außerdem prüfen, inwieweit einzelne Texte zum Erreichen von Zielen beitragen (Strategie 111). Zu guter Letzt kommentierten die Untersuchungspersonen in den Studien, ob eine Information mit Blick auf mehrere Texte nützlich erschien (Strategie 112).

Strategie 109 Die Gültigkeit und Zuverlässigkeit von Texten anhand der Inhalte, der Standpunkte der Autoren, des Kontextes und der gesamten einzeltextübergreifenden Repräsentation des Inhalts beurteilen
(↑ Strategie 107, S. 89; Strategie 108, S. 90)

Strategie 110 Einzeltexte anhand ihrer Inhalte und der subjektiven Einschätzung hinsichtlich der Inhalte miteinander vergleichen
(↑ Strategie 94, S. 87)

Strategie 111 Die Beiträge der einzelnen Texte zu den Lese- und Aufgabenzielen beurteilen
(↓ Strategie 119, S. 92; Strategie 120, S. 92)

Strategie 112 Die Nützlichkeit von Einzelinformationen in Texten in Beziehung zu anderen Texten beurteilen
(↑ Strategie 106, S. 89)

5.3.3 Verstehensüberwachung

Weil man bei der Lektüre multipler Texte viele Beurteilungen vorzunehmen hat, besteht eine metakognitive Zugangsweise dazu darin, dass man ganz gezielt seine Wissensbestände nutzt, um die Texte zu verstehen. Dazu zählt, dass man sich darüber klar wird bzw. ist, dass verschiedene Textarten unterschiedliche Qualitäten haben, die ihrerseits wieder das Leseverstehen beeinflussen (Strategie 113). Eine weitere Variante ist es, wenn jemandem beim Lesen aufgeht, dass sein Vorwissen eine nützliche Ressource für das Verstehen von mehreren Texten ist (Strategie 114), oder wenn jemand sein Textverstehen aufgrund des Vorwissens evaluiert (Strategie 115).

Strategie 113 Verstehen, dass verschiedene Textarten verschiedene Wissensarten enthalten (etwa der Unterschied von Primär- und Sekundärquellen bei historischen Texten)
(↑ Strategie 91, S. 86; Strategie 92, S. 87)

Strategie 114 Feststellen, dass das eigene Wissen als Ressource für die Lektüre multipler Texte genutzt werden kann
(↑ Strategie 91, S. 86; Strategie 92, S. 87)

Strategie 115 Die Art und den Grad des eigenen Verständnisses einer aktuellen Textpassage bestimmen, indem man jenseits der anderen Texte auf Vorwissensbestände oder Quellen verweist

Das Stichwort des Leseverstehens ist schon gefallen, und das lässt sich wiederum gezielt beeinflussen, indem Leserinnen und Leser es bewusst steuern. So können sie beispielsweise die Inhalte von Einzelttextteilen mit textübergreifenden Inhalten verknüpfen, um lokale Textpassagen zu erschließen (Strategie 116). In eine ähnliche Richtung geht es, wenn man Probleme beim Textverstehen bemerkt und nach helfenden Informationen sucht (Strategie 117).

Strategie 116 Bewusst das Verständnis von einzelnen Absätzen in Einzeltexten im Zusammenhang mit anderen textübergreifenden Inhalten herstellen

Strategie 117 Ein Verstehensproblem bei dem aktuellen Textwahrnehmen und es mithilfe der Suche nach klärenden Informationen aus anderen Texten lösen
(↑ Strategie 104, S. 89)

Schließlich sind noch jene Strategien anzuführen, die der Verhaltensmodifikation dienen. Dafür muss man zunächst überhaupt erst einmal prüfen, ob die aktuell eingesetzte Strategie im Einklang mit den zuvor gelesenen Texten steht (Strategie 118). Bei Diskrepanzen lassen sich dann Bearbeitungsweisen wechseln (Strategie 119) oder zielbezogene Strategiewechsel vornehmen (Strategie 120).

Strategie 118 Überwachen des Strategieeinsatzes bei einem Einzeltext in Verbindung mit der Bedeutungskonstruktion der zuvor gelesenen Texte
(↓ Strategie 120, S. 92)

Strategie 119 Den Fokus bei der Bearbeitung ändern (z. B. beim Wechsel von der einzeltextbezogenen Verarbeitung hin zur textübergreifenden Integration von Informationen)
(↑ Strategie 93, S. 87; Strategie 111, S. 90)

Strategie 120 Den Strategieeinsatz im Verhältnis von ursprünglichem und überprüftem Aufgabenverständnis und -ziel anpassen
(↑ Strategie 111, S. 90; Strategie 118, S. 92)

5.4 Digitale und vernetzte Texte lesen

Wie im Teilkapitel 3.3 herausgestellt wurde, stellen Hypertexte und das digitale Lesen besondere Anforderungen an die Leserinnen und Leser. Dies haben Afflerbach und Cho (2009, S. 84) wie folgt zusammengefasst:

> „Im Vergleich mit traditionelleren Ein-Leser-ein-Text-Interaktionen müssen die Hypertextleser und -leserinnen daran arbeiten, ein Universum von möglichen Texten zu erkennen und sich darin zu bewegen. Sie müssen Ablenkungen ignorieren sowie aufgrund minimaler Textinformationen bedeutungsvolle Schritte vorwegnehmen und vorhersagen. Wir glauben, dass das Lesen im Internet und von Hypertexten eine neue Generation von Lesestrategien beinhaltet, die klar die Rolle des Lesers in einer neuen Architektur des Lesens reflektieren."

Diesen Umständen passen sich die in diesem Teilkapitel vorzustellenden Lesestrategien gezielt an. Es handelt sich um Strategien, mit denen man die zu lesenden Texte realisiert (Teilkap. 5.4.1), wichtige Informationen identifiziert (5.4.2), den Text, den Paratext und die Informationen aus Hypertexten beurteilt (5.4.3) oder sein Hypertext-Leseverstehen überwacht und repariert

(5.4.4). Die in diesem Teilkapitel berichteten Strategien stammen aus dem Artikel von Afflerbach und Cho (2009).

5.4.1 Potenziell zu lesende Texte bemerken

Die grundsätzliche Bedeutungsoffenheit und die zu Beginn der Lektüre schwer abschätzbare Menge und Güte von Texten erfordert von Leserinnen und Lesern, mit dieser Unsicherheit möglichst produktiv umzugehen. Dies beginnt mit einer Recherche nach Texten und Informationen (Strategie 121). Da Suchmaschinen in aller Regel unzählige Ergebnisse erbringen, muss man die Flut an Informationen zu bändigen versuchen, indem man gezielt Schlüsselwörter bzw. Kombinationen von Schlüsselwörtern generiert und verwendet, die zum konkreten Leseziel passen (Strategie 122). Da oftmals nicht eine einzige Suche ausreicht, sind modifizierte Schlüsselwörter und eine Spezifikation nebst den entsprechenden weiteren Recherchen erforderlich (Strategie 123). Zusätzlich muss man die Suchresultate beurteilen, also die Vertrauenswürdigkeit und unterstellte Ergiebigkeit anhand der Internetadresse evaluieren (Strategie 124). Das ist freilich noch kein Garant dafür, dass man wirklich auf die Informationen trifft, die man sucht. Deshalb erfolgt ein regelrechtes Herantasten und Umkreisen, das aber zielgerichtet ist (Strategie 125) und am Ende dazu führt, dass man festlegt, welche Texte man schlussendlich liest (Strategie 126).

Strategie 121 Nach Websites oder anderen Informationssystemen suchen, um die mögliche Zielinformation zu überblicken bzw. zu erreichen
(↓ Strategie 122, S. 93; Strategie 123, S. 93; Strategie 125, S. 94; Strategie 126, S. 94; Strategie 138, S. 96; Strategie 147, S. 98; Strategie 150, S. 98; Strategie 153, S. 99; Strategie 154, S. 99)

Strategie 122 Die mögliche Bandbreite an anzutreffenden Informationen reduzieren, indem man Schlüsselwörter generiert, die zur Aufgabe bzw. zum Thema passen
(↑ Strategie 121, S. 93; ↓ Strategie 123, S. 93; Strategie 125, S. 94; Strategie 126, S. 94; Strategie 138, S. 96; Strategie 147, S. 98; Strategie 150, S. 98; Strategie 154, S. 99)

Strategie 123 Zusätzliche, komplementäre Suchen mit modifizierten Schlüsselwörtern durchführen, um die Verwendbarkeit der Links bzw. des Lesevorgangs besser abschätzen zu können

(↑ Strategie 121, S. 93; Strategie 122, S. 93; ↓ Strategie 124 bis Strategie 126, S. 94–94; Strategie 138, S. 96; Strategie 145, S. 98; Strategie 147, S. 98; Strategie 150, S. 98)

Strategie 124 Hypertext-Links überprüfen
(↑ Strategie 123, S. 93; ↓ Strategie 136, S. 96; Strategie 137, S. 96; Strategie 154, S. 99)

Strategie 124.1 Zielbasiert die Hypertext-Links prüfen, um die Nützlichkeit und Bedeutsamkeit der zu erwartenden Informationen abzuschätzen

Strategie 124.2 Die Nützlichkeit eines Hypertext-Links vorhersagen, wenn es mehr als einen Link gibt

Strategie 124.3 Schlussfolgerungen über die Güte und Relevanz der übrigen Links bzw. eines Teils von ihnen auf den besuchten Seiten vor dem eigentlichen Lesen anstellen

Strategie 125 Zielbezogen Informationen in der Anfangsphase erkunden und probehalber beurteilen, um einen dynamischen Plan für die Zielerreichung zu erstellen
(↑ Strategie 121 bis Strategie 124, S. 93–94; ↓ Strategie 155, S. 99)

Strategie 126 Eine Reihenfolge der zu lesenden Texte erstellen und auswählen, die auf den Kriterien bzw. der Kohärenz der Links sowie dem gegenwärtigen Interesse basiert
(↑ Strategie 121 bis Strategie 125, S. 93–94; ↓ Strategie 139, S. 96)

5.4.2 Wichtige Informationen identifizieren

Ging es im Teilkapitel 5.4.1 primär darum, sich überhaupt für oder gegen sinnvoll bzw. nicht sinnvoll wirkende potenzielle Texte zu entscheiden, behandeln die in diesem Teilkapitel versammelten Strategien den Umgang mit den Texten. Genauer gesagt kreisen die hier berichteten Strategien darum, wie man die wichtigen Informationen in Hypertexten findet. Dafür nutzen Leserinnen und Leser die Navigationsfunktionen von Browsern, also etwa den Browserverlauf, Lesezeichen oder Rückwärtsbuttons (Strategie 127). Auch die Angebote der jeweiligen Website nutzen Leserinnen und Leser. Das kann einerseits der grundsätzliche Aufbau sein (etwa die Verknüpfung von Text und Bild (Strategie 128), aber auch die Struktur der Website mittels Sitemaps; Strategie 129) oder andererseits technische Suchfunktionen (etwa die Volltextsuche; Strategie 130).

Strategie 127 Die Navigationsfunktionen dafür nutzen, eine das Verstehen unterstützende Umgebung zu kreieren, zum Beispiel durch Auswahl und Strukturierung von Texten
(↓ Strategie 142, S. 97; Strategie 149, S. 98; Strategie 152, S. 99)

Strategie 128 Verschiedene Informationen aus verschiedenen Symbolsystemen (Text, Grafiken, Illustrationen, Videos) kombinieren und verknüpfen
(↓ Strategie 150, S. 98)

Strategie 129 Die Website-Struktur nutzen, um das Leseverständnis zu fördern
(↓ Strategie 135, S. 96)

Strategie 130 Technische Suchfunktionen auf einer Website nutzen, um das Leseverständnis zu fördern
(↓ Strategie 131, S. 95)

Suchen und Recherchen finden nicht nur auf den eigentlichen Websites und vor dem Lesen statt, sondern auch noch im umfassenden Leseprozess. Beispielsweise nutzen Leserinnen und Leser die Suche nach Informationen, um ihr Leseverstehen zu verifizieren (Strategie 131) oder nach solchen Informationen, die über das ursprüngliche Leseziel hinausragen, aber gegenwärtig opportun erscheinen (Strategie 132). In eine ähnliche Richtung geht es, wenn man sich im Leseprozess ein Urteil darüber bildet, ob man Links folgen sollte oder nicht, wobei man dafür nicht sehr viele Informationen hat (Strategie 133).

Strategie 131 Gezielte Recherche nach (bestätigenden) Informationen im Hypertext, die mit dem gegenwärtigen Verstehen zusammenhängen
(↑ Strategie 130, S. 95)

Strategie 132 Recherche nach Informationen im Internet, die über das eigentliche Leseziel hinausgehen, aber vielversprechend wirken

Strategie 133 Komplexes Schlussfolgern zu Inhalten von Websites, die noch nicht besucht wurden, aber in Reichweite liegen
(↑ Strategie 124, S. 94)

Wegen der hohen Anforderungen an die lesende Person, empfiehlt es sich bei der Hypertextlektüre, die Ergebnisse zu sichern, indem man sie hervorhebt oder in eigene Dokumente wie Textdateien einfügt, um sie später verfügbar zu haben (Strategie 134).

Strategie 134 Informationen mittels Computer und Software sichern (durch Markieren oder durch Kopieren und Einfügen)

5.4.3 Hypertexte, Websites und Informationen beurteilen

Die Textbeurteilung ist bei der Hypertext-Lektüre die eigentliche Herausforderung. So muss man beurteilen, welche Pfade durch den digitalen Text vielversprechend sind (Strategie 135). Dies erfolgt in enger Verzahnung mit dem Leseziel (Strategie 136). Außerdem muss man die Adressen von Websites (etwa: Handelt es sich um eine Firmen-Website oder die einer unabhängigen oder sogar sehr kritischen Institution?; Strategie 137) oder auch Suchergebnisse bei Suchmaschinen beurteilen (Strategie 138).

Strategie 135 Mögliche Pfade durch den Hypertext prüfen, die man für eine erfolgreiche Aufgabenbearbeitung benötigt
(↑ Strategie 129, S. 95)

Strategie 136 Die Güte und Brauchbarkeit eines Hyperlinks in Bezug zu Lesezielen beurteilen
(↑ Strategie 124, S. 94)

Strategie 137 Die Adresse einer Website hinsichtlich Nützlichkeit, Passung und Vertrauenswürdigkeit beurteilen
(↑ Strategie 124, S. 94)

Strategie 138 Suchergebnisse (z. B. die ersten zehn Ergebnisse bei Google) in puncto Nützlichkeit, Passung und Vertrauenswürdigkeit einschätzen
(↑ Strategie 121 bis Strategie 123, S. 93)

Nicht nur vor dem eigentlichen Lesen sind leserseitige Einschätzungen nötig, sondern selbstredend auch beim eigentlichen Lesen von digitalen Texten. Leserinnen und Leser, die digital lesen sind, sind gefragt, den Wert von Websites zu bestimmen (Strategie 139) und deren Darstellungsweise bzw. Machart zu deuten (Strategie 140).

Strategie 139 Den relativen Wert einer Website bzw. mehrerer Websites einschätzen, die verbundene Informationen enthalten
(↑ Strategie 126; S. 94)

Strategie 140 Den Ton und die Art einer Website bzw. ein eigenes Gefühl bezüglich der Website einschätzen, um die Website danach (nicht) zu verwenden
(↓ Strategie 141, S. 97)

Auf der niedrigsten Ebene bei der Charakterisierung von Merkmalen digitaler Hypertexte evaluieren Leserinnen und Leser die Einzelinformationen, auf die sie im Hypertext konkret stoßen (Strategie 141). Dies kann die Verwertbarkeit ebenso betreffen wie die Zuverlässigkeit und die Eindeutigkeit bzw. Verständlichkeit.

Strategie 141 Hypertext-Informationen beurteilen
(↑ Strategie 124, S. 94; Strategie 140, S. 97)

Strategie 141.1 hinsichtlich der Relevanz und Nützlichkeit im entstehenden und vorläufigen Verstehensprozess

Strategie 141.2 hinsichtlich der Glaubwürdigkeit

Strategie 141.3 hinsichtlich der Klarheit

5.4.4 Verstehensüberwachung

Digitales Lesen braucht genau wie sein Pendant bei analogen Texten einen metakognitiven Anteil im Leseprozess. Diese metakognitiven Anteile dienen in aller Regel dazu, das Leseverstehen zu überwachen. Hierfür stehen mehrere Möglichkeiten zur Verfügung. So können Leserinnen und Leser beschließen, dass sie Websites nochmals konsultieren (Strategie 142) oder sich entscheiden, sich einzelnen Teilen von Hypertexten gezielt zuwenden (Strategie 143).

Strategie 142 Nochmalige Seitenaufrufe, um das Leseverstehen zu überprüfen
(↑ Strategie 127, S. 95; ↓ Strategie 144, S. 98)

Strategie 143 Festlegen, dass ein bestimmter Aspekt des Hypertexts Aufmerksamkeit benötigt

Eine weitere Gruppe von metakognitiven Lesestrategien hat mit spezifischen Problemen im Leseprozess zu tun. Ein erstes Problem kann darin bestehen, dass man die gewünschte Information nicht findet (Strategie 144). Weitere mögliche Probleme können sein, dass man bemerkt, dass die Website nicht hilfreich wirkt (Strategie 145) oder der aktuelle Hypertext wegen verschiedener Ursachen wenig verstehensförderlich ist (Strategie 146). Ebenfalls kann man die eigenen Suchbemühungen zum Gegenstand der metakognitiven Reflexion machen (Strategie 147). Andere metakognitive Strategien hängen damit zusammen, dass man Verstehensschwierigkeiten bemerkt, die in aller Regel mit Überforderung im weitesten Sinn zu tun haben. Das kann die Überforderung bei der Informationssuche betreffen (Strategie 148) oder bei der technischen Bedienung von Hypertexten (Strategie 149). Eine weitere Ursache kann in der schieren Informationsanzahl und -vielfalt liegen (Strategie 150).

Strategie 144	Probleme bemerken, weil die erwartete Information nicht gefunden wurde bzw. verfügbar ist (↑ Strategie 142, S. 97)
Strategie 145	Für sich feststellen, dass die gefundene Website für das gegenwärtige Ziel nicht passend bzw. hilfreich ist (↑ Strategie 123, S. 93)
Strategie 146	Bemerken, dass der gegenwärtige Hypertext nicht verständlich ist (wegen des Inhalts, der Struktur, der Form etc.) (↑ Strategie 141, S. 97)
Strategie 147	Die Ergebnisse von Suchbemühungen bzw. der eigenen Navigation im Hypertext einschätzen (↑ Strategie 121 bis Strategie 123, S. 93–93)
Strategie 148	Desorientierung bei der Suche nach spezifischen Informationen im Hypertext bemerken (↓ Strategie 150, S. 98; Strategie 151.1 und 2, S. 99)
Strategie 149	Desorientierung infolge von Fehlanwendungen einzelner technischer Funktionen im Hypertext bemerken (↑ Strategie 127, S. 95; ↓ Strategie 151.1 und 2, S. 99)
Strategie 150	Verständnisprobleme bemerken (↑ Strategie 121 bis Strategie 123, S. 93; Strategie 128, S. 95; Strategie 148, S. 98)
Strategie 150.1	... wegen der Informationsvielfalt, auf die man trifft
Strategie 150.2	... wegen der Informationsmenge, auf die man trifft
Strategie 150.3	... wegen der kognitiven Überlastung bei der Informationsverarbeitung

Auf die Desorientierung und die Verstehensprobleme zu reagieren, ist der logische und zeitlich nächste Schritt. So lässt sich die Desorientierung, der „Lost im Hypertext"-Zustand, beseitigen, indem man sein Gedächtnis gezielt konsultiert (etwa: sich besser passende Verhaltensweisen überlegt) oder zum ursprünglichen Ziel oder Suchvorgang zurückkehrt (Strategie 151.1 und 2). Außerdem kann man gezielt sein Suchverhalten ändern (Strategie 152 bis Strategie 154).

Strategie 151.1	Desorientierung begegnen, indem man sein Gedächtnis gezielt nutzt
Strategie 151.2	Desorientierung begegnen, indem man den ursprünglichen Suchplan und/oder das ursprüngliche Ziel fokussiert (↑ Strategie 148, S. 98; Strategie 149, S. 98)

Strategie 152 Bestimmen, dass man anders durch den Hypertext navigieren sollte, weil die gegenwärtige Vorgehensweise ineffektiv ist
(↑ Strategie 127, S. 95)

Strategie 153 Eine andere Suchmaschine verwenden, um durch den Hypertext zu navigieren
(↑ Strategie 121, S. 93)

Strategie 154 Eine andere Suchstrategie verwenden, um durch den Hypertext zu navigieren
(↑ Strategie 122 bis Strategie 124, S. 93–94)

Zu guter Letzt kann eine effektive Reaktion auf die identifizierten Probleme darin bestehen, dass man nicht nur seine Vorgehensweise modifiziert, sondern das eigene ursprüngliche Ziel. Diese Form der Reaktion liegt dann nahe, wenn der Leseprozess mit Vorgehensweise und Textmaterial partout nicht zum gewünschten Erfolg führt (Strategie 155 und Strategie 156).

Strategie 155 Bemerken, dass das ursprüngliche Ziel angesichts der Interaktion von lesender Person und dem Hypertext geändert werden muss
(↑ Strategie 125, S. 94; ↓ Strategie 156, S. 99)

Strategie 156 Leseziele anhand der Erfahrungen und des bisherigen Fortschritts im Problemlöseprozess revidieren
(↑ Strategie 155, S. 99)

5.5 Zusammenfassung

Wer Texte liest, wendet im besten Fall adaptiv Lesestrategien an. In diesem Kapitel wurden aggregiert auf einer mittleren Abstraktionsebene Strategien vorgestellt und thematisch gruppiert. Besonders viele Strategien, nämlich 90, ließen sich bei der Lektüre von einzelnen Texten vorfinden (das Verhältnis im Vergleich zu der Lektüre multipler Texte bzw. digitaler Hypertexte beträgt 3:1). Viele der Strategien hängen damit zusammen, *wichtige Informationen zu identifizieren, zu beurteilen und auf dem Weg zum Leseverstehen das Leseverständnis zu überwachen.* Lesestrategien lassen sich in diesem Sinne auf Gruppen von Problemlöseprozessen bei der Textlektüre verteilen. Dabei spielen die Leseziele eine wichtige Rolle, weil sie über die Angemessenheit des Lesestrategieeinsatzes entscheiden. Von entscheidender Bedeutung ist auch, ob das Zusammenspiel von kognitiven und metakognitiven Lesestrategien gelingt.

Liest man nicht nur einen einzelnen Text, sondern gleich mehrere, braucht man zusätzliche Strategien. Diese dienen im Wesentlichen drei Zwecken: *der Identifikation von wichtigen Informationen, deren Beurteilung und der Überwachung des Textverstehens.* Hier ließen sich 30 separate Strategien in Studien finden. Eine vergleichbare Anzahl spezifischer Strategien konnte man ferner bei der konstruktiv-reagierenden Lektüre von Hypertexten feststellen. Strukturell ähneln sie zum Teil ähnlichen Zwecken wie jene bei der Lektüre mehrerer Texte. Neu hinzugekommen ist eine vierte Familie von Strategien, die dazu dienen, dass *man Text-Kandidaten für die Lektüre überhaupt erst einmal findet.* Hierfür sind die Vorwissensbestände einer lesenden Person besonders wichtig.

Die Sammlung der Strategien in diesem Kapitel ist sehr umfassend und beruht auf Daten, die nicht mehr von einer einzelnen Person stammen, sondern von Hunderten Menschen. Idealtypisch verfügen gute Leserinnen und Leser über möglichst viele dieser mentalen Werkzeuge, um möglichst viele Probleme zu beheben. Entsprechend startete das Kapitel mit einer Beschreibung einer „idealen Leserin“ bzw. eines „idealen Lesers“. Es ist völlig klar, dass man diesen Zustand nicht als einzelne Lehrperson mit begrenztem zeitlichem Zugriff auf Heranwachsende im schulischen Unterricht erreichen kann. Aber das kann nicht als Argument dafür verwendet werden, Schülerinnen und Schülern nicht wenigstens einen Teil der effektiven Strategien aktiv zu vermitteln und sie dadurch in ihrer Selbstständigkeit im effektiven Umgang mit Texten zu fördern.

6 Strategievermittlung im Unterricht

Wie Lehrpersonen aktiv Lesestrategien vermitteln: eine lesedidaktische Verortung sowie Praxistipps und Beispiele zur Umsetzung

---

Worum geht es in diesem Kapitel? Dieses Kapitel bildet ein weiteres Hauptkapitel des Buches, weil es den Anwendungsbezug herausstellen will. Allein schon wegen der schieren Zahl der Lesestrategien aus Kapitel 5 soll deshalb darauf verzichtet werden, die Strategievermittlung an jeweils einem Beispiel vollumfassend vorzustellen. Der Hintergrund dafür ist, dass – wie Gerald Duffy (2014) in seinem lesenswerten Buch geschrieben hat – die in Büchern für Lehrpersonen beschriebenen Tipps und Situationen immer nur exemplarischen Charakter haben und Lehrpersonen die beschriebenen Vermittlungsformen ohnehin auf die jeweils aktuellen Situationen transferieren müssen. Die dafür entscheidenden Informationen kann aber ein einzelner Autor nicht in dem Maße vollumfänglich antizipieren. Um aber nicht allzu abstrakt zu bleiben, gibt es natürlich auch in diesem Kapitel Beispiele zur Illustration.
Um die Vermittlung von Strategien in ihren lesedidaktischen Zielbereichen besser einschätzen zu können, verortet das Teilkapitel 6.1 den Förderansatz in einem didaktischen Modell der Lesekompetenz. Dabei weitet das Kapitel die Verortung weiter aus, als es im Originalmodell erfolgt. Um Modelle geht es auch imTeilkkapitel 6.2. Dort werden Lern- und Lehrprozesse beleuchtet. Aus Sicht der Lernenden ist die sich zeitlich verändernde allgemeine Strategienutzung genauso anzuführen wie die Stationen auf dem Weg zur effektiven Beherrschung von Strategien. Im Anschluss daran folgt ein Blick auf ein allgemeines Rahmenmodell bei der Strategievermittlung, das sich in diversen Studien als günstig erwiesen hat. Wie Lehrpersonen professionalisiert werden und wie sie sich in ihrem Unterrichtshandeln verändern, bildet eine nächste Station. Nach diesen allgemeinen Darstellungen soll an Fallbeispielen verdeutlicht werden, wie die Strategievermittlung und der Leseunterricht exemplarisch aussehen und wie sich dieser Unterricht allmählich verändert. Außerdem wird in Teilkapitel 6.3 auch noch an zwei Beispielen dargestellt, was mit dem Modellieren von Strategien gemeint ist, das essenziell für die Strategievermittlung ist. Teilkapitel 6.4 gibt eine überschaubare Zahl an Tipps und Empfehlungen für die Umsetzung in der Praxis, und in Teilkapitel 6.5 wird anhand eines authentischen Beispiels gezeigt, wie eine hervorragende US-amerikanische Schule den Lese- und Schreib-

unterricht systematisch betreibt und dabei leistungsstarke Schülerinnen und Schüler als Ergebnis hat. Die Essenz dieses umfangreichen Kapitels stellt das Teilkapitel 6.6 dar.

6.1 Zur lesedidaktischen Verortung der Lesestrategievermittlung

6.1.1 Ein lesedidaktisches Modell der Lesekompetenz

Den Idealfall der umfassenden Leseförderung bildet eine systematische, das heißt langfristige, dem aktuellen Förderbedarf und der Lesesozialisation angepasste Förderung – bestenfalls auch noch fächerübergreifend (Nix, 2010; Rosebrock & Nix, 2014). Damit eine Förderung wirklich systematisch erfolgen kann, braucht es einen Rahmen, um Fördermaßnahmen in ihren Zielstellungen, Zielgruppen und Möglichkeiten sowie Grenzen besser verorten zu können. Einen solchen Rahmen haben Cornelia Rosebrock und Daniel Nix erstmals im Jahr 2008 für die Lesedidaktik vorgeschlagen, wobei sich dieser Rahmen wiederum auf einen lesesozialisatorischen Lesekompetenzbegriff stützt (s. dazu Rosebrock, 2009; Hurrelmann, 2002; Groeben, 2004b). Besagtes Modell geht von insgesamt drei Ebenen aus, die dynamisch interagieren, aber analytisch trennbar sind. Das Modell ist in Abbildung 5 dargestellt.

Das Modell unterscheidet drei Ebenen: die Prozessebene, die Subjektebene und die soziale Ebene. Auf der Prozessebene sind alle jene kognitiven Prozesse zu verorten, die beim Lesen ablaufen und die prominenter Gegenstand des Kapitels 3 in diesem Buch sind. Durch die drei Sternchen werden auf der Prozessebene noch die hierarchieniedrigen von den -hohen Prozessen abgegrenzt. Diese Unterscheidung hat damit zu tun, dass die erstgenannten Prozesse in der Regel durch vielfältige Übungsprozesse automatisiert und mehrheitlich nicht willentlich steuerbar ablaufen (Afflerbach, Pearson & Paris, 2008; Paris, 2005). Dazu zählen das technische Erlesen auf Wort- und Satzebene, das auch das syntaktische Verarbeiten der Textinformationen auf der Satzebene einschließt (Lenhard & Artelt, 2009), also die *Wort- und Satzidentifikation,* die die Basis für weitere geistige Verarbeitung bildet.

Zusätzlich zählt man auch die Fähigkeit zur Herstellung lokaler Kohärenz zu den hierarchieniedrigen Fähigkeiten. *Lokale Kohärenz* bezeichnet die inhaltliche Verbundenheit von aufeinanderfolgenden Sätzen (van Dijk & Kintsch, 1983). Dafür ein Beispiel: In Teilkapitel 3.1 wurde anhand des „Erlkönigs" das Konstruktions-Integrations-Modell erläutert. In der Ballade heißt

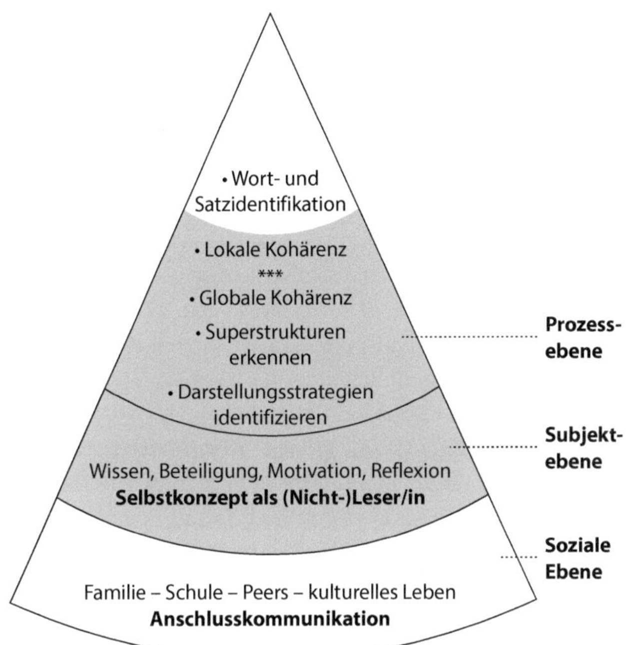

Abb. 5 Lesedidaktisches Mehrebenen-Modell der Lesekompetenz (Quelle: eigene Darstellung, basierend auf Rosebrock & Nix, 2014, S. 15; grau unterlegt sind jene Bereiche, die mit Lesestrategien zu tun haben)

es in der ersten Strophe im zweiten bis vierten Vers: „Es ist der Vater mit seinem Kind. / Er hat den Knaben wohl in dem Arm. / Er fasst ihn sicher, er hält ihn warm." Wenn Sie beim Lesen die Wörter „Kind" und „Knaben" miteinander verknüpfen, bemerken, dass es sich um ein und dieselbe Figur handelt, und damit satzübergreifend Informationen verarbeiten, stellen Sie beim Lesen lokale Kohärenz her. Dasselbe gilt für den vierten Vers, für dessen Verständnis Sie rekonstruieren, wer mit „Er" und „ihn" gemeint ist. Für die Herstellung der lokalen Kohärenz ziehen Leserinnen und Leser permanent aufgrund ihrer Vorwissensbestände und der Propositionen im Text Schlussfolgerungen und füllen die Kohärenzlücken auf (Graesser, Millis & Zwaan, 1997; Graesser, Singer & Trabasso, 1994; van Dijk & Kintsch, 1983).

Die *globale Kohärenz* ist für größere Texte reserviert. Diese Form der Kohärenz herzustellen, ist bei größeren Textmengen erforderlich, etwa einzelnen Textteilen, Gesamttexten (s. Teilkap. 3.1) oder auch mehreren Texten (3.2). Damit ist gemeint, dass man über die Bildung der Makrostruktur (s. Teilkap. 3.1) die Hierarchie und Verbindung von zentralen Informationen herstellt, also etwa beim „Erlkönig" erkennt, wer handelt und welche Stationen die Handlung hat bzw. welches Muster das Gespräch der Figuren aufweist. Die Herstellung von Kohärenz ist auch im Dokumenten-Modell aus Teilkapitel 3.2 essenziell und wegen der multiplen Texte noch schwieriger. Besonders schwierig wird das Herstellen von globaler Kohärenz bei der navigierend-entwickelnden Lektüre von Hypertexten (3.3).

Daneben gibt es auch noch *Superstrukturen* von Texten. Damit sind konventionalisierte Organisationsmuster gemeint, die sich in den Textsorten niederschlagen (Richter & Christmann, 2002). Das Wissen darüber, wie eine Bedienungsanleitung schematisch aufgebaut ist, wie ein Fachartikel der Psychologie für gewöhnlich strukturiert ist, dass Texte, die mit „Es war einmal" anfangen, in der Regel positiv ausgehen, dass Witze mit Pointen enden, Krimis mit aufgeklärten Kriminalfällen etc., all dieses Wissen also erleichtert für geübte Leserinnen und Leser das Textverstehen.

Als besonders anspruchsvoll gilt das *Identifizieren von Darstellungsstrategien,* eine Art mentaler Detektivarbeit. Was man sich darunter vorstellen kann, ist im Teilkapitel 3.2 ausführlicher anhand des Dokumenten-Modells am Beispiel zweier Texte zum Panamakanal und der Rolle der USA zur Sprache gekommen. Das Identifizieren von Darstellungsstrategien bildet auch den Kern vieler analytischer Verfahren in der Lese- und Literaturdidaktik, beispielsweise wenn es darum geht, den Einsatz von Stilmitteln zu analysieren.

Ein Leseprozess ohne lesende Person ist wenig sinnvoll vorstellbar. Deshalb ist die personale Ebene ebenfalls von Bedeutung, und zwar auch schon für die Prozessebene. Die Subjektebene beschreibt das Modell als umfassendes *Selbstkonzept als (Nicht-)Leser bzw. (Nicht-)Leserin.* Das Leseselbstkonzept ist ein in der Forschung immer wieder falsch bzw. vage verwendetes psychologisches Konstrukt (Conradi, Jang & McKenna, 2014), und auch Rosebrock und Nix (2014) dehnen den Begriff inhaltlich stärker aus, als es in der Motivationspsychologie eigentlich üblich ist. Das Selbstkonzept beim Lesen bezeichnet eine auf vergangenen Erfahrungen mit dem Lesen basierende generelle Selbsteinschätzung, wie gut man beim Lesen ist, und enthält auch eine emotionale Komponente, etwa man das Lesen als angenehm empfindet (Conradi, Jang & McKenna, 2014). Dieses allgemeine Selbstkonzept hängt substanziell mit Testleistungen zusammen (Möller et al., 2009; Philipp, 2013b) und lässt sich auch noch textsortenspezifisch untergliedern (Henschel et al., 2013).

Auf der personalen Ebene verortet man im „Lesekegel" die *Wissensbestände*, deren Wichtigkeit im Kapitel 3 bereits Gegenstand war. Dieses Weltwissen dient auch der *Reflexion* über Texte, die im Falle der multiplen Textlektüre (s. Teilkap. 3.2) essenziell ist und in Leseleistungsstudien wie PISA und IGLU regelmäßig als höchste Kompetenzstufe bezeichnet wird. In der IGLU-Studie aus dem Jahr 2011 etwa trägt die Kompetenzstufe V die Bezeichnung „Auf Textpassagen beziehungsweise den Text als ganzen bezogene Aussagen *selbstständig interpretierend und kombinierend begründen*“ (Bremerich-Vos, Tarelli & Valtin, 2012, S. 77, Hervorh. MP).

Ein Konstrukt, das zunehmend Aufmerksamkeit in der Forschung erfährt, ist die *Beteiligung* bzw. das Engagement (Guthrie, Wigfield & You, 2012; Jörgens, 2013; Unrau & Quirk, 2014). Leseengagement kann sich auf Verhalten, Affekte/Emotionen und Kognitionen beim Lesen beziehen. Ein dem Lesen zugewandter Schüler, der sich kognitiv und emotional vertieft einer Lektüre widmet, bildet gleichsam den Prototypen des engagierten Lesers (s. auch Punkt d) in der Liste der Merkmale des konstruktiv-reagierendes Lesens in Teilkap. 5.1). Die *Motivation* steht in einem engen Verhältnis zum Engagement, wobei sie dieses Engagement auslöst und fördert (Unrau & Quirk, 2014). Lesemotivation ist ein vielgestaltiger, schillernder Begriff, der tatsächlich sehr komplex ist, und deren Förderung kennt zugleich zahlreiche Ansätze (Philipp, 2013b, s. dazu (Teilkap. 6.4.5).

Die dritte, soziale Ebene des Modells trägt der Eingebettetheit von Leseprozessen und lesenden Personen in sozialen Kontexten Rechnung (RAND Reading Study Group, 2002), die aus der Erwerbsperspektive zentral ist (Philipp, 2011). Mit dem Ausdruck *Anschlusskommunikation* werden lektürebegleitende Gespräche bezeichnet. Diese Gespräche können unterschiedliche Funktionen erfüllen. Tilmann Sutter (2002) unterscheidet vier Arten, nämlich Gespräche, die a) dem Lesen-Lernen, b) dem Textverstehen, c) der Persönlichkeitsbildung oder d) der Unterhaltung dienen. Anschlusskommunikationen finden natürlich auch im Unterricht statt, Lese- und Literaturunterricht *sind* institutionalisierte Anschlusskommunikation. Allerdings sind über die faktischen Wirkungen spezifischer Arten der unterrichtlichen Anschlusskommunikation auf das Leseverstehen bislang kaum belastbare Aussagen möglich (Murphy et al., 2009).

6.1.2 Auf welchen Ebenen und an welchen Stellen die Vermittlung von Lesestrategien ansetzt

So weit ein lesedidaktisches Modell von Lesekompetenz. Innerhalb dieses Modells lassen sich diverse Fördermaßnahmen verorten (s. dafür Rosebrock & Nix, 2014). In ihrem Buch tun Rosebrock und Nix dies hinsichtlich der Vermittlung von Lesestrategien nur bei der lokalen und globalen Kohärenz im Modell (Rosebrock & Nix, 2014, S. 73). An anderen Stellen, etwa bei der Sachtextlektüre, bei der die Elemente „globale Kohärenz“ und „Superstrukturen erkennen“ auf der Prozessebene und das Vorwissen auf der Subjektebene benannt werden (ebd., S. 92), oder der Entwicklung einer literarischen

Lesekultur (alle Elemente ab dem Erkennen von Superstrukturen, ebd., S. 136), werden aber die Anwendungen von Lesestrategien beschrieben. Insofern weiten die Autoren ihre eigene Limitierung aus. Das ist in Abb. 5 sogar noch konsequenter vorangetrieben.

Diese Ausweitung auf weitere Elemente im Modell hat neben der im Originalmodell impliziten Erweiterung weitere Gründe. Beispielsweise ist das Erkennen von Superstrukturen etwas, das auch in Kapitel 5 explizit auftaucht (etwa in Strategie 3, S. 59, Strategie 8, S. 61 oder auch Strategie 37, S. 70). Umgekehrt ist der Mangel an Superstrukturen in digitalen Hypertexten ja das schwierigkeitsgenerierende Merkmal (s. Teilkap. 3.3). Gerade weil diese Form der konventionalisierten Unterstützung fehlt, müssen Leserinnen und Leser diese im Lese- und Navigationsprozess erst selbst erstellen.

Auch die Ausweitung auf die Subjektebene erscheint im Licht der Forschung geboten. So ist nachweislich bekannt, dass das allgemeine und spezifische *Vorwissen* ein wichtiger Prädiktor für das Leseverstehen und die Intensität und Art der Strategieanwendung ist (Fox, 2009). Personen mit viel Wissen verarbeiten Texte tiefer als solche mit geringem Wissen und wenden dabei mehr und stärker tiefenbasierte Strategien an (s. Teilkap. 4.2). Sämtliche Entscheidungen, Textteile zu ignorieren oder ganz bewusst zu lesen, weil sie keine relevanten oder neuen bzw. für relevant befundenen Informationen enthalten, erfolgen in der Regel wissensbasiert. Wissensbestände sind ebenfalls nötig, wenn man Dokumenten-Knoten bei der Lektüre multipler Texte konstruiert (3.2) bzw. Entscheidungen bei der Link-Aktivierung oder der Evaluation von Ergebnissen in Suchmaschinen treffen muss (3.3).

Die *Beteiligung* beim Lesen lässt sich über das kognitive Engagement absichern, für das per definitionem der Einsatz von Lesestrategien zentral ist (Guthrie, Wigfield & You, 2012; Paris, Lipson & Wixson, 1983; Unrau & Quirk, 2014). Oberflächliche Lektüren münden in aller Regel auch in oberflächlichem Leseverstehen, und ein tiefes Textverstehen setzt den Einsatz von nicht nur anspruchsvollen, sondern zum Teil auch komplexen Strategien voraus (Paris, Lipson & Wixson, 1983; Pressley, Borkowski & Schneider, 1989). Eng verbunden mit der Beteiligung ist das *Reflektieren.* Die Art und Weise, wie geübte Leserinnen und Leser vorgehen, ist stark reflexiv (s. auch Punkt a) in der Beschreibung des konstruktiv-reagierenden Lesens in Teilkapitel 5.1). Die vielen Beurteilungsvorgänge, die im konstruktiv-reagierenden Lesen ermittelt werden konnten, stellen faktisch kaum etwas anderes dar als Reflektionen über den Text. Diese Fähigkeit wird zudem in großen Leseleistungsstudien wie IGLU und PISA explizit als eine von zwei theoriebasierten Säulen des umfassenden Konstrukts Lesekompetenz beschrieben (Artelt et al., 2001; Bos et al., 2012). Außerdem lässt sich das schriftliche Reflektieren mithilfe von Strategien gezielt dazu nutzen, das Leseverstehen zu fördern (Graham & Hebert, 2011).

Auch die *Motivation* kann man begründet in den Zusammenhang mit Strategien rücken, denn sie bildet nicht nur die treibende Kraft des Engagements (Unrau & Quirk, 2014), sondern ist ihrerseits auch elementarer Bestandteil einer umfassenden Selbstregulation (Schunk & Zimmerman, 2008), deren Kern die eigenständige Anwendung von Strategien bildet (Duckworth, Gendler & Gross, 2014; Philipp, 2012b). Außerdem gibt es im Falle der internen Stützstrategien sogar Strategien, um die Motivation positiv zu beeinflussen (s. Teilkap. 4.2; Pekrun & Götz, 2006; Schiefele & Streblow, 2006; Vollmeyer, 2006).

Man könnte sogar fast so weit gehen, die *soziale Ebene* ebenfalls mit den Lesestrategien zu assoziieren, zumindest aus der Erwerbs- und Vermittlungsperspektive, denn gemäß sozial-kognitiven Lerntheorien erwerben wir Menschen Fähigkeiten innerhalb eines sozialen Kontextes (Brown, Collins & Duguid, 1989). Dies wurde unter anderem als „kognitive Meisterlehre" bezeichnet (Collins, Brown & Newman, 1989), in der Lehrpersonen wie Lesemeister fungieren und Schülerinnen und Schüler als Leselehrlinge das „kognitive Handwerkszeug" erlernen. Es gibt durchaus Lehrpersonen, die es schaffen, einen Unterricht alltäglich durchzuführen, in dem Lesestrategien einen Schwerpunkt unter vielen innerhalb einer sozialen Lerngemeinschaft bilden (Philipp, 2014a). Weil dies aber bislang eher die Ausnahme bildet und weil es nicht sinnvoll ist, das Modell aus Teilkapitel 6.1.1 über Gebühr hinsichtlich seiner Trennschärfte zu beanspruchen, soll dies an dieser Stelle nicht erfolgen. Betont sei nur, dass Lesestrategien nicht allein der Prozessebene zuzuordnen sind, sondern sich auf praktisch allen Ebenen des „Lesekegel"-Modells antreffen und lokalisieren lassen.

6.2 Meister des Lesens, Experten des Lesen-Lehrens

Wer Strategien erfolgreich vermitteln will, ist in gleich zwei Gebieten (in der Wissenschaft würde man von „Domänen" sprechen) gefragt. Erstens braucht es genügend Wissen und Kompetenzen bezüglich der Strategieanwendung (s. auch Teilkap. 4.4). Zweitens benötigt man als Lehrperson auch Wissen und Kompetenzen, wie man Strategien vermittelt. Im Grunde ist damit die klassische Unterscheidung von Fachwissen und fachdidaktischem Wissen (Shulman, 1986) bzw. auch die Unterscheidung von Lern- und Lehrstrategien angesprochen (Weinstein & Mayer, 1986).

In diesem Teilkapitel geht es um Wissensbestände zur effektiven Vermittlung von Strategien. Dabei geraten zuerst die schülerseitigen Voraussetzungen in den Blick (6.2.1). Es geht um die längerfristige Perspektive auf unterschiedliche Verwendungen vorhandener Strategien und den zugegebenermaßen schwierigen Weg zur umfassenden Strategiereife. Im Anschluss daran wird ein Rahmenmodell zur günstigen Abfolge bei der Strategievermittlung durch Lehrpersonen dargestellt (6.2.2). Die zunehmende Expertise von Lehrpersonen im Vermitteln und Lehren ist Gegenstand des darauffolgenden Teilkapitels 6.2.3.

6.2.1 Die schülerseitigen Voraussetzungen: Wie Personen zu besseren Strategienutzern und Lesern werden

Förderansätze wie die Strategievermittlung entfalten dann ihre Wirkung, wenn man als Lehrperson weiß, auf welche Voraussetzungen man bei den Schülerinnen und Schülern trifft. Aus diesem Grund wird in diesem Teilkapitel skizziert, wie dynamisch der Strategieerwerb ist. Zum einen betrifft das die längerfristige Perspektive, welche sich mit einem Modell der überlappenden Wellen und multiplen Strategien plausibel darstellen lässt. Zum anderen lässt sich der Erwerb von einzelnen Strategien auf dem Weg zur Strategiereife als ein zunächst fehleranfälliges Unterfangen beschreiben, wobei diese Fehler Ausdruck des Lernens und der Aneignung sind.

Ein einflussreiches Modell zur Nutzung von Strategien hat Richard Siegler (2000) vorlegt: das „Modell der überlappenden Wellen“ (s. Abb. 6). Es handelt sich um ein Modell des Lernens, in dem die Strategien eine zentrale Rolle spielen, und für das sich auch empirische Befunde anführen lassen. Das Modell geht – das legt der Name bereits nahe – von einer hohen Dynamik aus. Konkret schlägt sich das in drei Prämissen nieder. Erstens nutzen Schülerinnen und Schüler mehrere Strategien, um Probleme zu lösen, statt nur einer einzigen (s. dafür Teilkap. 4.3). Zweitens existieren die Strategien über einen längeren Zeitraum und nebeneinander im Verhaltensrepertoire, wenn auch in einem insgesamt dynamischen, quasi-evolutionären Verhältnis. Drittens gibt es zwei Quellen der Veränderung: zum einen die Erfahrungen, die Schülerinnen und Schüler mit einzelnen Strategien machen und die dazu führen, dass als effektiver beurteilte Strategien verstärkt zum Einsatz kommen; zum anderen die (durchaus lehrerseitige) Einführung neuerer und fortgeschrittener Strategien. Andere Modelle, darunter zum umfassenden Kompetenzerwerb in der Domäne Lesen (Alexander, 2005), gehen ebenfalls von einer Dynamik bei der Entwicklung von Lesestrategien aus, denn mit zunehmender Expertise wenden Personen immer effektivere Lesestrategien an, die vor allem auf Texttiefenmerkmale wie Struktur abzielen. Viele dieser Strategien lassen sich jenen zuordnen, die in Kapitel 5 Gegenstand waren.

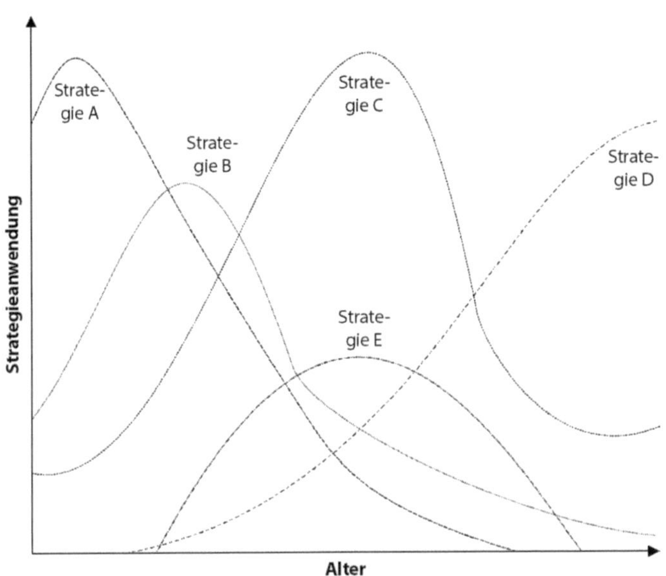

Abb. 6 Schematische Darstellung des Modells der überlappenden Wellen bei der Strategieanwendung (Quelle: Darstellung basierend auf Siegler, 2000, S. 28; die Nummerierung bezieht sich auf den Zeitpunkt bzw. die Intensität der Nutzung zu einem Zeitpunkt bei zeitgleichem Auftreten)

In der Forschung hat ein effizienter, von der lesenden Person gezielt überwachter Strategieeinsatz die Bezeichnung „Selbstregulation" erhalten (Boekaerts, 1996). Damit sind all jene gelingenden Interaktionen von Wissensbeständen und diversen Strategien in einem konkreten Leseprozess innerhalb eines Kontexts (inkl. Leseaufgabe) gemeint, wobei der Leser bzw. die Leserin diesen Prozess initiiert, überwacht, orchestriert und bei Problemen repariert (Dinsmore, Alexander & Loughlin, 2008). Wie vielfältig die gezielten Vorgehensweisen sind, hat die Übersicht der verschiedenen Lesestrategien aus Kapitel 5 eindrucksvoll demonstriert. Zentral am Konzept der Selbstregulation ist aber auch die Motivation, die jemand gezielt reguliert und nutzt, um selbst bei schwierigen Texten und Leseaufträgen am Ball zu bleiben.

Strategien gehen nach allem, was bekannt ist, leider nicht sofort in das Verhaltensrepertoire von Personen über, was gerade im Fall von jüngeren Schülerinnen und Schülern beobachtet wurde (Bjorklund et al., 1997; Garner, 1987; Miller & Seier, 1994). Die Forschung beschreibt die selbstregulierte und effektive Nutzung von Strategien als „Strategiereife", bei welcher eine Person ihre verschiedenen strategischen Wissensbestände optimal im konkreten Leseanlass nutzt. Der Weg zu dieser Strategiereife ist freilich eine langfristige Angelegenheit, bei der Rückschläge und Fehlanwendungen völlig normal sind – denken Sie beispielsweise nur an komplexe Brett- oder Kartenspiele, die Sie meist mehrfach spielen müssen, ehe Sie die elementaren Regeln wirklich beherrschen. Wie man sich den Strategieerwerb aus psychologischer Sicht vorstellt, ist in Tabelle 5 überblicksartig dargestellt.

Erwerbsphase	Strategie wird	Spontane Strategieanwendung	Nutzen der Strategie
Mediationsdefizit	nicht erkannt	vielleicht	nein
Nutzungsdefizit	nicht richtig spontan angewendet	ja	nein bzw. gering
Produktionsdefizit	nicht richtig effektiv beherrscht	nein	ja
Strategiereife	effektiv beherrscht	ja	ja

Tab. 5 Merkmale und Phasen des Strategieerwerbs (Quelle: Darstellung nach Spörer & Brunstein, 2006, S. 150, und Miller & Seier, 1994, S. 111)

Auf dem Weg zur Strategiereife kommt es zu umfassenden Veränderungen in der Strategienutzung, der Art, ob Personen sie spontan anwenden können und ob der Strategiegebrauch zu einem Nutzen führt. In jeder der vier Erwerbsphasen überwinden Personen prototypische und systematische Probleme, weshalb in Tabelle 5 von Defiziten die Rede ist. Das soll aber keine defizitorientierte Sicht auf Schülerinnen und Schüler bedeuten.

Im Falle des *Mediationsdefizits* gelingt eine adäquate und nützliche Strategieanwendung in der Regel nicht. Außerdem helfen auch Hilfsmittel (wie Strategiekärtchen oder -fächer, die man als „Mediatoren" bezeichnet) nicht, weil es vonseiten der agierenden Personen kein ausreichendes Wissen gibt. Das *Nutzungsdefizit* bezieht sich vor allem auf die spontane Strategieanwendung und bezeichnet das paradoxe Phänomen, dass jemand zwar die Schritte der Strategie technisch richtig ausführt, allerdings von diesem Vorgehen nicht profitiert und sogar schlechtere Leistungen erbringt. Dabei kann es sogar vorkommen, dass insbesondere Kinder die ineffektiven Vorgehensweisen mangels Alternativen und trotz des ausbleibenden Erfolgs wiederholt einsetzen. Im Falle des *Produktionsdefizits* ist der Fall anders gelagert: Personen profitieren grundsätzlich von der jeweiligen Strategie, allerdings schlägt die richtige spontane Anwendung noch fehl oder gelingt nur teilweise, sodass man Unterstützung benötigt. Erst in der *Strategiereife* fallen spontane richtige Anwendung und Erfolg zusammen (Miller & Seier, 1994).

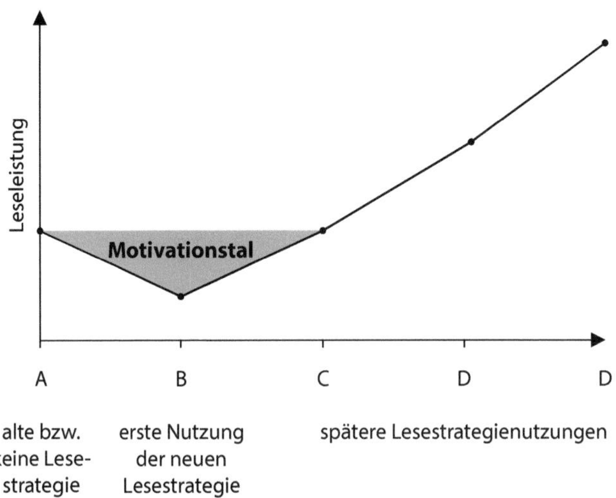

Abb. 7 Leistungsverlauf bei der Lesestrategienutzung aus der Erwerbsperspektive (Quelle: Darstellung nach Hasselhorn & Gold, 2009, S. 99, und Miller & Seier, 1994, S. 109)

Mit diesen Veränderungen geht eine für die Vermittlung von Strategien sehr wichtige Implikation einher, nämlich ein anfänglicher Leistungsabfall, der mit dem anfänglichen Nutzungsdefizit zu tun hat (s. Abb. 7). Schülerinnen und Schüler erbringen zu Beginn der Strategievermittlung aufgrund der oben beschriebenen und aus Erwerbsperspektive völlig normalen Defizite zunächst schlechtere Leistungen, was Marcus Hasselhorn und Andreas Gold (2009, S. 98) ganz treffend als „Motivationstal“ beschrieben haben, für das es empirische Hinweise gibt (Zimmerman & Kitsantas, 2002). Hasselhorn und Gold schreiben in Bezug auf komplexe Lernstrategien, dass diese risikoreiche Phase „eher die Regel“ sei, und führen dies aus:

> „Will man solche Strategien im Unterricht vermitteln, muss also damit gerechnet werden, dass beim Erlernen einer neuen Strategie erhebliche motivationale Probleme auftreten können. Da nämlich die ersten Anwendungen und Nutzungen der neuen Strategie oftmals keineswegs zu den erhofften Leistungssteigerungen führen, ist eine Durststrecke, ein ‚Motivationstal' zu überwinden, in der die Strategienutzung eingeübt wird, ohne zugleich den erhofften Nutzen realisieren zu können“ (Hasselhorn & Gold, 2009, S. 98; s. dazu Teilkap. 6.4 und insbes. 6.4.5).

Warum es zu diesem Nutzungsdefizit mit seinen motivationalen Einbußen kommt, hat mehrere Gründe. Miller und Seier (1994) führen neben mangelnder Motivation fünf Ursachen an. Erstens kann der Strategiegebrauch kognitiv zu anspruchsvoll sein, zweitens kann auch das mangelnde Wissen die kompetente Strategieanwendung erschweren. Ein dritter Grund könnte darin liegen, dass die Lernerinnen und Lerner die jeweilige neue Strategie nur unzureichend mit anderen verknüpfen und so Probleme nur isoliert lösen. Viertens kann es auch sein, dass alte (und wenig effiziente) Strategien nicht erfolgreich unterdrückt werden und diese den Gebrauch der neuen Strategien erschweren. Fünftens können Defizite bei der metakognitiven Steuerung eine effektive Strategienutzung behindern.

Die Aneignung von einzelnen Strategien wird also von Hindernissen flankiert, die für Lehrpersonen und ihre Schülerinnen und Schüler nicht die Ausnahme, sondern die erwartbare Regel bilden (Anders, Hoffman & Duffy, 2000). Dies sind die eher schlechten Neuigkeiten, die aber der Strategievermittlung wesenseigen sind. Denn es geht ja darum, eine wenig hilfreiche Vorgehensweise durch eine andere, neue zu ersetzen (wer einmal das Rauchen aufgeben wollte oder eine andere schlechte Angewohnheit, wird wissen, wie aufwändig dies im Kern ist). Wie man dabei aus Sicht der Forschung günstigerweise vorgehen sollte, wird im nächsten Teilkapitel erläutert.

6.2.2 Als Lehrperson Lesestrategien vermitteln – ein Rahmenmodell

Wie kommen Heranwachsende dazu, dass sie Lesestrategien auswählen, einsetzen und im besten Falle stetig für sich vervollkommnen? Hierfür sind Vermittlungsmodelle von Nutzen, weil sie dabei helfen, die Stationen beim Strategieerwerb besser zu klären. Ein wirkmächtiges Modell stammt aus dem Kontext der sogenannten „sozial-kognitiven Lerntheorien". Solche Lerntheorien gehen davon aus, dass Menschen aktive Lernerinnen und Lerner sind und Verhaltensweisen aus ihrer Umwelt in ihr Verhaltensrepertoire aufnehmen, wenn sie sie zum einen aktiv beobachten können und zum anderen bewusst erleben können, wie man eine Handlung ausführt und welche Folgen sie hat. Ein neues Verhalten wird demnach dann von einer Person erworben, wenn es attraktiv und mit positiven Folgen verbunden ist. Zugleich kann das Verhalten über Verstärkungen wie Lob und Ermutigung von außen positiv beeinflusst werden (Bandura, 1986).

Damit kombiniert die sozial-kognitive Lerntheorie die kognitiven Prozesse einer lernenden Person mit dem Geschehen in der sozialen Umwelt. Zugleich enthält diese Art, das Lernen theoretisch zu rahmen, eine wichtige Bedingung für die Vermittlung von Strategien: Schülerinnen und Schüler müssen sie zunächst von jemandem demonstriert bekommen und den Gebrauchswert in situ erleben. Das gilt umso mehr, als Lesestrategien nicht direkt von außen beobachtbar sind und man deshalb den Umweg über das „laute Denken“ in der Forschung gegangen ist, um mehr über tatsächlich stattfindende mentale Prozesse beim Lesen zu erfahren. In der Forschung waren es aber in der Regel erfahrene Forscherinnen und Forscher, die mit ihrem hohen Wissen einzelne Handlungen als Strategien erkannten und klassifizierten (s. Teilkap. 4.5). In der Vermittlungssituation wird nicht nachträglich etwas klassifiziert, sondern von der vermittelnden Person live so inszeniert, dass Lernerinnen und Lerner möglichst genau repräsentieren, was sie lernen sollen, und eine idealtypische Abfolge von Vermittlungsschritten absolvieren. Diese Schrittfolge ist in Abbildung 8 überblicksartig ganz unten mit sechs durchnummerierten Phasen dargestellt.

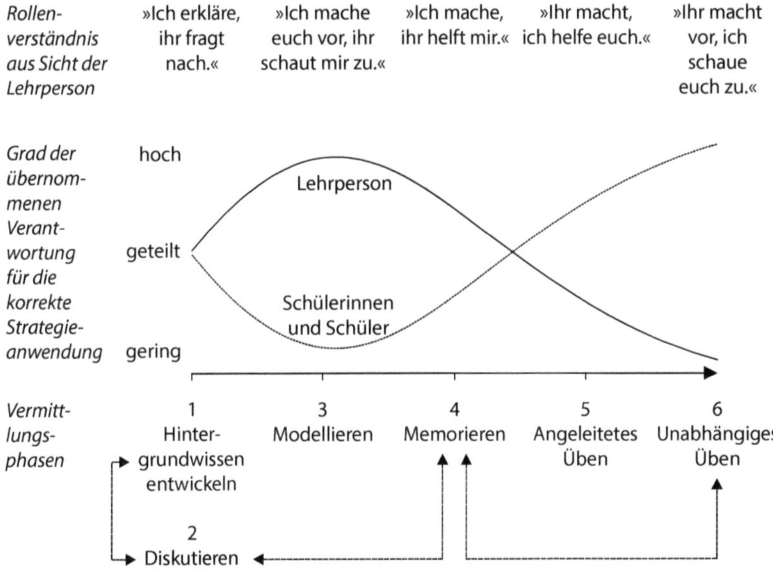

Abb. 8 Idealtypischer Ablauf bei der Vermittlung von Lesestrategien (eigene Darstellung, basierend auf Harris & Graham, 1996, Madigan, 2007, S. 399, sowie Aulls, 1986, S. 117; gestrichelte Linien im unteren Teil der Grafik geben Kombinationsmöglichkeiten von Vermittlungsphasen an)

Das sechsphasige Modell stammt eigentlich aus der Vermittlung von Schreibstrategien und gilt derzeit als die empirisch effektivste Variante, die Textqualität bei Schülerinnen und Schülern zu erhöhen (Graham, Harris & McKeown, 2013; s. Philipp, 2014b für einen deutschsprachigen Überblick). Für das Lesen ist das Modell dennoch von Belang, weil sich die grundsätzliche Logik der Strategievermittlung im Lesen nicht von der im Schreiben unterscheidet (Duke & Pearson, 2002). Zudem wurde in mehreren Förderstudien mit diesem Vermittlungsschema schon erfolgreich das Leseverständnis von Schülerinnen und Schülern durch Strategievermittlung verbessert (Mason, 2013).

Die sechs Phasen folgen einem (chrono-)logischen Prinzip, können aber in der Praxis bei Bedarf auch miteinander kombiniert werden und gehen faktisch fließend ineinander über. Jede einzelne Phase unterscheidet sich von dem, was man lernt, wer wie viel Verantwortung für die Strategieanwendung hat (s. Mitte der Abb. 8) und welches Rollenverständnis man als Lehrperson in der jeweiligen Phase hat (s. oberer Teil der Grafik). Die zeitlich erste Phase besteht im Grunde aus zwei miteinander zusammenhängenden Elementen, nämlich dem 1) *Entwickeln von Hintergrundwissen* und dem 2) *Diskutieren.* Bei dem Entwickeln von Hintergrundwissen geht es darum, dass man als Lehrperson deklarative und zum Teil auch konditionales Strategievermitteln als Basis für die Strategieanwendung vermittelt. Es geht mithin darum,

- die Strategie zu bezeichnen,
- zu beschreiben, was man tut, wenn man die Strategie anwendet,
- zu erklären, wie die einzelne Strategie dem Lesen dient (welches Problem sie löst).

Mit einem solchen Start lässt sich die Diskussion initiieren, in der es beispielsweise darum geht, mit den Schülerinnen und Schülern über deren gegenwärtige Vorgehensweisen zu sprechen und sie zu motivieren, die zu erlernende Strategie später auch faktisch anzuwenden. Das ist deshalb so wichtig, weil beim Strategieerwerb in der Regel die richtige Ausführung noch nicht richtig gelingt, was zwar eher der Normalfall ist, aber für die Motivation der Schülerinnen und Schüler hinderlich sein kann (s. Teilkap.6.2.1). Dieses Hindernis zu kennen, ist natürlich auch für Lehrpersonen wichtig, damit sie nicht zu früh Erfolge erwarten und Fehlanwendungen mit den entsprechenden schülerseitigen Emotionen antizipieren können. Aus diesem Grund ist es auch so wichtig,

- mit Schülerinnen und Schülern Lernverträge abzuschließen,
- realistische Ziele für die Strategieanwendung zu vereinbaren (etwa die Textmenge festzulegen, die man bearbeitet),
- Selbstinstruktionen mit den Heranwachsenden festzulegen, was sie tun können, wenn sie auf Schwierigkeiten stoßen, und sich selbst ermuntern weiterzumachen etc.

Im nun folgenden 3) *Modellieren* geht es darum, den Schülerinnen und Schülern zu demonstrieren, wie man eine Strategie innerhalb eines Leseprozesses gewinnbringend einsetzen kann. Die Schülerinnen und Schüler beobachten die Lehrperson dabei, wie sie die Strategie bzw. die Strategien konkret anwendet. Dabei geht es darum, möglichst umfassend zu verstehen, was genau die lesende Person macht. Das sind zugegebenermaßen zunächst sehr intim wirkende Prozesse, über die man als Lehrperson Auskunft erteilt. Für die Lernerinnen und Lerner sorgen diese Einblicke aber dafür, strategische Leseprozesse zu verstehen.

Dem 4) *Memorieren* kommt die Funktion zu, dass die Lernerinnen und Lerner möglichst zutreffende Repräsentation der Vorgehensweise in ihrem Gedächtnis abspeichern. Hier handelt es sich um Strategiewissensbestände, die ihrerseits die Grundlage für die effektive Strategienutzung sind (wie schon erwähnt: Zu Beginn gelingt dies aber nicht sofort). Im umfassenden Strategieerwerb greifen strategische Leserinnen und Leser zunehmend automatisiert und umfassender auf ihr Lesestrategiewissen zu (Pressley, Borkowski & Schneider, 1989), dafür muss es allerdings erst einmal memoriert werden. Durch Wiederholungen von auszuführenden Teilschritten, Bedingungen etc., was sich in Quizform niederschwellig und spielerisch fördern lässt, sollen die Schülerinnen und Schüler ihre Aufmerksamkeit auf die Ausführung der Strategien verlagern. In dem Vermittlungsmodell aus Abbildung 8 spiegelt sich dies so wider, dass die Schülerinnen und Schüler der Lehrperson assistieren sollen, wenn sie die Strategien anwendet (und dabei beispielsweise bewusst Fehler macht).

Die reine Strategieanwendung seitens der Schülerinnen und Schüler erfolgt in der ausgedehnten Phase des Übens. Dabei lassen sich angeleitetes Üben und unabhängiges Üben voneinander trennen. Das 5) *angeleitete Üben* bezieht sich auf die Strategieanwendung unter erleichterten Bedingungen. Das kann über kooperatives Bearbeiten erfolgen, über leichtere Aufgaben, überschaubare Textmengen, klare Zielvorgaben, was zu tun ist, unter Zuhilfenahme von Strategiekärtchen oder -fächern, durch erneutes Modellieren, bei Texten zu vertrauten Themen etc. Kennzeichnend ist, dass die Schülerinnen und Schüler noch nicht die volle Verantwortung für die für sie immer noch anstrengende Strategieanwendung übernehmen sollen, sondern noch eine Form der Unterstützung erhalten. Im Grunde ist das nicht anders beim Erlernen des Fahrradfahrens, bei dem man auch nicht sofort Kinder in den Großstadtverkehr hinein lässt, sondern sie auf ruhigen, abgelegenen Straßen oder Höfen mit Stützrädern und unter Aufsicht üben lässt. Das angeleitete Üben ist also eine Zwischenphase hin zum selbstständigen Umgang mit Texten.

Auf dem Weg dorthin benötigen Schülerinnen und Schüler aber noch eine weitere Phase des Übens, nämlich das 6) *unabhängige Üben*. Anders als beim angeleiteten Üben sind die Schülerinnen und Schüler nun gefragt, autonom die Strategien einzusetzen und ihre Tauglichkeit am jeweils konkreten

Text zu überprüfen und ggf. Adaptionen im Strategieeinsatz vorzunehmen. Erst durch dieses wichtige unabhängige Üben ohne weitere Hilfestellungen ist letztlich aus Sicht der Forschung eine wahre *selbst*regulierte Strategienutzung überhaupt möglich (Zimmerman, 2000). Auch dies lässt sich gut mit dem Erlernen des Fahrradfahrens, eines Musikinstruments, einer Sportart oder einem anspruchsvollen Hobby vergleichen – oder denken Sie beispielsweise daran, wenn Sie sich mit einer neuen Software vertraut machen, die Sie nicht von Anfang an sicher beherrschen.

Das Erwerbsschema der Strategieanwendung impliziert, dass dieses Unterfangen Zeit kostet. Eine in Weiterbildungen immer wieder aufs Neue gestellte Frage lautet, wie viel Zeit man einplanen sollte. Allgemein zeigen einige metaanalytische Befunde, dass kürzere Interventionen zwar etwas effektiver sind (Boer, Donker & van der Werf, in press), aber dies bezieht sich auf eigens für die Förderung konzipierten Interventionsstudien, deren Logik und Vorgehen sich nicht ohne weiteres auf den alltäglichen Unterricht übertragen lassen. Hinzu kommt, dass Schüler unterschiedlich gut auf Fördermaßnahmen anspringen und natürlich auch die örtlichen Gegebenheiten einen eigenen Beitrag leisten, wie gut man als Lehrperson Strategien vermitteln kann. Deshalb ist es auch schwierig, allgemeine und verbindliche Aussagen zur Förderlänge zu treffen. Hier ist eher die genaue Beobachtung der Schülerinnen und Schüler wichtig – und natürlich die Zahl und Schwierigkeit der zu vermittelnden Lesestrategien.

6.2.3 Wie Lehrpersonen immer bessere Strategievermittler werden

Nachdem in den beiden Teilkapiteln zuvor die längerfristige Perspektive auf den Strategieerwerb und ein prototypisches Ablaufschema der Vermittlung und damit auf die Lernenden und die Vermittlungsform leitend war, soll nun der Blick auf die Lehrpersonen gerichtet werden. In Interventionsstudien ist dies leider relativ selten geschehen, gleichwohl gibt es aber immerhin ein paar Studien dazu. Zudem liegen auch Überlegungen aus der Expertiseforschung dazu vor, wie Lehrpersonen zu immer besseren Vermittlern werden, zu „Experten-Lehrpersonen" gleichsam. Beide Perspektiven und Themen sollen in diesem Teilkapitel zur Sprache kommen.

An der Forschung zu Lehrpersonen ist die Expertiseforschung nicht spurlos vorübergegangen, denn inzwischen bildet das sogenannte „Experten-Paradigma" einen eigenständigen und wirkmächtigen Referenzpunkt (Krauss, 2011). Tatsächlich zeigen sich große Überschneidungen in dem, was allgemein Expertise ausmacht und wie man Experten-Lehrpersonen aus Sicht der Pädagogischen Psychologie beschreibt. Diese Gemeinsamkeiten sind in Tabelle 6 dargestellt und betreffen vor allem die Fähigkeit, situative Probleme zu erkennen und zu lösen.

Merkmale von allgemeinen Experten bzw. der Expertise allgemein	Merkmale von Experten-Lehrpersonen
Expertise ist domänenspezifisch, entwickelt sich über Hunderte und Tausende von Stunden und stets weiter.	Experten-Lehrpersonen sind hauptsächlich in ihrer Domäne und in bestimmten Kontexten hervorragend.
Experten haben qualitativ andere Repräsentationen von Problemen als Novizen: Die Repräsentation ist tiefer und reichhaltiger.	Experten-Lehrpersonen repräsentieren Probleme mental in anderer Qualität als Novizen.
Experten erkennen bedeutsame Muster schneller als Novizen.	Experten-Lehrpersonen haben schnellere und akkuratere Fähigkeiten, Muster zu erkennen.
Experten sind flexibler und planen opportunistischer und können schneller ihre Repräsentationen verändern, wenn es nötig zu sein scheint. Novizen sind diesbezüglich viel rigider.	Experten-Lehrpersonen nutzen Lerngelegenheit besser und sind flexibler beim Lehren als Novizen.
Experten versuchen eher, bei uneindeutigen Wahrnehmungen, Bedeutung zu erkennen. Sie tun dies eher vorwissensbasiert (top-down). Novizen lassen sich von Uneindeutigkeit eher verunsichern, weil ihre Verarbeitung eher von den Reizen ausgeht (bottom-up).	Experten-Lehrpersonen nehmen mehr bedeutungsvolle Muster in ihrer Domäne wahr.
Experten können mitunter Probleme langsamer zu lösen beginnen als Novizen, aber insgesamt lösen sie die Probleme schneller.	Experten-Lehrpersonen beginnen bei Problemen mitunter langsamer, nutzen aber reichere und auch mehr persönliche Informationsquellen bei der Problemlösung.
Experten sind stärker als Novizen mit den konkreten Aufgabenbedingungen und der sozialen Situation beschäftigt.	Experten-Lehrpersonen haben eine größere Sensibilität für die Aufgabenanforderungen und die soziale Situation um sie herum, wenn sie Probleme lösen.

Tab. 6 Gegenüberstellung von Experten und Experten-Lehrpersonen (Merkmale von Experten/Expertise allgemein: Berliner, 2001, S. 463f., Auswahl; Quelle der Merkmale von Experten-Lehrpersonen: Berliner, 2001, S. 472)

Die Expertise – sei es in einer Domäne, sei es im Unterrichten – beschreibt einen Zielzustand des Wissens und Könnens, wobei dieser Zielzustand selbstredend nicht statischer Natur ist. Die entscheidende Frage lautet: Wie erreicht man diesen Zustand? Damit halten Erwerbsmodelle Einzug, wobei es naturgemäß schwierig ist, bei der sich erst spät zeigenden echten Expertise inhaltlich angemessen zu beschreiben, was im konkreten Fall zur Expertise geführt hat. Es gibt einige Modelle dazu (Alexander, 2005; Glaser, 1996), die in aller Regel mehrere Phasen postulieren, in denen sich Wissensbestände, Motivation und Strategien verändern. Spezifisch für die Expertise von Lehrpersonen im Lehren hat der Psychologe David Berliner (2004) ein Modell vorgelegt, das fünf Phasen unterscheidet (s. Tab. 7; die folgende Paraphrase folgt Berliner, 2004).

Merkmal	Novizen	Fortgeschrittene Anfänger	Kompetente Lehrpersonen	Fortgeschritten kompetente Lehrpersonen	Experten-Lehrpersonen
Zeitpunkt	Beginn der Ausbildung bis zum 1. Jahr als LP	2. und 3. Jahr als LP	3. bis 5. Jahr als LP	frühestens ab 5. Jahr (und nicht für alle LP) erreichbar	
Dominierende Inhalte	Kontextfreies Wissen und Regeln	Fallbezogenes, kontextbezogenes Wissen über SuS und Praxis	Konsolidierendes Wissen über Entscheidungen und Ziele des Unterrichts	Rasche Mustererkennung	Scheinbar mühelose Aktivierung von Wissen
Wissensformen	Deklaratives (Rezept-) Wissen	Zunehmend prozedurales und konditionales Wissen	Konditionales Wissen	Automatisiertes prozedurales Wissen	Umfassendes Wissen verschiedenster Art
Vorgehensweise	Absichtsvoll	Einsichtsvoll	Rational	Intuitiv, aber auch noch rational	Arational (intuitiv, aber effektiv)

Tab. 7 Fünf Phasen auf dem Weg zur Expertise von Lehrpersonen (Quelle: eigene Darstellung nach Berliner, 2004, S. 205–208)

In der *ersten Phase* des Novizentums befinden sich Studierende und Berufsanfänger, die noch kein systematisches Wissen oder systematische Erfahrungen aufweisen. Novizinnen und Novizen sind erst einmal davon absorbiert, deklaratives Grundlagenwissen zu erwerben (zu den Wissensformen s. Teilkap. 4.4), wobei hier vor allem kontextfreies Rezeptwissen anzuführen ist (etwa: „Lobe jede richtige Antwort“). Novizinnen und Novizen agieren absichtsvoll, indem sie erlernte Regeln und Vorgehensweisen möglichst getreu (sprich: wenig flexibel) umsetzen wollen und dabei ihre ersten praktischen Erfahrungen sammeln.

Mit einem allmählich größerer werdenden Erfahrungsschatz treten angehende Lehrpersonen im zweiten bzw. dritten Berufsjahr in die *zweite Phase* über: Sie werden zu fortgeschrittenen Anfängern. Ihre einzelnen Erfahrungen mit Unterrichtssituationen und Schülerinnen und Schülern führen zu einer Erhöhung des praktischen Wissens. Dieses Wissen erwerben Lehrpersonen handlungsbezogen und buchstäblich am eigenen Leib und im eigenen Unterricht. Dadurch gelangen die Lehrpersonen zu Einsichten zu Bedingungen und Effekten von Handlungen. Dadurch erhöht sich ihr konditionales und prozedurales Wissen stetig (etwa: „Es ist nicht immer erforderlich, jede richtige Antwort zu loben"). Trotz der zunehmenden Eigenständigkeit und der allmählichen Ausweitung des unterrichtlichen Handlungsspektrums mangelt es noch am Wissen zur Wichtigkeit von Handlungen und den Auswirkungen des eigenen Handelns.

Das ändert sich in der *dritten Phase*, die wiederum viele, aber nicht alle Lehrpersonen zwischen dem dritten und fünften Berufsjahr erreichen: die der Kompetenz. In dieser Phase fällen Lehrpersonen bewusst, planungsvoll und mit Priorität Entscheidungen zum Unterricht. Dabei helfen ihnen ihre Wissensbestände, zum Beispiel wann es sinnvoll ist, (nicht) einzuschreiten. Ebenfalls gelingt es Lehrpersonen nun besser einzuschätzen, wann ein Thema ausreichend behandelt wurde. Die Entscheidungen werden also zunehmend rational.

Ein hohes Maß an Flexibilität kennzeichnet die letzten beiden Phasen. In der *vierten Phase*, die nur ein kleiner Teil der Lehrpersonen erreicht, weicht die Rationalität zunehmend der Intuition. Der Grund hierfür ist eine reichhaltige Erfahrungsbasis einerseits, aber auch eine Automatisierung andererseits. Etwaige Störungen des Unterrichts erkennen solche Lehrpersonen früh, aber auch die Reaktionen der Schülerinnen und Schüler auf Lerninhalte nehmen Lehrpersonen umfassend und als Muster wahr und reagieren flexibel. Die *fünfte Phase* schließlich bleibt einem kleinen Teil der Lehrpersonen vorbehalten und scheint von einem fast ausschließlich intuitiv wirkenden Zugang geprägt. Bewusste, absichtsvolle Entscheidungen tauchen nur noch auf, wenn etwas nicht funktioniert.

Was am Expertisemodell für Lehrpersonen auffällt, ist die Parallelität zur erfolgreichen Strategievermittlung (s. Teilkap.6.2.2) hinsichtlich des Wissenserwerbs, der Wissenskonsolidierung und des immer automatischer ablaufenden eigenen Handelns. Ein weiteres gemeinsames Merkmal besteht in der längerfristigen Perspektive, die zum Kompetenzerwerb bei einer so grundsätzlich offenen und dynamischen Angelegenheit wie dem Unterrichten zwingend dazugehört (Reimann & Rapp, 2008).

Wie kann man sich aber die Verbindung zwischen lehrerseitiger Expertise im Lehren und dem Lernen der Schülerinnen und Schüler vorstellen? Ein integratives Modell, das sich sowohl dem Lernen der Schülerinnen und Schüler und dem Lernen sowie der Vermittlung seitens der Lehrpersonen widmet, ist in Abbildung 9 dargestellt (Butler & Schnellert, 2012; die Paraphrase folgt dieser Quelle). Das Modell bildete die Grundlage für eine Studie, in der es darum ging, Jugendliche in der Sekundarstufe hinsichtlich des Lernens durch Lesen in den Sachfächern zu fördern. Dementsprechend bildet auch die Ebene der Schülerinnen und Schüler und deren Lernziele das Zentrum des Modells. Im Dienst der Lernziele stehen die selbstregulierte Anwendung von Strategien durch absichtsvolles Planen, die Auswahl der adäquaten Lesestrategien, den Strategieeinsatz und die -überwachung sowie eine Anpassung des Strategieeinsatzes bei Problemen. Damit fokussiert das Modell im Einklang mit dem Forschungsstand stark die kognitiven und metakognitiven Strategien.

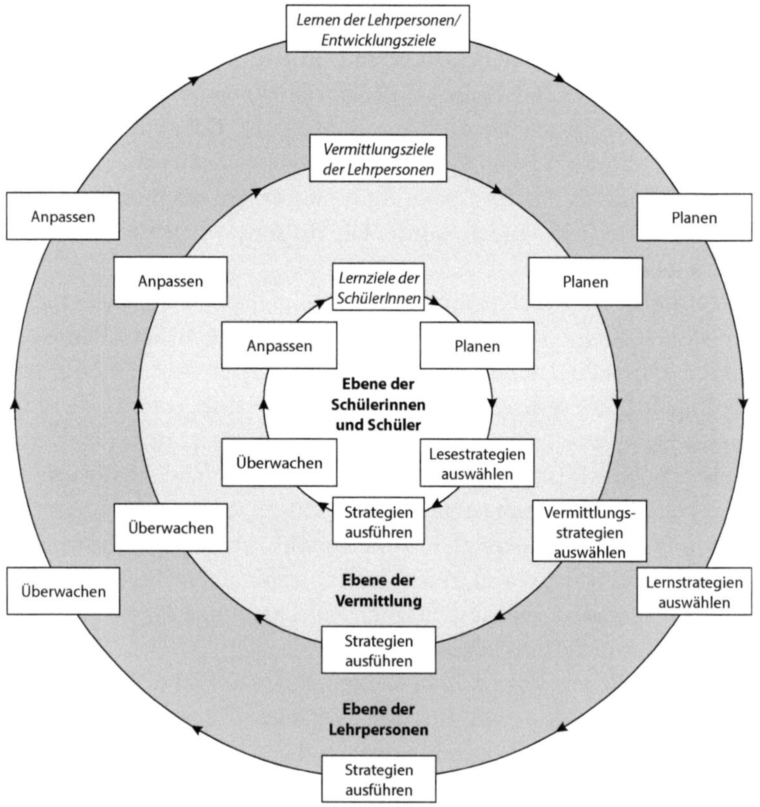

Abb. 9 Zyklisches Mehrebenen-Modell des selbstregulierten Lernens bei Schülerinnen und Schülern bzw. bei ihren Lehrpersonen (eigene Darstellung, basierend auf Butler & Schnellert, 2012, S. 1207, und Zimmerman, 2013)

Damit Schülerinnen und Schüler selbstreguliert Strategien einsetzen, bedarf es der Vermittlung (s. Teilkap. 6.2.2). Diesem Umstand trägt die zweite, rahmende Ebene des Modells Rechnung. Sie betrifft sämtliche Vermittlungsprozesse und löst sich damit von der reinen Lesestrategievermittlung. Butler und Schnellert (2012) heben hervor, dass auf dieser Ebene sämtliche von der Lehrperson definierten Lehr-/Lernziele für die Schülerinnen und Schüler ebenso zu lokalisieren sind wie Pläne, diese Ziele zu erreichen, Fortschrittsüberwachungen, Anpassungen und Bemühungen um praxisrelevante Informationen. Im Grunde genommen spiegelt dies eine Parallele zu den Aktivitäten der Schülerinnen und Schüler wider, nur dass es um das lehrerseitige Kerngeschäft unterrichtlichen Handels geht.

Mit dieser zweiten Ebene ist die dritte, ganz außen im Modell dargestellte Ebene im besten Falle systematisch verknüpft. Hier geht es um selbstregulierte Lernprozesse der Lehrpersonen selbst. Wenn Lehrpersonen für sich definieren, dass sie ihr Wissen und ihren Unterricht verbessern bzw. anpassen wollen, sich zu Gruppen zusammenschließen, sich Fachliteratur besorgen oder Fortbildungsreihen besuchen, Förderansätze ausprobieren, evaluieren und adaptieren, dann ist damit eine aktive Form der professionellen Weiterentwicklung gemeint. Dabei kann die eigenaktive Tätigkeit der Lehrpersonen gar nicht ausdrücklich genug betont werden, worunter auch fällt, dass es keine Patentrezepte gibt, sondern sich Lehrpersonen gemäß der konkreten Lerngemeinschaft, den örtlichen Gegebenheiten und ihren eigenen Zielen quasi ihren eigenen Zugang schaffen. Bei alldem spielt die bewusste Auseinandersetzung mit sich selbst, dem eigenen Unterricht und den Schülerinnen und Schülern eine zentrale Rolle, weshalb in der Studie von Butler und Schnellert (2012) auch die Zusammenarbeit zwischen Lehrpersonen und das gemeinsame regelmäßige Reflektieren einen integralen Bestandteil der professionellen Weiterentwicklung bildeten. Dies steht im Einklang mit Erkenntnissen zur effektiven Weiterbildung von Lehrpersonen (s. Kasten), die eine hochgradig dynamische und soziale Bedingtheit des Kompetenzerwerbs verdeutlichen, die ein Buch wie dieses wegen der in nur einer Richtung verlaufenden Kommunikation nicht leisten kann.

Merkmale erfolgreicher Professionalisierungsmaßnahmen

Zwar ist die Forschung zur effektiven Verbesserung des Leseunterrichts mit angehenden oder berufstätigen Lehrpersonen kein sonderlich prominenter Zweig der Leseforschung (National Institute of Child Health and Human Development, 2000). Gleichwohl gibt es aber aus den bestehenden Studien Hinweise darauf, dass verschiedene Merkmale besonders wichtig sind. Diese Hinweise beziehen sich primär auf Professionalisierungsversuche mit berufstätigen Lehrpersonen und hängen miteinander zusammen (Quelle des Merkmalskatalogs: Anders, Hoffman & Duffy, 2000, S. 730f.).

1. **Freiwillige Teilnahme.** Wenn Lehrpersonen aus eigenem Antrieb ihren Unterricht verändern, bildet dies eine günstige Basis für den tatsächlichen Erfolg.
2. **Intensive und längerfristige Unterstützung.** Erfolgreiche Professionalisierung gelingt, wenn Lehrpersonen von Forschungseinrichtungen längerfristige und konzentrierte Unterstützungsleistungen erhalten.
3. **Unterstützung im Unterricht.** Die Unterstützungsleistungen hängen mit dem unterrichtlichen Geschehen zusammen und helfen dabei, alltägliche Probleme und Zweifelsfälle zu klären und Lehrpersonen zu handlungsfähigen Akteuren zu machen.
4. **Möglichkeiten zur Reflexion.** Den Lehrpersonen wird systematisch Gelegenheit dazu geboten, über ihren Unterricht zu reflektieren, was als Motor für eine längerfristige Veränderung dient.
5. **Austausch mit anderen.** Diskussionen und Erfahrungsberichte mit Kollegen und Forschungspersonen fungieren als Ressource.
6. **Kooperationsmöglichkeiten.** Eng verzahnt mit den Punkten 2 bis 5 und wichtig für nachhaltige Effekte ist der Umstand, dass Lehrpersonen mit anderen zusammenarbeiten, seien es Personen aus Forschungsinstituten, Fachleiter in der eigenen Schule, Kollegen etc.
7. **Schulweite Professionalisierung.** Besonders ertragreich ist es, wenn nicht einzelne Lehrpersonen, sondern ganze Kollegien systematisch an Professionalisierungsmaßnahmen teilnehmen, sodass sich Synergieeffekte und Kooperationen ergeben.

In der Untersuchung von Butler und Schnellert (2012) gerieten vor allem die beiden inneren Ebenen des Modells aus Abbildung 9 in den Blick. Diverse Kommentare aus Interviews mit den beteiligten Lehrpersonen zeigen deutliche Veränderungen im Unterrichten, aber auch in der eigenen Wahrnehmung und Wissensbeständen. Eine Französisch-Lehrerin beispielsweise sagte über das Projekt und bezüglich der Praxisebene aus dem Modell:

> „Nochmals, einfach intentionaler werden. Es hat absolut meine Praxis verändert. Es hat verändert, wie ich über das Schuljahr denke. Ich denke über das ganze Schuljahr nach und wie das, was sie in einer Einheit machen, in einer weiteren aufbaut, statt Einheit um Einheit durchzuführen und all diese einzelnen Einheiten zu haben. Es hat mir ein großartiges Verständnis des Fähigkeiten-Aufbaus im Gegensatz zum Fähigkeiten-Demonstrieren verschafft." (Butler & Schnellert, 2012, S. 1215)

Die Pädagogin erwähnt nicht nur Strategien, die im Teilkapitel 5.2.10.1 zentraler Gegenstand waren. Vielmehr hat die Teilnahme am Projekt bei dieser Lehrerin – übrigens mit zehnjähriger Berufserfahrung – ein umfangreiches Umdenken bewirkt, das mit dem Konzept des Fähigkeitenaufbaus und einer dafür günstigen Unterrichtsplanung zu tun hat. In eine ähnliche Richtung geht die Aussage einer Kollegin mit mehr als zwei Jahrzehnten Diensterfahrung:

> „Es hat meine Augen geöffnet an dem Punkt, dass das Lesen zur Information der Fokus von dem sein muss, wo sich diese Schüler befinden. Falls nicht, nämlich dann, wenn sie auf Wörter stoßen, die sie nicht kennen oder betonen können, dann werden sie sie bloß darüber hinweggehen oder aufhören. Sie ackern sich nur durch. ... Also gehe [ich] durch und modelliere, wie man diese schweren Wörter liest. Ich denke laut, und ich mache vor, welchen Prozess ich durchlaufe, um das Problem eines unbekannten Wortes zu lösen. Fähig zu sein, durch den Text zu gehen und zu demonstrieren, wie man selbst einen Wissenschaftstext zwecks Information liest und ihn bearbeitet, ist ein großes Ding. Ich meine: Das macht man nicht einmalig, und das war es dann. Ich meine: Das mache ich das ganze Jahr." (ebd., S. 1216)

Einer mit 18 Berufsjahren ebenfalls schon lange im Schuldienst befindlichen Kollegin öffnete das Projekt ebenfalls die Augen für die Komplexität und Längerfristigkeit des Lernens:

> „Ich schätze, was ich gelernt habe, ist, dass Schüler wiederholten Zugang und Üben bei einigen der speziellen Fähigkeiten benötigen, von denen wir denken, sie seien ziemlich einfach. Sie sind eigentlich recht komplex, wenn man damit anfängt, sie auseinanderzunehmen. Wenn wir nicht riesige Fortschritte sehen, dann ist das einfach Teil eines Lernprozesses, und was wir gelernt und in diesem Jahr aufgebaut haben, werden sie hoffentlich im nächsten Jahr weiter aufbauen und vertiefen." (ebd., S. 1216)

Einige der teilnehmenden Lehrpersonen – mehrheitlich jene, die anderen viel halfen, und solche, die ihr eigenes Lernen stark mit ihrer Unterrichtspraxis verknüpften, äußerten sich auch zu der Ebene der Lehrpersonen aus dem Modell in Abbildung 9. Eine Lehrerin beispielsweise hatte sich zum Schuljahresbeginn das Ziel gesetzt, sich umfassend über das Lesen von Jugendlichen aus Sicht der Theorie und Praxis zu informieren. Am Schuljahresende sagte sie:

> „Ich lerne, und ich liebe es. Veränderung ist gut, und es ist wirklich prima. Wenn ich eine bessere Lehrerin bin, dann lernen die Schüler mehr. Ich fühlte, dass in diesem Jahr die Lesemenge und das, was sie produzierten, so gut war und dass sie so viel mehr bei dem lernten, was wir taten." (ebd., S. 1216)

6.3 Aktiv Strategien vermitteln – einige Beispiele

6.3.1 Der Unterricht der Lehrerin Lynn Coy-Ogan

Das folgende Beispiel stammt aus einer Studie zu einem Leseförderansatz, in dem Lehrpersonen Diskussionen fördern, in denen Schüler zusammen die Bedeutung von Texten erarbeiten und in denen sie ausdrücklich über die mentalen Prozesse und Strategien sprechen. Wegen dieses dynamischen sozialen Charakters trägt der Förderansatz den Namen „Transaktionale Strategieinstruktion“, kurz TSI (Schuder, 1993). Der Ansatz weist entscheidende Gemeinsamkeiten mit dem im Kapitel 6.2.2 vorgestellten Grundmuster der Vermittlung auf, und er richtet sich ausdrücklich an schwache Schüler.

Wie TSI im Klassenzimmer aussieht, soll wieder ein Beispiel verdeutlichen. Lynn Coy-Ogan ist Grundschullehrerin und unterrichtet im Mai 1990 eine zweite Klasse. Sie nimmt am SAIL-Programm mit einer Universität teil (Pressley et al., 1992a). SAIL steht für „Students Achieving Independent Learning“, also „Schüler erlernen unabhängiges Lernen“, und in diesem Programm wird TSI durchgeführt. In der Stunde, die beobachtet wurde, liest sie in einer Kleingruppe mit sieben Kindern zum ersten Mal „Wo die wilden Kerle wohnen“. Die Kinder haben seit Schuljahresbeginn Lesestrategien erworben.

Nachdem Lynn das Buch erst einmal allgemein vorgestellt hat, erinnert sie die Kinder daran, die bislang erworbenen Lesestrategien einzusetzen, um das Buch zu verstehen und zu genießen. Sie sagt:

> „In dieser Geschichte solltet ihr das Vorhersagen und das Vorstellen nutzen. Es gibt einige große, schwierige Wörter in der Geschichte. Also werden wir die Problemlösetaktiken anwenden, die wir seit Jahresbeginn kennen gelernt haben. Ich zähle auf euch, dass ihr all die SAIL-Strategien anwendet, die wir das Jahr über gelernt haben. Weil ihr jetzt Experten seid, werdet ihr fähig sein zu entscheiden, wann ihr die Strategien anwendet und wann sie euch beim heutigen Lesen helfen.“ (Quelle: Pressley et al., 1992a, S. 518)

Nach diesem ermunternden Einstieg modelliert Lynn das Vorstellen und das Vorhersagen, gleich nachdem sie den ersten Satz gelesen hat.

> „‚Am Abend trug Max seinen Schlafanzug und machte Unsinn.‘ ... Junge, ich kann mir Max wirklich vorstellen. Er hat seinen Monster-Anzug an und er versucht, seinen Hund mit einer Gabel zu pieken. Ich denke, er wird gleich wirklich verrückte Sachen tun. Ich frage mich, warum Max das tut. Hmmm. Ich schätze, er war ein bisschen gelangweilt und wollte ein Abenteuer. Ich denke, das ist meine Vorhersage.“ (Quelle: ebd., S. 518)

Der Schüler Rico übernimmt nun. Er liest laut vor, wendet Strategien an, und dann ist ein anderer Schüler an der Reihe. Lynn reagiert spontan, wenn sie das Gefühl hat, der Schüler brauche Hilfe. In dem Fall modelliert sie das Vorgehen und gibt Erklärungen. Das folgende Beispiel zeigt es:

Marie: (lesend) „‚Und wuchs, bis sein' … (Pause) … Kann ich das auslassen?

Lynn: Okay, Marie steht vor einem schwierigen Wort, und sie will es auslassen. Fein.

Marie: ‚Blendete aus. Und er wuchs, bis er seinen Hunger ausblendete.' (lange Pause)

Lynn: Okay, wir habe einige Problemlösestrategien, die wir nutzen können. (Sie zeigt auf die Strategietafel hinter sich, während sie laut denkt.) Wenn wir auf ein Wort stoßen und nicht wissen, was es bedeutet, können wir es raten und austauschen, es ignorieren und weiterlesen. Wir können den Satz noch einmal lesen, wir können in der Geschichte zurück schauen und nach Hinweisen suchen, und wir können die Hinweise in den Bildern suchen.

Marie: Kann ich es auslassen?

Lynn: Du kannst entscheiden. Marie sagt, sie will es auslassen. Ich denke, das ist eine gute Entscheidung." (Quelle: ebd., S. 518)

Lynn gibt hier die Lösung nicht vor, sondern verweist auf die Strategiesammlung und lässt die Schülerin selbst entscheiden. Auffällig ist, wie passgenau sie die Hilfe anbietet und viele Möglichkeiten in Erinnerung ruft, wie die Kinder in einer konkreten Situation die Strategien einsetzen können. Immer wieder stellt sie Fragen, zum Beispiel danach, wohin Max gehen wird, nachdem klar ist, dass er eine Reise vor sich hat. Damit aktiviert sie das Vorwissen der Kinder. Die folgende Passage verdeutlicht dies und zeigt auch, dass bei alldem trotzdem ein vergleichsweise hohes Tempo herrscht.

Lynn: „Wisst ihr, ich dachte mir gerade … Ich denke jetzt mal laut. Ich dachte mir gerade: ‚ein Jahr lang segeln.' Das erinnert mich an Christoph Columbus, als er nach Amerika segelt. Ein Jahr ist eine sehr lange Zeit für ein Abenteuer.

Marie: Vielleicht träumt er ja nur, weil er nicht in einem Boot ein Jahr fahren kann. Weil seine Mutter sich Sorgen machen würde und sie würde in sein Zimmer schauen und einen Wald sehen.

Lynn: Du denkst also, seine Mutter würde sich sorgen, weil er ein Jahr lang weg ist. … Okay … Deborah, kannst du auch laut denken?

Deborah: Ein Jahr sind ganze 365 Tage!

Lynn: 365 Tage! Und was braucht man, wenn man so lang am Leben sein will?

Eric: Essen und Wasser.

Lynn: Aber ihr wisst, dass ich auf die Hinweise in den Bildern schaue. Und ich sehe dort kein Essen und Wasser.

Rico: Ich sehe viel Wasser.

Lynn: Du siehst Meereswasser.

Justin: Ich sehe ein Monster.

Lynn: Du siehst ein Monster. Was denkst du, Justin, passiert gerade?

Justin: Eine lange Zeit, vielleicht, weil ein Monster aufgewachsen ist und die ganzen Jahre im Wasser verbracht hat.

Lynn: Also wird das Monster größer, weil die Zeit voranschreitet?

Justin: Ja.

Lynn: Oh, okay.

Marie: Ich denke einfach, dass er gerade träumt.

Lynn: Du denkst, dass er träumt. Was lässt dich das denken, Marie?

Marie: Weil es Dinge wie Monster nicht gibt, und er kann nicht ein Jahr lang segeln.

Lynn: Also, Marie überprüft ihre Vorhersage mit einigen Fakten, die wir wissen. Es gibt keine Monster, und er kann außerdem nicht so lang segeln.

Deborah: Aber er könnte doch ein Fischernetz im Boot haben, das wir nicht sehen, weil es im Boot ist. Und so könnte er Fische und anderes Zeug zum Essen fischen.

Lynn: Sehr gut. Du bringst eine Menge Vorwissen ein, um unser Verständnis zu verbessern. Okay, Rico, mach weiter. Lasst uns schauen, ob unsere Vorhersagen zutreffen. (Rico liest weiter)

Lynn: Hmm. Hat jemand eine Idee zu alldem?

Marie: Ich glaube, er träumt jetzt nicht mehr.

Lynn: Du denkst, dass er jetzt nicht mehr träumt. Wie kommt das? Es verändert deine Vorhersage.

Marie: Weil er aufwachen würde, wenn jemand knurrt oder so.

Lynn: Ein lautes Geräusch könnte ihn wecken. Es würde mich sicher erschrecken. Was denkst du, Ellen? Du schüttelst den Kopf.

Ellen: Ich denke, Marie hat Recht.

Lynn: Hast du Vorwissen, das dir bei der Vorhersage geholfen hat?

Ellen: Nein.

Lynn: Nur ein Gefühl, das du hast? Deborah?

Deborah: Die Geräusche, die sie hören … huch! Ich wollte etwas zum Ende der Geschichte sagen.

Lynn: Oh, die Geräusche könnten was sein? Das ist okay.

Deborah: Es könnte seine Mutter sein, die ihm etwas zu essen bringt und in sein Zimmer stellt. Vielleicht träumt er, wie Marie es gesagt hat. Und wenn er aufwacht, bekommt er es.

Lynn: Also denkst du, dass die wilden Kerle – ich verstehe dich noch nicht ganz – denkst du, die wilden Kerle sind echt? Marie sagte in ihrer Vorhersage, dass sie denkt, sie seien jetzt echt. Stimmst du zu oder denkst du anders?

Deborah: Ich denke anders.

Lynn: Also sagst du immer noch, du denkst …

Deborah: Dass er träumt.

Lynn: Dass er immer noch träumt. Okay, lasst uns weiterlesen und es herausfinden. Justin.

Justin: (liest) ‚Und machte ihn zum König all der wilden Kerle.'

Lynn: Also machten sie ihn zum König. Warum denkst du, dass sie ihn zum König machten, Justin?

Justin: Vielleicht, weil … (Pause) … er träumte, dass er der König ist.

Lynn: Okay, denkst du also, er *will* der König sein?

Justin: Ja. In seinem Traum.

Lynn: Okay. Warum sollten ihn die Monster zum König machen?

Marie: Oh!

Lynn: Was kann er für sie machen, Marie?

Marie: Ich denke, er will wirklich gemein sein, und sie mögen es, gemein zu sein. Das ist der Grund, warum sie ihn zum König machen." (Quelle: ebd., S. 519f.)

6.3.2 Wie sich Lynn Coy-Ogans Unterricht im Laufe der Zeit verändert hat

Das Beispiel der Lehrerin Lynn Coy-Ogan beschreibt das Vorgehen in einer Kleingruppe, aber Pressley und Kollegen (Pressley et al., 1992a) haben auch demonstriert, dass sich dieses Vorgehen auch im Klassenverband durchführen lässt. Andere Studien zeigten zudem, dass Lehrpersonen die Sozialform von Leseförderansätzen gezielt ihren Zielen und Klassen anpassen (Hacker & Tenent, 2002). Das Interessante an der Beispiellehrerin Lynn ist, dass sie über drei Jahre lang begleitet wurde und die gleiche Stunde zum Buch „Wo die wilden Kerle wohnen" an drei Jahrgängen zweiter Klassen beobachtet werden konnte (Brown & Coy-Ogan, 1993). In der Studie, in der die Lehrerin selbst zur Mitforscherin wurde, wurden die drei Stunden aus den Jahren 1990, 1991 und 1992 verglichen.

Eines der wichtigsten Ergebnisse ist in Abbildung 10 enthalten. Die Grafik enthält die Angaben, in welchem der drei Jahre welche Strategien betont wurden. Dabei ergaben sich markante Veränderungen. Das laute Denken ging beispielsweise vom ersten zum zweiten Jahr um zwei Drittel zurück, um sich dann anteilig fast zu vervierfachen. In der Tendenz umgekehrt ist die Nutzung des Vorwissens. Erheblich vermehrt setzte die Lehrerin das Bestätigen von Hypothesen ein und deutlich weniger die Reparaturstrategien, die im Beispiel oben beim Auslassen von Wörtern angeklungen sind. Erkennbar ist auch, dass die Lehrerin Präferenzen hatte, da einige Strategien wie das Klären oder Überwachen kaum zum Einsatz kamen.

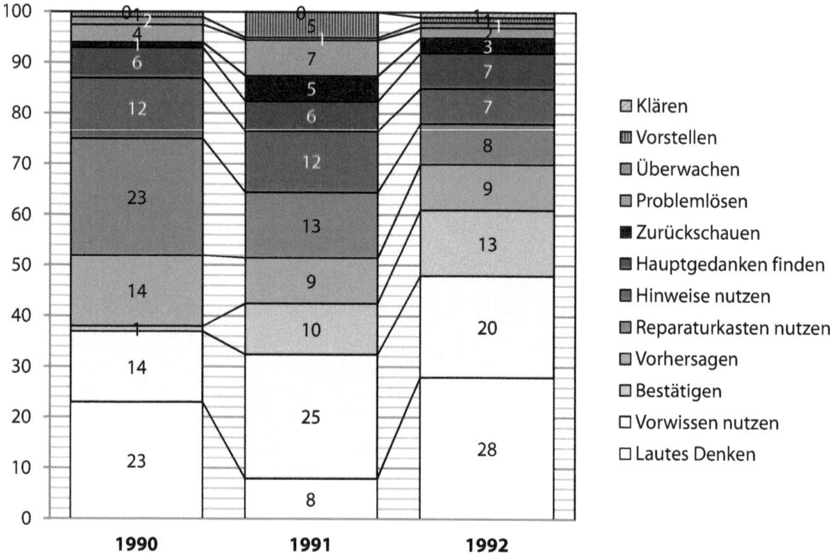

Abb. 10 Betonte Strategien in drei Schuljahren (Quelle: eigene Darstellung, basierend auf Brown & Coy-Ogan, 1993, S. 224; Angaben in Prozent)

Ein weiterer Wechsel fand in den Redebeiträgen und worauf sie sich beziehen statt. Fünf Äußerungsformen wurden unterschieden. Die erste waren strategiebasierte Äußerungen, in denen es um die Benennung von Strategien, ihre Bedingungen und die Anwendung ging. Die zweite bestand aus Äußerungen zum unmittelbaren Textinhalt. Die dritte Variante waren leserbasierte Bedeutungskonstruktionen unter Rückgriff auf das eigene Wissen. Die vierte Art bestand aus persönlichen Leseeindrücken. Die fünfte Variante fällt unter die Kategorie Sonstiges. Wie stark diese fünf Varianten vorkamen, zeigt Abbildung 11. In ihr sind die absoluten Anzahlen und in Klammern die Anteile eingetragen.

Als allgemeine Tendenz fällt auf, dass sich die Redebeiträge absolut vermehren, im Falle der Schüler verdoppeln sie sich sogar ziemlich genau. Relativ konstant ist der Anteil der strategiebasierten Äußerungen bei der Lehrerin und den Schülern. Die Schüler teilen sowohl absolut als auch prozentual gesehen mehr Leseeindrücke mit. Überhaupt verändert sich auch die Qualität der Kommunikation erheblich, die zunehmend sozialer wird, statt eine Reihung von Einzelbeiträgen, wie noch in dem oben stehenden Transkript ersichtlich wird. Außerdem nahm der Anteil von Interaktionen zu, die von Schülern ausgingen (nicht in Abb. 11 dargestellt).

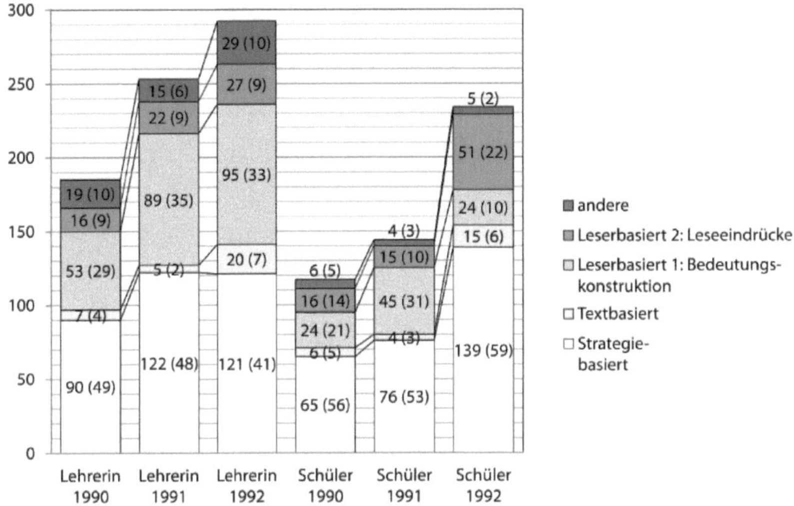

Abb. 11 Verteilung von Äußerungen der Lehrerin und der Schüler in drei Schuljahren (Quelle: eigene Darstellung, basierend auf Brown & Coy-Ogan, 1993, S. 226; Werte vor der Klammer: absolut; Werte in Klammern: Anteile in Prozent)

Die Veränderungen zeigten sich auch in der Strategieanwendung bei den Kindern. Brown und Coy-Ogan (1993) unterscheiden, ob der Hinweis der Lehrerin erfolgte oder ob die Anwendung selbstreguliert geschah. Das Verhältnis war in jedem Jahr anders: Im ersten Jahr war das Verhältnis fast paritätisch (54 Prozent selbst- und 46 Prozent fremdregulierte Anwendung). Im zweiten Jahr dominierte mit 84 Prozent die Fremdregulation. Im dritten Jahr schließlich wendeten die Kinder in zwei Dritteln der Fälle die Strategien selbst- statt fremdreguliert an (63 vs. 37 Prozent).

Aus weiteren Beobachtungen ergaben sich Veränderungen in der Strategievermittlung. Lynn versuchte im ersten Jahr, so nah wie möglich an der Vermittlungsform zu bleiben, wie sie sie in der vorangegangenen Fortbildung erhalten hatte. Sie führte zudem immer eine Strategie nach der anderen ein. Nachdem sie sich sicherer fühlte, fing Lynn an, mit dem Ansatz zu experimentieren. Sie konzentrierte sich mehr auf Verstehensförderung und -überwachung und nutzte ein ganzes Set von Strategien gleichzeitig. Im dritten Jahr gingen die Veränderungen noch weiter: Lynn begann das Schuljahr damit, ausgiebig Informationen zur Metakognition zu vermitteln, Strategien zu demonstrieren und zu evaluieren. Dadurch wurden die Schüler früher autonom. Insgesamt löste sie sich auch von der Vorstellung, es gebe nur eine Interpretation der Geschichte, und nutzte die Strategien übers gesamte Curriculum als Denkwerkzeuge. Sie fing ferner an, weitere Formen von kooperativen Lernarrangements einzusetzen und diese zu modifizieren (Brown & Coy-Ogan, 1993).

Das Beispiel der Lehrerin Lynn verdeutlicht, dass sich die Vermittlung von Strategien, wenn man das nicht mit ‚pfannenfertigen' Programmen tun will, als ein langfristiges Unterfangen erweist – nicht nur für die Schüler, sondern auch für die Lehrpersonen. Man geht davon aus, dass es drei bis fünf Jahre dauert, ehe TSI wirklich im Schulalltag einer Lehrkraft dauerhaft implementiert ist (Schuder, 1993; s. Tab. 7 in Teilkap. 6.2.3). Das sind hohe Beanspruchungen für Lehrpersonen, doch äußerten sich die Lehrpersonen in Interviews durchaus sehr zufrieden – gerade weil sie sahen, dass sich ihre Schüler zum Teil erheblich verbesserten (Pressley et al., 1992b). Die Veränderungen, die sich an der Beispiellehrerin andeuteten, sind übrigens völlig typisch für die Aneignungsphase bei Lehrpersonen. Ehe sie zu Experten in der Vermittlung wurden, durchliefen sie selbst den gleichen Prozess, den ihre Schüler durchmachen, wenn sie Strategien erlernen (s. Philipp, 2012a, S. 71–88, für vier Beispiele).

6.3.3 Modellieren – zwei Beispiele aus der Schreibförderung

Der konkrete Unterricht der Lehrerin Lynn Coy-Ogan, der in Teilkapitel 6.3.1 dargestellt wurde, und wie er sich im Laufe der Jahre veränderte (6.3.2), spiegelt die Dynamik wider, die die theoretischen Modelle in den Teilkapiteln 6.2.2 und 6.2.3 beschreiben. Als ganz besonders wichtig – nicht zuletzt für leseschwache Heranwachsende – gilt bei der umfassenden Strategievermittlung das Modellieren, also das didaktisierte und gleichwohl dynamische Anwenden und Kommentieren von Lesestrategien (Duffy, Roehler & Herrmann, 1988; Rupley, Blair & Nichols, 2009; Schunk & Zimmerman, 1997). Das Modellieren stellt recht hohe Anforderungen an Lehrpersonen, worüber sich Forscherinnen und Forscher im Übrigen selbst keine Illusionen machen, aber zugleich wichtige Elemente klar benennen. So heißt es in einem Artikel dazu: „Modellieren ist schwierig. Um es erfolgreich zu betreiben, müssen Lehrpersonen:

- eine Strategie im Kontext mit dem jeweils verbundenen Text (und nicht in einem künstlichen Kontext wie einer einzelnen Arbeitsbuchseite) präsentieren;
- die mentalen Manöver beschreiben und dadurch illustrieren, was man genau beim Nachdenken tut, sodass die Schülerinnen und Schüler genügend Informationen für die Übernahme der metakognitiven Kontrolle mentaler Prozesse haben;
- Beispiele und Nicht-Beispiele liefern, was verdeutlichen soll, dass man Flexibilität statt reiner Imitation anstrebt;

- das Modellieren mit schülerseitigen Gelegenheiten des eigenen Ausdrucks vermischen, sodass sie ihre Überlegungen beim Lesen beobachten und bei Bedarf weitere Informationen liefern können" (Duffy, Roehler & Herrmann, 1988, S. 34, sprachlich leicht modifiziert).

Modellieren ist nicht einfach nur lautes Denken, wie es für die Zwecke der Forschung infrage kommt (s. Teilkap. 4.5 und dort die Tab. 4). Das Modellieren nutzt das laute Denken, aber es reichert es an. Man kann sich das vorstellen wie die Arbeit eines „kognitiven Fremdenführers", der einer Reisegruppe Dinge erklärt, die sie nicht wissen kann, aber lernen soll. Weil es sich bei der Vermittlung von Lesestrategien um mental ablaufende und von außen unsichtbare Prozesse handelt, ist es nötig, eben diese Prozesse zu erklären. Das erhöht die anfänglichen Redeanteile von Lehrpersonen, aber erst wenn sie flexibel agieren und genau genug erklären, stellt sich bei schwach lesenden Heranwachsenden ein Lernerfolg ein (Duffy, 1993a).

Dafür ein Beispiel: Angenommen, Sie haben bei sich zu Hause Besuch, den Sie bewirten wollen. Ärgerlicherweise stellen Sie beim Kochen fest, dass Ihnen eine entscheidende Zutat fehlt, die Sie aber demnächst dringend benötigen. Weil nur Sie das Gericht wirklich gut kochen können und die Zeit drängt, bitten Sie Ihren Besuch, schnell zum Supermarkt zu gehen und die Zutat zu besorgen. Der Besuch ist zum allerersten Mal bei Ihnen. Wie gehen Sie vor, wenn Sie Ihren Besuch handlungsfähig machen möchten, um das Essen zu retten? Vermutlich werden Sie genau den Weg zum Supermarkt beschreiben und etwaige Wegmarken klar benennen, an denen Ihr Gast Richtungswechsel vornehmen soll bzw. mittels derer er oder sie erkennen kann, ob er noch auf dem richtigen Weg ist. Dasselbe gilt für den Weg durch den Supermarkt und den Standort der gewünschten Zutat. Sie werden Ihrem Gast mitteilen, welcher Weg der kürzeste ist, ob es eine Schnellkasse gibt oder wie die Kassiererin aussieht, bei der die Schlange immer am langsamsten bedient wird. Kurzum: Sie werden Schwierigkeiten bei der Ausführung des Gewünschten antizipieren und gezielt darauf aufmerksam machen, statt einfach nur eine Liste von Schritten zu geben, um Ihren Gast möglichst genau zu lotsen, um das Ziel des gemeinsamen Essens zu erreichen.

Der Bezug zum Kochen ist übrigens bestechend, weil der Job einer modellierenden Person im Grunde genommen dem eines Fernsehkochs ähnelt, der demonstriert, was interessierte Laien später selbstständig tun wollen. Ein solcher Koch demonstriert sichtbar, was man tut (zumindest bei den besonders wichtigen Teiltätigkeiten) und kommentiert dies auch noch, etwa indem er explizit Tipps gibt, wie man etwas noch besser machen kann oder was man tun kann, wenn man ein bestimmtes Küchenutensil nicht hat. Genau das ist auch der Job einer Lehrperson, die Strategien vermittelt, nur das der Bezugspunkt und das Publikum auf eigene Art anspruchsvoller sind. Wichtig bei alldem: Es ist notwendig, *genau* zu beschreiben, was man tut. Und: Man kann und soll dabei individuell vorgehen, was erklärt, warum man selbst auch Lesestrategien erfolgreich anwenden kann, um sie überhaupt vermitteln zu können.

Für das individuelle Vorgehen folgt sogleich ein Beispiel, das außerdem zeigt, wie dynamisch bei aller Regelgeleitetheit das Vorgehen erfolgt. Die zwei Beispiele stammen von Lehrpersonen selbst, die für konkrete Schülerinnen und Schüler und deren Probleme eine Art „Manuskript" für das Modellieren für sich erstellt haben, um mit der neuen Methode des Modellierens besser zurechtzukommen. Die Strategie, um die es ging, stammte allerdings nicht aus dem Bereich Lesen, sondern aus dem Schreiben und hier dem Schreiben von Narrationen. Für die Leseförderung hat dieses Strategiebündel trotzdem seinen Wert (neben dem illustrierenden Charakter). Das Strategiebündel „7 × W" aus Tabelle 8 bezieht sich nämlich auf zentrale Elemente von Geschichten (technisch ausgedrückt: die „Geschichtengrammatik"), und man kann es sehr gut auch auf vorliegende statt erst zu verfassender Texte beziehen. Mit den sieben W-Fragen kann man nämlich zentrale Informationen suchen lassen (s. Strategie 47 in Teilkap. 5.2.7), was wiederum das Zusammenfassen vorbereiten (s. Teilkap. 5.2.6 und dort Strategie 41 und Strategie 44) bzw. das Überprüfen des Verstandenen (s. Strategie 88 in Teilkap. 5.2.11) ermöglicht oder auch das textübergreifende Textverstehen (s. Strategie 101 in Teilkap. 5.3.1) erleichtern kann. Mit diesen Fragen kann man Heranwachsende gezielt auf die Suche schicken und die Antworten begründen lassen.

①	Wer?	Wer ist die Hauptfigur in der Geschichte und wer taucht noch auf?
②	Wann?	Wann findet die Geschichte statt?
③	Wo?	Wo findet die Geschichte statt?
④	Was 1?	Was will die Hauptfigur machen?
⑤	Was 2?	Was passiert, wenn die Hauptfigur es machen will?
⑥	Wie 1?	Wie endet die Geschichte?
⑦	Wie 2?	Wie fühlt sich die Hauptfigur?

Tab. 8 Die sieben Schritte bei dem Schreibstrategiebündel 7 × W
(Quelle: Danoff, Harris & Graham, 1993, S. 304)

Das Schreibstrategiebündel 7 × W gibt nur Schritte vor, aber diese Schritte müssen vorwissensbasiert – bzw. beim Lesen: textbasiert – ausgeführt werden. Wie unterschiedlich das Vorgehen ist, verdeutlichen die nachfolgenden beiden Beispiele in den Kästen. Sie zeigen außerdem, dass die eigentlichen Schritte des Bündels aus Tabelle 8 (unterstrichen dargestellt und durchnummeriert) nur einen geringen Bruchteil des Modellierens ausmachen und sich der Großteil der Äußerungen auf die planerische Verarbeitung von möglichen Inhalten bezieht resp. aus Selbstinstruktionen besteht. Solche „Regieanweisungen" an sich selbst gelten als besonders wichtige Elemente, um sein eigenes kognitives Handeln dauerhaft zu verändern (Lauth, 2014). Ein Beispiel dafür stammt aus Beispiel 2: „Nun muss ich mich konzentrieren. Das wird die beste Geschichte überhaupt werden."

Beispiel 1 für das Modellieren von 7 × W

Was soll ich tun? Eine Geschichte schreiben.
Was ist mein erster Schritt? Auf das Bild schauen und meinen Gedanken freien Lauf lassen.
Was sehe ich? Ich werde eine Liste machen.

1) Ich sehe Menschen: Mutter, Vater, Kind.
2) Was machen sie? Essen.
3) Wo essen sie? Zuhause.
4) Zuhause klingt nicht gut, oder? Nein. Vielleicht sind sie ja eben gerade erst hinein gekommen. Das klingt gut.
5) Ich sehe im Moment nichts anderes mehr. Lasst uns mal schauen, ob ich eine Geschichte schreiben kann. Okay?

Jetzt benötige ich meine Erinnerungen für die Teile der Geschichte. Immer ein Schritt zu einem Zeitpunkt.
① Wer? Wer ist die Hauptfigur in der Geschichte? Der kleine Junge. Und wer taucht noch auf? Mutter, Vater.
② Wann? Wann findet die Geschichte statt? Hmmmm ... ich schaue auf das Bild. Ich sehe ein Fenster. Es ist draußen dunkel, es muss Nacht sein.
③ Wo? Wo findet die Geschichte statt? Auf das Bild schauen, es sieht aus, als wären sie gerade in ein neues Haus gezogen.
Jetzt brauche ich Was 1 und 2.
④ Was 1? Was will die Hauptfigur machen? Hmmmm ... Meine Hauptfigur ist der kleine Junge, und er versucht zu essen. ⑤ Was 2? Was passiert, wenn die Hauptfigur es machen will? Hmmmm ... lasst uns auf das Bild schauen. Was sehe ich, was der Junge macht? Er versucht, das Essen zu bekommen, bevor seine Mutter es ihm gibt. Die Mutter sieht nicht böse aus. Vielleicht haben beide versucht, das

letzte Stück vom Essen zu bekommen, und der Junge hat es als Erster erhalten. Ich mag das. Lasst uns auf die Teile der Geschichte schauen.
Jetzt brauche ich Wie 1 und 2. ⑥ Wie 1? Wie endet die Geschichte? Der Junge sagt: „Junge, war das ein gutes Essen." Ich denke, das sagt alles. ⑦ Wie 2? Wie fühlt sich die Hauptfigur? Der Junge fühlt sich satt und müde. (Quelle: Harris & Graham, 1996, S. 39f.)

Beispiel 2 für das Modellieren von 7 × W

Was soll ich tun? Ich muss eine Geschichte schreiben, die meine Freunde gern lesen. Entspann dich, nimm dir Zeit. Was ist mein erster Schritt? Ich muss auf das Bild schauen und entscheiden, was passiert. Die Familie auf dem Bild isst chinesisches Essen in ihrem Haus. Es sieht so aus, als wären sie gerade erst umgezogen. Sie müssen hungrig sein. Gut. Ich denke, ich weiß, was ich schreiben werde. Nun muss ich mich konzentrieren. Das wird die beste Geschichte überhaupt werden.
Was sind die Teile der Geschichte? (blickt auf die Liste) 7 × W. Erstens: ① Wer sind meine Hauptfiguren? Ich nenne sie Mr. und Mrs. Wiz und ihren Sohn Gerald, dessen Spitzname Gee ist. ② Wann findet die Geschichte statt? Es ist ein Samstag im September. ③ Wo findet die Geschichte statt? Sie sind gerade nach Florida direkt neben Disney World gezogen. Mr. Wiz arbeitet für Disney, und Gee liebt die Achterbahn Space Mountain. Mrs. Wiz ist eine halbprofessionelle Golferin – so wie meine Mutter.
Was muss ich als Nächstes tun? Die beiden Was. Ich brauche nicht zu hetzen oder mir Sorgen zu machen; bleib ruhig und geh langsam voran. ④ Was wollen sie tun? Sie wollen essen, auspacken und in ihrem neuen Zuhause ankommen. ⑤ Was passiert? Sie beenden das Essen und wollen das Essen auspacken, als ein Geist aus dem Essenskarton herausspringt. Wen wird Gee Wiz anrufen? Geisterjäger? Wow, das ist großartig! Die Geisterjäger-Hotline ist besetzt, also springen die Wizes auf ihren Dreisitzer, 1972 Harley Low Rider. Ich kann später noch etwas dazu ergänzen. Was werden die Wizes machen, wenn sie beim Geisterjäger-Büro ankommen? Als Mrs. Wiz zunächst an der Tür klingelt, läuft ihr grüner Schleim über die Hand. Sie schreit! Ooo! Das ist hübsch, aber ich sollte wieder zurück zu meiner Hauptidee kommen.
Egon, einer der Geisterjäger, antwortet an der Tür: „Hallo. Geisterjäger. Was kann ich tun, um Ihnen zu helfen?" [...] Gee Wiz greift nach Egons Bein und schreit: „Es ist ein Geist in unserem Haus." Mr. Wiz sagt ruhig: „Wir brauchen Ihre Hilfe. Jetzt." Egon gibt schnell den Geisterjägeralarm, und alle Geisterjäger machen sich für die Aufgabe bereit. Die Wizes fahren den Weg zu ihrem Haus voran. Okay, ich habe einige gute Notizen für diesen Teil.
Der nächste Schritt ist: ⑥ Wie endet die Geschichte? Bekommen sie den Geist aus ihrem Haus heraus? Wie werden sie das tun? Die Geisterjäger jagen den Geist durch jeden Raum hindurch. Egon flüstert den anderen Geisterjägern zu:

„Wir müssen ihn im Erdgeschoss in die Ecke treiben; es ist unsere einzige Chance. Wir müssen den Geist denken lassen, er würde uns jagen." Alle rennen brüllend und schreiend die Treppen hinunter ins Erdgeschoss, als ob sie Angst vor dem Geist hätten. Der Geist segelt ihnen schnell und brüllend hinterher. Als der Geist gerade versucht, sie in die Ecke zu treiben, öffnen die Geisterjäger die Falle und ziehen den Geist in die Falle. Jeder konnte den Geist schreien hören: „Euch krieg ich noch." „Ja, genau", riefen die Wizes. Sie sagten „danke" zu den Geisterjägern, welche erleichterte und glückliche Wizes in ihrem neuen Heim zurückließen, als sie abfuhren.
⑦ Wie fühlen sich die Hauptfiguren? Gee Wiz ist wirklich enttäuscht, weil er keinen Geist als Haustier haben konnte. Mr. und Mrs. Wiz freuen sich andererseits wie die Schneekönige, dass ihr Haus geistfrei ist. Die Wizes packen weiter freudig die Sachen aus. Lass mich meine Schritte überprüfen. Habe ich jeden getan? Ja. Meine Notizen sind gut, um mit ihnen zu starten. Ich könnte vielleicht am Ende noch etwas mehr arbeiten. Jetzt kann ich mit dem Schreiben der Geschichte beginnen. (Quelle: Harris & Graham, 1996, S. 37f.)

Im Grunde gewährt das Modellieren – das zeigen die beiden Beispiele – viele Freiheiten. Das macht es zu einer erfreulich individuellen Angelegenheit, die zudem sehr stark zu den eigenen Vorgehensweisen beim Lesen passen dürfte. Lehrpersonen sind also gefragt, ihre eigenen mentalen Prozesse erfolgreich zu erklären (Roehler & Duffy, 1986), was ebenso ein Merkmal guten Unterrichts im Allgemeinen ist (Wellenreuther, 2014) wie guten Leseunterrichts (Duffy, 2014). Und: Es braucht Übung (und am besten auch noch: eine unterstützende Begleitung; Duffy, 1993b).

6.4 Lesestrategien im Unterricht vermitteln – Tipps für die Umsetzung

In einem wichtigen und lesenswerten Zeitschriftenbeitrag aus dem Jahr 1989, welcher den bezeichnenden Titel „Die Herausforderungen der Strategievermittlung im Unterricht" trägt, gibt ein Autorenteam eine Reihe von Tipps zur Strategievermittlung, die sich direkt an Lehrpersonen richten (Pressley et al., 1989). Selbst wenn die Publikation schon älteren Datums ist, hat ihr Inhalt im Grunde nichts an seiner Aktualität eingebüßt. Diese Tipps sind deshalb so bemerkenswert, weil sie einerseits in ihrer Anzahl überschaubar bleiben, dabei aber zugleich zentrale Inhalte abdecken. Ganz besonders hervorzuheben ist, dass diese Tipps Lehrpersonen viel Freiheit geben. Diese Tipps sind im nachstehenden Kasten überblicksartig dargestellt und werden im Folgenden erklärt. Ursprünglich waren es acht Tipps, wegen hoher inhaltlicher Überschneidung wurden aber nur sieben für diese Publikation ausgewählt.

Sieben Empfehlungen zur Strategievermittlung

1. Finden Sie verfügbare Lesestrategien.
2. Wählen Sie eine geringe Zahl fachübergreifender und zielgerichteter Lesestrategien.
3. Vermitteln Sie fachübergreifende und zielgerichtete Lesestrategien mit wirksamen Vermittlungsmethoden.
4. Bekräftigen Sie die Nutzung von fachübergreifenden allgemeinen Strategien.
5. Motivieren Sie die Schülerinnen und Schüler zur Nutzung der vermittelten Strategien.
6. Suchen Sie nach zusätzlichen Strategien, die für Ihre Schülerinnen und Schüler außerdem nützlich sein könnten.
7. Ermutigen Sie Ihre Kolleginnen und Kollegen, etwas über Lesestrategien zu lernen und diese zu vermitteln.

6.4.1 Tipp 1: Finden Sie verfügbare Lesestrategien

Seit den 1980er Jahren hat die Forschung zahlreiche Erkenntnisse zur Vermittlung von Lesestrategien in Theorie und Praxis generiert. Diese Erkenntnisse können grundsätzlich durch drei Arten von Informationsbeschaffung Einzug in das eigene Unterrichten halten: erstens den Besuch von Fortbildungen, die in ihrer Qualität natürlich unterschiedlich sind, zweitens die Lektüre von Fachpublikationen und drittens die Beobachtung von erfolgreichen Schülerinnen und Schülern (Pressley et al., 1989). Die zweite Variante nutzen Sie in diesem Moment, indem Sie dieses Buch konsultieren. Dabei gilt: Es gibt nicht die eine „Bibel" der Strategievermittlung, denn in der Forschung treten Moden und Umbrüche auf, sodass dieser Bereich hochdynamisch ist (Alexander & Fox, 2013).

Leider gibt es im deutschsprachigen Raum nur sehr wenig Fachliteratur für Lehrpersonen, die dieses Thema angemessen und korrekt behandelt. Das ist im angelsächsischen Raum weniger ein Problem, wo es hervorragende, von Wissenschaftlern geschriebene Fachbücher wie „Explaining Reading" (Duffy, 2014) oder „Strategy Instruction for Students with Learning Disabilities" (Reid, Lienemann & Hagaman, 2013) sowie qualitativ anspruchsvolle Fachzeitschriften (wie „Intervention in School and Clinic", „Theory into Practice" oder auch „The Reading Teacher" eigens für Leselehrpersonen) gibt. Diese Fachzeitschriften lösen durch ihre fundierten Praxistipps ein, was der Pädagogischen Psychologie – übrigens auch von ihren eigenen Vertretern (Anderman, 2011) – vorgeworfen wird: dass die Erkenntnisse noch zu wenig die unterrichtliche Praxis zu verändern helfen.

Wie gesagt, ist die Zahl der hilfreich wirkenden deutschsprachigen Literatur beschränkt. Aber es gibt einige Bücher, die empfehlenswert sind, darunter „Besser lesen und schreiben" (Philipp, 2012a), das „Handbuch Lernstrategien" (Mandl & Friedrich, 2006), „Interventionen bei Lernstörungen" (Lauth, Grünke & Brunstein, 2014), „Lese- und Schreibunterricht" (Philipp, 2013a), „Lesen kann man lernen" (Gold, 2007), „Selbstreguliertes Lesen" (Philipp & Schilcher, 2012). Jedes der hier aufgeführten Bücher behandelt spezifische Themen und vermittelt wichtiges Grundlagenwissen. Außerdem existieren wissenschaftlich fundierte Trainingsprogramme, die Materialien zur Verfügung stellen, darunter „Burg Adlerstein" (Schilcher et al., 2013), „conText" (Lenhard et al., 2013), „Lesen. Das Training" in verschiedenen Formen (z. B. Kruse, Riss & Sommer, 2014) oder auch zur Strategievermittlung in kooperativen Settings (Philipp, Brändli & Kirchhofer, 2014).

Gerade bei den Strategietrainings ist jedoch anzumerken, dass sie in aller Regel so konkret sind und von den Zielen der jeweiligen Entwicklerinnen und Entwickler geprägt sind, dass es wahrscheinlich ist, dass sie mit Ihren individuellen Zielen für den Unterricht nicht zwangsläufig vollständig kompatibel sein müssen. Daher raten auch Forscherinnen und Forscher dazu, sich mit dem Material und mit Blick auf die Bedürfnisse Ihrer Schülerinnen und Schüler Förderverfahren und Texte aufeinander abzustimmen und sich eigene Formen der Strategievermittlung zu konfektionieren (Duffy & Hoffman, 1999).

6.4.2 Tipp 2: Wählen Sie eine geringe Zahl fachübergreifender und zielgerichteter Lesestrategien

Mit fachübergreifenden Strategien sind solche gemeint, die sich bei einer Vielzahl von Leseanlässen anbieten – „lesedidaktische Breitbandantibiotika" gewissermaßen (s. dazu den Punkt Spezifität in Teilkap. 4.2). Diese Konzentration auf ausgewählte Strategien ist allein aus logistischer Sicht schon ein Gebot der Stunde, da die Strategievermittlung Ressourcen benötigt. Deshalb bietet es sich an, solche Strategien auszuwählen, von denen die Schülerinnen und Schüler einerseits viel haben und die andererseits bei den aktuellen Schwierigkeiten ansetzen, was wiederum die Diagnose der Probleme erfordert. Außerdem empfehlen Pressley et al. (1989), man solle als Lehrperson jene Strategien auswählen, die zu aktuellen Lehrzielen passen und für die es einige Hinweise zur faktischen Wirksamkeit aus Interventionsstudien gibt.

In Teilkapitel 4.3 sind einige empirisch gut belegte Strategien aufgezählt, für die alle gilt, dass man sie bei vielen Texten und in vielen Fächern einsetzen kann (Verstehensüberwachung beim Lesen, Textstrukturwissen gezielt nutzen, eigene Schaubilder erstellen, Zusammenfassungen erstellen, Fragen zum Text beantworten bzw. Fragen zu einem Text selbst stellen, das eigene Vorwissen aktivieren).

Gerade der Bezug zum eigenen Unterricht kann gar nicht hoch genug veranschlagt werden. Schülerinnen und Schüler sollen den konkreten Gebrauchswert einer Strategie für sich erkennen können (das ist eines der grundsätzlichen Probleme bei gebundenen Strategietrainings). Das bildet zugleich die wichtige motivationale Basis, etwa indem Schülerinnen und Schüler bemerken, dass durch Strategien langfristig das Lernen und Lesen leichter fallen, dass sich die Investition bei den zu erwartenden Schwierigkeiten bezahlt macht, und dass Heranwachsende ihre Kompetenz- und Autonomiebedürfnisse befriedigen können, die für die nachgewiesenermaßen leistungssteigernde Lese- und Lernmotivation so wichtig sind (Schiefele et al., 2012; Taylor et al., 2014).

Zu erwähnen ist auch, dass die fächerübergreifenden Strategien deshalb das Mittel der Wahl bilden, weil andere Kolleginnen und Kollegen sie ebenfalls vermitteln und üben lassen können. Wenn im Fremdsprachen- und Deutschunterricht ähnliche Texte mit ähnlichen Aufgaben gelesen werden (etwa: Interpretieren des Inhaltes) oder wenn man Strategien wie im Umgang mit fremden Wörtern (auf die man im Fremdsprachenunterricht genauso stoßen kann wie im naturwissenschaftlichen Unterricht) fachübergreifend gelehrt und in ihrer Nützlichkeit für Lehrpersonen und für Schülerinnen und Schüler erfahrbar werden, wird ihr Nutzen besonders deutlich.

Sie als Lehrerin bzw. Lehrer sind also gefragt, Relevanzentscheidungen zu treffen und Prioritäten zu setzen. Das ist mitunter schwierig, weil bekannt ist, dass Lehrpersonen sich auf dem Weg zur Strategievermittlung unsicher fühlen und sich „offiziell abgesegnete" Listen wünschen (Duffy, 1993b). Solche Listen scheinen ebenso wie isolierte und geschlossene Strategietrainings eine trügerische Autorität zu haben, aber ihre Fixiertheit ist zugleich ihr größtes Problem. Es ist nämlich wahrscheinlich, dass es unerwartete Situationen im Unterricht gibt, auf die Lehrpersonen ad hoc reagieren – etwa indem sie eine andere Lesestrategie nutzen, die womöglich nicht auf der Liste steht, aber in der konkreten Situation am meisten versprechen dürfte. Deshalb zeichnen sich die erfolgreichen Interventionsstudien zum Teil dadurch aus, dass Lehrpersonen untereinander und mit den Forscherinnen und Forschern diskutieren, um Probleme zu lösen und ihre Vermittlung zu optimieren (Anderson, 1992; Duffy, 1993b; Hacker & Tenent, 2002).

6.4.3 Tipp 3: Vermitteln Sie fachübergreifende und zielgerichtete Lesestrategien mit wirksamen Vermittlungsmethoden

Die Methoden bei der Strategievermittlung sind bereits in Teilkapitel 6.2.2 zur Sprache gekommen und dort in einem Mehrphasen-Modell dargestellt. Dieses Verlaufsmodell dient als eine Art „Drehbuch" dazu, bestimmte Stationen in einer gewissen Reihenfolge zu absolvieren. Dieses Modell schreibt nicht vor, was Lehrpersonen konkret tun sollen. Damit ist es einerseits offen, andererseits zugleich anspruchsvoll. Wichtig ist bei alldem: Die Förderung, egal wie sie konkret erfolgt, sollte *explizit* sein. Explizit meint hier, dass Fördermaßnahmen Fähigkeiten wie den Strategieeinsatz ausdrücklich und direkt verbessern wollen und die fördernden Personen, also Lehrpersonen, genügend Informationen geben, damit die Schülerinnen und Schüler verstehen können, was sie lernen und später selbst ausführen sollen (Archer & Hughes, 2011).

Eine solche Vermittlungsform lässt sich über Verhaltensweisen von Lehrpersonen beschreiben. Einen Katalog von Verhaltensweisen enthält der nachstehende Kasten. In ihm werden für drei (im Original ursprünglich vier) inhaltlich überlappende und untereinander stark zusammenhängende Bereiche Verhaltensweisen spezifiziert. Diese Liste kann man zudem als Checkliste verwenden. Es ist kein realistisches Ziel, von Anfang an alle Verhaltensweisen integrieren zu wollen, denn das setzt viel zu hoch an. Nachweislich besser ist es, wenn man mit den Verhaltensweisen startet, die einem persönlich naheliegen und die man tatsächlich im Unterricht ausführen will. Dadurch erhöht sich das Zutrauen in die eigenen Fähigkeiten und die Flexibilität in der Strategievermittlung (Anderson, 1992), die wiederum wichtig für die eigene Weiterentwicklung (Duffy, 1993b) und damit auch für das Strategiewissen und Leseverständnis der Schülerinnen und Schüler ist (Duffy, 1993a).

Die Dimension der guten Strategienutzerinnen und -nutzer

1. Lehrpersonen erklären, dass gute Leser Strategienutzer sind.
2. Lehrpersonen teilen ihre persönlichen Erfahrungen in der Strategienutzung mit ihren Schülerinnen und Schülern.
3. Lehrpersonen betonen die Bedeutung, dass man während des Lesens nachdenkt.
4. Lehrpersonen bringen ihren Schülerinnen und Schüler bei, diverse forschungsbasierte Lesestrategien zu koordinieren.

5. Lehrpersonen betonen einzelne Strategien in einzelnen Sitzungen, aber sie modellieren und überprüfen ebenso andere Strategien, um zu demonstrieren, wie gute Leser den Strategiegebrauch koordinieren.
6. Lehrpersonen betonen die Rolle der persönlichen Wahl, der Anstrengung und des Durchhaltevermögens bei der Strategieausführung.
7. Lehrpersonen motivieren die schülerseitige Strategienutzung, indem sie zeigen, wie sich das Leseverstehen durch die Strategienutzung verbessert.
8. Lehrpersonen heben die hohe Rolle der Vorwissensaktivierung und Verbindung des Wissens mit dem Text für das Textverstehen hervor.
9. Lehrpersonen betonen, wie das schülerseitige Wissen über die Stärken und Bedürfnisse als Leser ihre Strategieauswahl unterstützen kann.
10. Lehrpersonen betonen, dass gute Leser Ziele für das Lesen setzen, ihr Textverstehen überwachen, Strategien nutzen, um Schwierigkeiten zu überwinden, und ihren Fortschritt bei der Zielerreichung überwachen.

Die Dimension der allmählichen Übertragung der Verantwortung

1. Lehrpersonen fördern die unabhängige Strategienutzung, indem sie die Verantwortung so schnell wie sinnvoll und möglich an die Schülerinnen und Schüler übertragen.
2. Lehrpersonen erklären den Nutzen von Strategien allgemein und den Nutzen von spezifischen Strategien.
3. Lehrpersonen beschreiben, wann (vor, während oder nach dem Lesen) und wann (bei fiktionalen oder expositorischen Texten) Strategien anwendbar sind.
4. Lehrpersonen modellieren ihr Vorgehen, um ihr Denken für die Schülerinnen und Schüler nachvollziehbar zu machen.
5. Lehrpersonen erklären und modellieren, wie textbezogene Interpretationen mittels Lesestrategien entstehen.
6. Lehrpersonen assistieren ihren Schülerinnen und Schülern, indem sie a) Hinweise geben, eine passende Strategie zu wählen, b) durch erneutes Erklären Unstimmigkeiten klären, c) Gelegenheiten zum Lehren ganz gezielt nutzen, d) die Strategienutzung wiederholt modellieren und e) ihre Vermittlung an die schülerseitigen Bedürfnissen und deren Verständnis adaptiv anpassen.
7. Lehrpersonen ermöglichen angeleitetes und unabhängiges Üben, sodass die Schülerinnen und Schüler lernen, die Strategien bei einer Vielzahl von Zielen, Zwecken, Aufgabenerfordernissen und Texten zu nutzen.

Die Dimension der Zusammenarbeit beim Lernen und des Diskutierens über Texte

1. Lehrpersonen geben den Schülerinnen und Schülern Hinweise wie „Was lässt dich das denken?" oder die Aufforderung, andere Strategien zu nutzen, um die Interpretation des Textes aktiv zu unterstützen. Dieses Vorgehen befähigt zudem weniger fähige Klassenmitglieder, bessere Mitschüler und deren Leseprozesse zu beobachten.
2. Lehrpersonen und Schülerinnen und Schüler konstruieren gemeinsam die Textbedeutung.
3. Lehrpersonen fungieren als Förderer von Diskussionen, statt sie direktiv zu leiten.
4. Lehrpersonen vermeiden starre Lektionen. Sie führen ihre Lektion mit Lernzielen ein, identifizieren eine oder zwei Hauptstrategien, die zur Lektion passen, und planen, wann und wo sie diese Strategien erklären und modellieren. Dabei sind die Lehrpersonen flexibel und berücksichtigen die schülerseitigen Bedürfnisse und den Verlauf der Diskussion über Texte.
5. Lehrpersonen fragen häufig „Was denkst du?" und „Was fühlst du?".
6. Lehrpersonen dirigieren die Schülerinnen und Schüler nicht in die Richtung einer einzigen ‚richtigen' Interpretation.
7. Lehrpersonen fördern ausführliche Dialoge zwischen den Klassenmitgliedern, statt repetitiver Wiederholung von Diskussionsbeiträgen.
8. Lehrpersonen bereiten ihre Schülerinnen und Schüler auf die Diskussionen vor, indem sie erklären, modellieren und Richtlinien für eine aktive, angemessene und taktvolle Teilnahme an den Diskussionen etablieren.
9. Lehrpersonen halten sich mit dem Hinzufügen von eigenen interpretativen Kommentaren zurück, um die Kommentare der Schülerinnen und Schüler wenig zu beeinflussen.
10. Lehrpersonen vermeiden Aussagen wie „Du hast Recht" oder „Das ist falsch". Stattdessen paraphrasieren sie die schülerseitigen Kommentare, um sie zu weiteren Äußerungen zu ermutigen.

(Quelle: Übersetzung und partielle Anpassung von Brown, 2008, S. 541)

In der Auflistung sind drei Dimensionen bzw. Bereiche genannt. Die erste Dimension der guten Strategienutzung bezieht sich darauf, dass Lehrpersonen ihrerseits effektive Strategienutzerinnen und -nutzer sind. Dies bildet die Basis für die Vermittlung von Strategien. Der Übergang zur zweiten Dimension der allmählichen Verantwortungsübertragung ist fließend, denn hierbei geht es darum, die Strategienutzung bei den Schülerinnen und Schülern durch verschiedene Aktivitäten zu ermöglichen. Dabei hilft die letzte Dimension, welche den sozialen Charakter der Vermittlung und der Interaktionen betont und hier den Lehrpersonen eine unterstützende Rolle zuweist. (Auf das Gegenstück dieser Liste, nämlich zu den Verhaltensweisen von Schülerinnen und Schülern wird hier verzichtet; eine solche Liste finden sie in Philipp, 2012a, S. 72).

6.4.4 Tipp 4: Bekräftigen Sie die Nutzung von fachübergreifenden allgemeinen Strategien

Im Tipp zuvor wurde die Bedeutung der Vermittlung von einzelnen Strategien angesprochen. Was diesen Tipp von dem vorherigen unterscheidet, ist, dass es nun um eine grundsätzliche strategische Haltung geht, die die Schülerinnen und Schüler entwickeln sollen. So sollten gemäß Pressley et al. (1989) Lehrpersonen ihre Schülerinnen und Schüler indirekt und – gerade für schwache Lernerinnen und Lerner besonders wichtig (Kirschner, Sweller & Clark, 2006) – direkt erinnern, planvoll an lesebezogene Aufgaben heranzugehen und passende Strategien zu wählen, wobei dies durchaus sehr individuell erfolgen kann. Ausdrücklich sollen Lehrpersonen Klassenmitglieder bekräftigen, ihre individuellen Vorgehensweisen anderen aus der Klasse vorzustellen.

Das hat zwei Implikationen: Die Schülerinnen und Schüler haben dadurch Zugriff auf Vorgehensweisen von attraktiven Rollenmodellen, wodurch sich die Authentizität und Attraktivität der Strategienutzung erhöhen dürfte (Bandura, 1986). Zweitens stellt dies auch eine Form der Entlastung von Lehrpersonen dar, die zusätzlich dieses Vorgehen auch zur informellen Diagnostik einerseits und zu einer Lerngelegenheit andererseits nutzen können. Auch korrespondiert ein solches Vorgehen mit den Empfehlungen der Motivationspsychologie, die zeigt, dass Lernzuwächse besonders hoch ausfallen, wenn man echtes Lernen (zumal bei komplexen Aufgaben) in einer Gemeinschaft anstrebt statt einer reinen Leistungsdemonstration, um besser als andere dazustehen (Utman, 1997).

6.4.5 Tipp 5: Motivieren Sie die Schülerinnen und Schüler zur Nutzung der vermittelten Strategien

Die wichtige Rolle der Motivation wurde bereits im Tipp 4 angesprochen. Die Motivation ist ihrerseits eine komplexe Thematik, was sowohl für die Forschung (Philipp, 2013c) als auch für die Förderung in der Schule gilt (Philipp, 2013b). Einen Versuch, diese Thematik in puncto Förderung darzustellen, erfolgt in Abbildung 12. Ganz gezielt ist dort die Verknüpfung von motivationalen und kognitiven Elementen vereint, da der Erfolg im konkreten Leseprozess beides benötigt: den Willen und das Können. Im Zentrum der Grafik steht, was auch für dieses Buch zentral ist: die explizite Vermittlung von Lesestrategien, welche Schülerinnen und Schüler dazu befähigen sollen, ihrerseits handlungsfähiger zu werden.

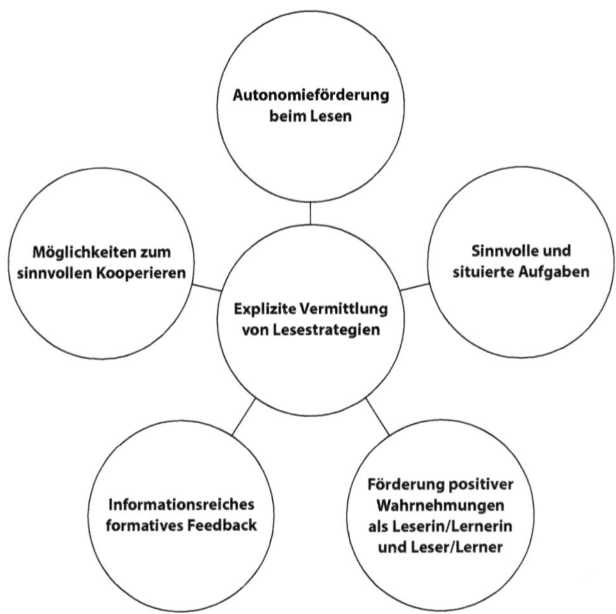

Abb. 12 Elemente eines kognitions- und motivationsförderlichen Unterrichts (Quelle: eigene Darstellung, basierend auf Philipp, 2013b, und Pressley et al., 1989)

Dieses Vorgehen zielt darauf ab, dass die Schülerinnen und Schüler immer selbstbestimmter und -ständiger werden. Das ist ein wesentliches Merkmal der Selbstregulation. Um die *Autonomie* zu fördern, gibt es diverse Vorgehensweisen und Elemente. Die fünf einander ergänzenden Elemente sind: a) Begründungen, warum Heranwachsende etwas lernen sollen, b) ein offener Umgang mit negativen Emotionen beim Lernen, c) eine ermunternde Art der Kommunikation, d) Wahlmöglichkeiten und e) eine Ausrichtung an den Leseinteressen (Su & Reeve, 2011). Neben den Elementen gibt es noch Dimensionen der Autonomieförderung: 1) die Gestaltung der Lernumgebung, in der Heranwachsende ein Mitspracherecht erhalten sollten, 2) die Art und Weise, wie Schülerinnen und Schüler konkret die Leseaufgaben bearbeiten, 3) die kognitiven Prozesse, die sie dabei individuell auswählen und aktivieren (Stefanou et al., 2004).

Bei den *Selbstwahrnehmungen* als lesende bzw. lernende Person sind insbesondere das sogenannte Selbstkonzept und die Selbstwirksamkeit bedeutsam. Ersteres bezeichnet eine stabile und eher vergangenheitsbezogene umfassende Wahrnehmung des eigenen Leistungsvermögens nebst emotionalen Anteilen. Die Selbstwirksamkeit wiederum bezieht sich auf die rein kognitive Wahrnehmung, ob man einen konkreten bevorstehenden Arbeitsauftrag erfolgreich oder nicht erfüllen kann. Sowohl für die Selbstwirksamkeit als auch für das Selbstkonzept sind als Fördermöglichkeiten besonders hervorzuheben: erstens Meisterschaftserfahrungen, also das Gefühl, Leseaufgaben beherrschen zu können und aus eigener Kraft erfolgreich zu bewältigen (was herausfordernde, sorgfältig in ihrer Schwierigkeit tarierte Aufgaben erfordert), zweitens positive soziale Verstärkungen in Form von Ermunterungen und Lob. Im Falle des Selbstkonzepts ist noch wichtig, dass es bedingt durch soziale Vergleiche mit anderen nach oben oder unten korrigiert wird. Eine starke Wettbewerbsbetonung bzw. Betonung von Unterschieden wirkt sich gerade für leseschwache Schülerinnen und Schüler ungünstig aus (Bong & Skaalvik, 2003). Die positive Selbstwahrnehmung ist gerade angesichts der Problematik des zu erwartenden Motivationstals bei der Strategievermittlung von immenser Bedeutung (s. Teilkap. 6.2.1).

Autonomieförderung und die Selbstwahrnehmungen beim Lesen beziehen sich häufig auf die Aufgaben und den (Miss-)Erfolg mit ihnen. Hier hat sich in der Forschung der Begriff der „authentischen“ bzw. sinnvollen *Aufgaben* eingebürgert. Auch wenn teilweise erheblicher Dissens in den Begriffsfüllungen in der Forschungsliteratur zu attestieren ist, besteht ein Konsens dazu, dass die Leseanlässe konkreten und aus Sicht der Lernenden sinnvollen Zwecken dienen und kommunikativ eingebettet sind, also Texte in Zusammenarbeit mit anderen gelesen werden bzw. man Texte von anderen Personen liest, die mit jemandem kommunizieren wollen. Das Lesen ist in einem solchen Fall klar situiert, weil es einen klaren Lebens- bzw. Lernweltbezug hat (Purcell-Gates, Duke & Martineau, 2007). Besonders deutlich wird dies, wenn das Lesen (hier: das fächerübergreifende, aber auch innerhalb eines Faches) als Lernwerkzeug verwendet wird.

Die drei bislang genannten Bereiche der Förderung hängen ihrerseits wiederum mit informationsreichem, *formativem Feedback* zusammen. Darunter fallen nicht Schulnoten oder die Ergebnisse zu Prüfungen, sondern prozessbegleitende (= formative) Rückmeldungen mit dem Ziel, zwischen dem Ist- und dem Sollzustand bei der Bearbeitung von lesebezogenen Aufgaben klare Verbindungen zu zeigen. Gute Rückmeldungen sollten auf drei Fragen Antworten geben: a) Wie hat jemand anhand transparenter Kriterien eine Aufgabe bewältigt? b) Welche konkreten Anstrengungen haben dabei geholfen? c) Was sind die nächsten Schritte auf dem Weg zum Soll? Am günstigsten sind Rückmeldungen, die Leseprozesse und die Selbstregulation beim Lesen betreffen, also einen starken Prozessbezug aufweisen (Hattie & Timperley, 2007).

Aufgaben kann man zusätzlich auch mit anderen Schülerinnen und Schülern bearbeiten (lassen). Das *kooperative Lernen* bezeichnet eine Form des Unterrichts, in dem mindestens zwei Heranwachsende zusammenarbeiten, um gemeinsam ein Ziel zu erreichen. Eine Vielzahl von Studien hat gezeigt, dass eine solche Art des Lernens mit verbesserten Leistungen, erhöhter Motivation und besseren Beziehungen unter den Schülerinnen und Schülern korrespondiert (Ginsburg-Block, Rohrbeck & Fantuzzo, 2006; Roseth, Johnson & Johnson, 2008). Entsprechend groß ist das Potenzial für die Lese- und Schreibförderung in der Schule. Dabei kennt das kooperative Lernen viele Formen, von denen drei für das Lesen besonders wichtig wirken. Das Peer-Modeling beinhaltet, dass eine vom Alter ähnliche Person dabei beobachtet wird, wie sie eine lesebezogene Aufgabe bearbeitet. Dies ist in der zweiten Variante, dem Peer-Tutoring, angelegt, in dem es Rollenwechsel zwischen lehrendem und lernendem Peer im Sinne einer Lehrer- bzw. Schülerrolle gibt. Peer-Tutoring umfasst meist auch das Peer-Monitoring, welches meint, dass eine Person die Einhaltung von Prozeduren überwacht und ggf. korrigierend eingreift (Topping & Ehly, 1998).

6.4.6 Tipp 6: Suchen Sie nach zusätzlichen Strategien, die für Ihre Schülerinnen und Schüler außerdem nützlich sein könnten

Der sechste Tipp bildet im Grunde eine Erweiterung der ersten Tipps aus Teilkapitel 6.4.1 bis 6.4.3, da hier eine längerfristige Perspektive zum Tragen kommt. Entscheidend sind die Erfahrungen, die man als Lehrperson im Unterricht mit den Strategien und deren Vermittlung konkret macht. Dabei ist zu erwarten, dass manches besser gelingt als anderes. Pressley et al. (1989) betonen, dass das Ziel ist, dass man ein immer größer werdendes Repertoire an Strategien für sich und den eigenen Unterricht erstellt und probate Verfahren entwickelt, variiert und konsolidiert.

Das Ziel ist nicht, dass man versuchen soll, alle möglichen Strategien zu vermitteln (so wie die Sammlung in diesem Band aus Kap. 5). Vielmehr geht es darum, dass man für den eigenen Unterricht und dessen Anforderungen an die Schülerinnen und Schüler sukzessiv Werkzeuge zur Verfügung stellt. Damit vollzieht sich auch der umfassende Expertiseerwerb, der in Teilkapitel 6.2.3 skizziert wurde und der auf immer umfassenderen Wissensbeständen fußt. Zwei US-amerikanische Leseforscher haben dies treffend auf den Punkt gebracht:

> „Die Effektivität der Lesefördermaßnahmen liegt nicht innerhalb eines einzelnen Programms oder einer Methode, sondern eher darin, wie eine Lehrperson absichtsvoll und analytisch verschiedene Programme, Materialien und Methoden gemäß der Situationsanforderungen integriert" (Duffy & Hoffman, 1999, S. 11).

Diese Adaptivität hängt auch damit zusammen, dass sich Fachinhalte längerfristig verändern und Lehrpersonen immer selbstwirksamer werden (Anderson, 1992; Duffy, 1993b). Im Grunde genommen ist damit jener Zustand und die Dynamik beschrieben, welche gemäß des Modells der überlappenden Wellen einerseits und der Strategiereife andererseits für Schülerinnen und Schüler in Teilkapitel 6.2.1 beschrieben wurden. In diesem Fall geht es allerdings darum, dass Lehrpersonen immer besser darin werden, Lehrstrategien anzuwenden.

6.4.7 Tipp 7: Ermutigen Sie Ihre Kolleginnen und Kollegen, etwas über Lesestrategien zu lernen und diese zu vermitteln

Mit diesem letzten Tipp hält die Team-Perspektive Einzug, die bislang randständig war. Dabei geht es weniger darum, ein ganzes Kollegium zu bekehren und zu missionieren. Strategievermittlung ist nicht die einfachste Form der Leseförderung (aber eine der effektivsten, worüber sich der Aufwand überhaupt erst legitimiert; Philipp, 2013a). Ihren Nutzen hat sie dort, wo sie systematisch und längerfristig erfolgt, wo sie nicht isoliert an Einzeltexten stehen bleibt (Nix, 2010; Rosebrock & Nix, 2014) und schnelle Transferleistungen erwartet, die unrealistisch sind (Nokes-Malach & Mestre, 2013). Projekte oder gemeinsam abgesprochene Unterrichtseinheiten, in denen parallel Strategien vermittelt und geübt werden könnten, erscheinen als vergleichsweise niederschwellige erste Möglichkeiten, eine fächerübergreifende Strategieförderung zu beginnen, die für die Schülerinnen und Schüler besonders gewinnversprechend wirken. Das hat sich auch in einigen Studien zu besonders erfolgreichen Schulen gezeigt, die aufgrund ihrer Lage und Schülerschaft unerwartet erfolgreiche Schülerinnen und Schüler aufwiesen: Regelmäßig wurden dort die enge Kooperation von Lehrpersonen, eine gemeinsame Zielsetzung im Unterricht und eine unterstützende Schulführung als wichtige Faktoren vorgefunden (Mohan, Lundeberg & Reffitt, 2008; s. Teilkap. 6.5). Ein abschließendes Beispiel soll im nächsten Teilkapitel verdeutlichen, wie eine eindrucksvolle Förderung an einer Schule konkret aussehen kann, in der integrativ das Lesen und Schreiben gefördert wird. Das exemplarische Beispiel soll als Vision dienen, wie die „Leseförderung 2.0" aussehen kann.

6.5 Ausblick: Die „Bennett Woods Elementary School" – ein exzellentes Beispiel für die umfassende Lese- und Schreibförderung

Die „Bennett Woods Elementary School" (im Folgenden: BWES) ist eine herausragende Schule aus dem US-Staat Michigan. Ihre Schülerinnen und Schüler (die meisten aus Mittelschichtfamilien) hatten nämlich im Jahr 2004 außergewöhnlich hohe Werte in einem bundestaatweiten Lese- und Schreibtest. Die Primarschule, die eng mit der hiesigen Universität zusammenarbeitete (so gab es im vglw. kurzen Zeitraum der Studie allein acht interne Weiterbildungen), besuchten rund 300 Kinder aus der Vorschule bis zur fünften Klasse; sie wurden zum Zeitpunkt der Untersuchung von 20 Lehrpersonen mit einer Berufserfahrung von zehn bis 35 Jahren in Klassengrößen von 18 bis 23 Kindern unterrichtet. Von den Lehrpersonen waren sechs auf bestimmte Bereiche spezialisiert, darunter auf das Lesen oder auch Englisch als Zweitsprache. Im Rahmen der Studie wurden mehr als 270 Stunden Beobachtungen und Interviews im Zeitraum von vier Monaten durchgeführt (Pressley et al., 2007; die folgende Paraphrase folgt dieser Quelle).

6.5.1 Die Schule und ihre Leitung

An der BWES befanden sich in allen Klassenzimmern Bücherregale, in denen Titel zu den Unterrichtsthemen standen. Jeder Klassenraum war zugleich eine eigene Bibliothek, die von einer weiteren schulweiten Bibliothek flankiert wurde. Die Lesestoffe waren sehr attraktiv. Zusätzlich gab es in jedem Klassenzimmer moderne Computer sowie einen eigenen allgemeinen Computerraum und einen weiteren, der für ein spezielles Förderprogramm für leistungsschwache Viert- und Fünftklässler gedacht war.

Die Schulleiterin, die zum Zeitpunkt der Studie sechs Jahre im Amt war, hatte gleich zu Beginn ihrer Amtszeit schulweit das sprachliche Lernen zu einer Hauptaufgabe gemacht. Der Erfolg stellte sich eindrücklich ein: Erreichten vor der Dienstzeit der Direktorin insgesamt 27 Prozent nicht die Vorgaben des bundesstaatweiten Lesetests (und 62 Prozent beim Schreibtest), waren es im Jahr 2005 nur zwei Prozent (beim Schreiben: 16 Prozent). Das ist auch deshalb so erwähnenswert, weil sich im Laufe der Zeit Veränderungen in der Schülerschaft ergeben haben: Es strömten mehr Kinder in die Schule, die einen größeren Förderbedarf hatten, was eigentlich die Testwerte nach unten drücken müsste.

Die Schulleiterin zeichnete sich dadurch aus, dass sie einerseits viel delegierte und andererseits häufig hospitierte. Hinsichtlich der Delegation ist anzumerken, dass die Pädagogin einzelnen Lehrpersonen mit hoher Expertise im Lesen und Schreiben die Freiheit ließ, ein schulweites Programm zur konzertierten Lese- und Schreibförderung zu erstellen. Umgekehrt besuchte sie häufig den Unterricht und war sich der Differenzen der Klassen und der unterschiedlichen Vorgehensweisen und Vorlieben der einzelnen Kolleginnen und Kollegen sehr bewusst. Außerdem sorgte die Schulleiterin dafür, dass das Kollegium sich in Professionalisierungsmaßnahmen weiterbildete (60 Stunden pro Schuljahr).

6.5.2 Die Lehrpersonen und ihr Unterricht

Die Lehrpersonen betonten in Befragungen den Wert der oben angesprochenen Professionalisierungsmaßnahmen im Bereich des Muttersprachenunterrichts. Sie fanden diese nicht nur wichtig, sondern betonten, dass sie ihre Unterrichtspraxis beeinflussten und sie aus den Weiterbildungen Elemente gezielt in den Unterricht integrierten. Den Nutzen von Fortbildungen veranschlagten die Lehrpersonen so hoch, dass sie diese sogar aus eigener Tasche bezahlten. Neben den Fortbildungen nutzten sie Fachliteratur (mit Fokus auf das Leseverstehen und wie man es vermittelt). Im Kollegium zirkulierten entsprechende Fachbücher, und es gab zweiwöchentlich einen Lehrer-Buchclub, in dem sich die Lehrpersonen regelmäßig über die Bücher austauschten.

Das Interesse an erfolgreicher Förderung zeigte sich außerdem im Bereich der in den USA typischen bundesstaatweiten Tests, die in Deutschland mit den Vergleichsarbeiten korrespondieren. Die beiden für das Lesen und Schreiben zuständigen Koordinatorinnen informierten sich umfangreich über diese Tests und informierten ihrerseits das Kollegium über die Art und Inhalte der Testungen sowie die Auswertungsverfahren, wobei beispielsweise die Beurteilungen beim Schreiben jenen der bundesstaatweiten Tests gezielt nachempfunden wurden.

Standardisierte Tests im Lesen kamen regelmäßig zum Einsatz. Diese Tests wertete eine spezialisierte Lehrerin aus und kommunizierte die Ergebnisse auf verständliche Weise der jeweiligen Lehrperson. Ziel war es, ein Screening dafür zu nutzen, Schülerinnen und Schüler mit erhöhtem Förderbedarf zu identifizieren (mindestens vier bis fünf pro Klasse). Diese Schülerinnen und Schüler erhielten zusätzliche Förderung in Kleingruppen mit zwei bis sieben Kindern oder – bei älteren Schülerinnen und Schülern – individuelle Förderung am Computer außerhalb des Regelunterrichts. Der Förderunterricht bezog sich auf jene Schwierigkeiten und entwicklungsbedingten Fähigkeiten, die akut waren.

Daneben sorgten weitere Lehrpersonen für hohe Verknüpfungen des Unterrichts an der BWES. Ein Kunstlehrer etwa nahm die aktuell gelesenen Bücher im Unterricht zum Anlass, Bilder malen zu lassen, die von diesen Lektüren inspiriert waren. Diese Bilder wurden dann öffentlich ausgestellt und die Ausstellung erneuert. Außerdem gab es einen Bibliotheksspezialisten, den die Kinder wöchentlich in der Schulbibliothek besuchten. Dort las er ihnen eine Geschichte oder aus einem Buch laut vor und stellte verfügbare Bücher vor. Der Bibliotheksspezialist wusste außerdem über die Unterrichtsinhalte Bescheid und hielt sichtbar Bücher verfügbar, die zum aktuellen Unterrichtsinhalt passten. Diese hohe Kongruenz in der gesamten Schule war deshalb möglich, weil es innerhalb der Schule unterstützende Richtlinien zu den (verbindlichen) Unterrichtsinhalten für alle Klassenstufen gab.

6.5.3 Der Einbezug der Eltern

Nicht nur die Lehrpersonen arbeiteten vernetzt miteinander, auch die Eltern wurden systematisch und aktiv einbezogen. Es gab Wissenschaftsnächte mit Experimenten und Projekten der Kinder, die die Eltern sich ansehen konnten, und „Feste des Lernens" in der Schule. Die Hausaufgaben für die Kinder waren zusätzlich so angelegt, dass Eltern und Kinder sie gemeinsam bearbeiten konnten. Die Eltern wurden permanent über die Leistungen ihres Kindes kontinuierlich informiert, wobei der Schwerpunkt auf dem Lesen und Schreiben lag. Die Lehrpersonen informierten die Eltern zum Teil wöchentlich über das Geschehen in der Schule (sei es per E-Mail, sei es mit einer eigenen Website), und es gab einen schulweiten Newsletter, der mehrmals pro Woche die Eltern erreichte.

6.5.4 Die zwei unterrichtlichen und curricularen Schwerpunkte: Lese- und Schreibförderung

Innerhalb des schulübergreifenden Unterrichts ließen sich zwei Schwerpunkte erkennen: extensives Lesen und die explizite Vermittlung beim Lesen zum einen und ein hohes Maß an Schreibförderung zum anderen. Diese beiden Schwerpunkte werden im Folgenden separat beschrieben. Zuvorderst soll aber noch ein genereller Aspekt angesprochen werden, in dessen Licht die Lese- und Schreibfördermaßnahmen besser verständlich werden. Es handelt sich um die Zielsetzung, aus den Kindern selbstregulierte Lernerinnen und Lerner zu machen.

Dieses Ziel wurde schon in Klasse 1 konsequent verfolgt, indem die

Lehrpersonen den Kindern immer wieder sagten, dass es hilfreich ist, bei der Aufgabenbearbeitung planvoll vorzugehen. Dabei bauten die Lehrpersonen auch Brücken, indem sie Wahlmöglichkeiten offerierten und den Kindern damit ebenso Verantwortung beim Lernen übertrugen, wie sie von ihnen verlangten, beim Lernen in Selbstlernzentren selbstständig zu sein (natürlich gab es aber Unterstützungsleistungen, wo sie gebraucht wurden). Wahlmöglichkeiten bestanden in Klasse 3 dahingehend, dass die Kinder Textrevisionen entweder allein oder mit einem Klassenmitglied durchführen konnten. Außerdem wurden die Aufgaben anspruchsvoller, indem jedes Kind eine klassenweite Diskussion über einen gelesenen Text leitete. Dafür wurden sie von den Lehrpersonen vorbereitet, die ihnen Kärtchen mit möglichen Fragen zur Verfügung stellten, die sich auf den Einsatz von Lesestrategien bezogen. Die Anforderungen an die Viert- und Fünftklässler fielen nochmals höher aus. Die Kinder leiteten Diskussionen in kleinen Gruppen, sollten dabei Ziele festlegen und gemeinsam mit der Gruppe über den Fortschritt der gesamten Gruppe reflektieren.

Eine weitere Art, das selbstregulierte Lernen zu fördern, war die stete Ermutigung, über sein eigenes Lernen nachzudenken. Dazu dienten Beurteilungsraster beim Schreiben in der ersten Klasse, aber auch die Aufforderungen von Lehrpersonen an die Kinder, beispielsweise darüber nachzudenken, was heute gut geglückt sei. Die Anforderungen wurden zudem immer anspruchsvoller, indem die Kinder ihre Antworten immer stärker begründen sollten. Die sich hier schon abzeichnende Progressionslogik zieht sich auch bei den Lese- und Schreibfördermaßnahmen wie ein roter Faden durch die Darstellung.

6.5.4.1 Lesefördermaßnahmen

Jedes Kind an der BWES wurde dazu ermutigt, viel und parallel zu lesen. So hatte in den höheren Klassenstufen jedes Kind eine Büchertasche mit mindestens zehn Büchern (in höheren Klassen wurden die Bücher im Tisch aufbewahrt). Diese Bücher umfassten einerseits freiwillig ausgewählte Titel, andererseits solche, die im Englisch- und Fachunterricht gelesen wurden. Den primären Lesestoff bildeten spätestens ab der zweiten Klasse qualitativ hochwertige Kinderbücher von meist bekannten Kinderbuchautorinnen und -autoren. Diese Texte waren auf die Leseleistungen der Kinder abgestimmt. Zusätzlich gab es auch noch Zugang zu Texten, die für die Kinder hinsichtlich des selbstständigen Lesens zu anspruchsvoll waren. Solche Texte lasen die Lehrpersonen täglich vor, wobei sie ausdrucksstark und enthusiastisch vorgingen. In den anschließenden Diskussionen tauschten sich die Lehrpersonen mit den Kindern über die Textinhalte aus.

Bei der Leseförderung wurden *je nach Altersgruppe verschiedene Schwerpunkte* gelegt. In der Vorschule wurde vor allem die phonologische Bewusstheit geschult. Es gab zum Beispiel jeweils einen „Buchstaben der Woche", und die Kinder lasen und schrieben diesen und dachten über Wörter nach, die mit diesem Buchstaben beginnen. Außerdem wurden die Kinder mit Reimen konfrontiert und diskutierten über verwirrende Buchstaben, die sich optisch ähnelten (wie p und q). In der ersten Klasse lag ein Fokus auf der Wortebene, denn hier analysierten die Kinder die lautliche Struktur von Wörtern, um einander ähnelnde Wörter zu finden. Dafür wurde eine „Wörterwand" eingesetzt, auf der häufig vorkommende Wörter standen (wie Farbbezeichnungen). Solche Wörterwände wurden in allen Klassenstufen eingesetzt. Die Fokussierung auf die Lautlichkeit von Wörtern bildete einen Schwerpunkt bis Klasse 2, danach änderte sich der Fokus, zum Beispiel auf die Rechtschreibung, die systematisch gefördert und wöchentlich getestet wurde.

Einen weiteren und kontinuierlichen Schwerpunkt in der Leseförderung bildete die Verbesserung des *Wortschatzes.* Wenn in Texten oder Diskussionen Wörter auftauchten, die die Kinder vermutlich noch nicht kannten, gab es vertiefende Diskussionen. So bat die Lehrperson die Kinder, zu erklären, was ein Wort bedeuten könne. Sie ermutigte die Kinder dann einerseits zu einer morphologischen Analyse und andererseits zu Erklärungen, warum sie glaubten, dass entsprechende Wort habe die vorgeschlagene Bedeutung. Sukzessive wurde in den Diskussionen die tatsächliche Wortbedeutung geklärt. Auch die Nutzung des Kontextes wurde gezielt und explizit vermittelt. So gab es in den Klassenstufen 1 bis 3 Übungen, bei denen auf Folien einzelne Wörter verdeckt waren. Die Kinder wurden gezielt dazu angehalten, die passenden Wörter per Kontextanalyse zu finden und die Antworten zu begründen (s. Strategie 76 in Teilkap. 5.2.10.1).

Neben diesem eher spielerisch wirkenden Ansatz gab es weitere. Eine Variante der systematischen Wortschatzförderung bestand beispielsweise darin, dass in den wöchentlichen Tests jedes Mal neues Vokabular mit definierenden Sätzen geübt wurde (etwa: „Ihre *Ausgangssperre* war Mitternacht. Sie musste zu der Zeit daheim sein."). Im Fachunterricht wurde mit zunehmender Intensität der Fachwortschatz gefördert, zum Beispiel mit Wortfeldern oder Listen von neuem Vokabular bei Unterrichtseinheiten oder bei neu zu lesenden Büchern. Auch die Wortwände wurden gezielt eingesetzt, denn sie enthielten in den höheren Klassen jene Wörter, die die Kinder kennen sollten. Für einen besseren schriftsprachlichen Ausdruck und Stil stand ferner den Fünftklässlern ein Buch mit dem Titel „Wundervolle Wörter und Ausdrücke" zur Verfügung. Es enthielt Hunderte von Ausdrücken (Homonyme, Antonyme, Konjunktionen, Verben etc.) und eigene Seiten für sogenannte „Wow-Wörter“, also solchen Wörtern, die die Kinder noch nicht kannten und dort aufschreiben konnten.

Ein dritter Fokus der Leseförderung lag bei der *Vermittlung der Lesestrategien und der Verbesserung des Leseverstehens.* Bereits die Wortschatzarbeit hatte das Leseverstehen zum Gegenstand. Im dritten Fokus wurde dies noch intensiver angegangen. Die Kinder hörten häufig von den Lehrpersonen Aussagen wie: „Das Wichtigste beim Lesen ist es, die Bedeutung zu erhalten“. Wie dies ging, wurde den Kindern durch Strategievermittlung beigebracht. Zum Beispiel berichtete ein Mädchen in einer Stunde, in der es um einen ängstlichen Vogel ging, dass es selbst auf dem Trampolin Angst gehabt habe. Die Lehrerin griff dies auf, indem sie sagte: „Du hast eine Verbindung zwischen dir und dem Text hergestellt. Du hast darüber nachgedacht, wie dein Leben und der Text verbunden sind“ (s. Strategie 33.3e in Teilkap. 5.2.5). Solche Kommentare und andere (bei Selbstkorrekturen im Lesen: „Hast du es noch einmal gelesen? Gute Strategie“, s. Strategie 79.6 in Teilkap. 5.2.10.1; oder: „Habt ihr euch das bildlich vorgestellt?“; s. Strategie 19 in Teilkap. 5.2.3) waren typisch für den Unterricht der ersten Klasse. In der zweiten Klasse wurde dies fortgesetzt und von weiteren Strategien flankiert, etwa dem Formulieren von schriftlichen Fragen an den Text, die dann in der Gruppe diskutiert wurden. Außerdem sollten die Zweitklässler noch ihre Vorstellungen notieren und die Verbindungen zwischen Textinformationen. Solche Strategien wurden von den Lehrpersonen modelliert und vermittelt. In Klassenstufe 3 bis 5 kamen das Zusammenfassen, die gezielte Vorwissensaktivierung und weitere Strategien hinzu. Wichtig ist: Die Strategien wurden kontinuierlich und im Sinne einer deutlich erkennbaren Progressionslogik als selbstverständlicher Teil des Unterrichts vermittelt.

Ebenso typisch war die kontinuierliche, informelle *Diagnose des Leseverstehens* mittels mündlicher (und mitunter kognitiv sehr anspruchsvoller) Fragen und schriftlicher Aufgaben. Bei den schriftlichen Aufgaben gab es textbezogene Einzelfragen oder Batterien von Fragen, und in höheren Klassen und dort bei Sachtexten sollten die Kinder Schaubilder zu Texten erstellen, um die Beziehungen von Informationen untereinander zu verdeutlichen.

Damit die Kinder die im Unterricht so wichtigen Geschichten verstehen können, wurde ihnen nicht nur die Strategienutzung beigebracht. Es gab als zusätzliche Unterstützung ab Klasse 2 schriftliche Buchberichte, in denen verlangt wurde, die typischen Elemente von Geschichten darzustellen. Die Kinder sollten die Figuren, das Setting, die Probleme im Sinne der Komplikationshandlung sowie das Ende der Handlung auf einem eigens dafür vorgegebenen Blatt beschreiben. Für die jüngeren Kinder bestand die Anforderung, zu jeder der eben genannten Kategorien einen bis zwei Sätze zu schreiben, Viert- und

Fünftklässler wurden dazu angehalten, mindestens vier Absätze zu schreiben (s. dazu das Schreibstrategiebündel 7 × W inTeilkap. 6.3.3).

6.5.4.2 Schreibfördermaßnahmen

Bei der Schreibförderung gingen die Lehrpersonen der BWES ebenfalls systematisch vor. Das hospitierende Forschungsteam hebt deutlich hervor, dass es bei jeder Unterrichtsbeobachtung immer auch Schreibfördermaßnahmen gab. Das begann schon mit kurzen schriftlichen Reaktionen auf Gelesenes in der Klassenstufe 1. Hier sollten zum Beispiel die Kinder nach dem Lesen in drei Sätzen etwas über die Merkmale der Hauptfigur schreiben. Bei anderen Schreibanlässen sollten die Kinder schriftlich die besten und schlimmsten Dinge notieren, die eine Hauptfigur im Verlauf der Handlung getan hat. Außerdem lernten die Kinder bereits, ihre eigenen Texte zu beurteilen, zu überprüfen und zu überarbeiten.

In den höheren Klassenstufen stiegen die Anforderungen an die Kinder. Die Kinder in Klasse 2 lernten, mittels W-Fragewörtern eigene Fragen zu Texten zu erstellen. Außerdem wurde die Textlänge erheblich umfangreicher: Verlangt wurden Absätze, mehrere Absätze und zum Teil mehrere Seiten Text. Sämtliche Teilprozesse des Schreibens – Planen (inklusive Brainstorming), technisches Verschriften und Revidieren – wurden vermittelt, und es gab verschiedene Textformen, die die Kinder schrieben (zum Beispiel Inhaltsangaben, Leserbriefe und schriftliche Reaktionen auf den Text).

In Klasse 3 wurden die Schreibprojekte noch komplexer. Die Kinder schrieben zum Beispiel im Rahmen von zwei Wochen einen Text, in dem sie mithilfe eines Denkblatts etwas erklären sollten. Dabei gingen sie kooperativ vor und überarbeiteten den Text zweimal. Wichtig war bei alldem die Nutzung von Beurteilungsrastern, die die Schülerinnen und Schüler ganz selbstverständlich einbanden, ohne dass die Lehrpersonen sie darauf hinweisen mussten. Gleichwohl gab es in Klasse 3 explizite Vermittlungsformen. Zum Beispiel nutzte die Lehrperson einen Schülerentwurf, der an die Wand projiziert wurde. Diesen Entwurf besprach sie mit der gesamten Klasse, wobei die Kinder und die Lehrperson konkrete Verbesserungsvorschläge machten und erklärten, warum sie beispielsweise Synonyme vorschlugen. Außerdem erfolgte das Schreiben als Mittel zum Lernen. Drittklässler sollten einen Bericht zu einem Tier schreiben und dabei in acht Themenbereichen (wie Lebensraum, Fressgewohnheiten, Feinde etc.) jeweils eine Seite Text produzieren. Die Informationen verschafften sich die Kinder aus zur Verfügung stehenden Büchern. Der Schreibprozess war umfangreich, und die Einheit dauerte eineinhalb Monate. Am Ende schrieben die Kinder ihre mehrfach überarbeiteten Texte am Computer ab.

Noch anspruchsvoller wurde es in Klassenstufe 4. Hier wurden zum einen noch gezielt jene Fähigkeiten geschult, die die Kinder noch nicht in dem Maße beherrschten, wie es gewünscht war. Zum anderen wurde ihnen auch vermittelt, wie und wozu man Zusammenfassungen für andere erstellt. Diese Zusammenfassungen bezogen sich wiederum auf kürzlich gelesene Texte. Ebenfalls gab es unterschiedliche Aufgaben zu den Texten, etwa Analysen, Briefe an Figuren etc. Die Kinder lernten, wie man gute Fragen an Texte formuliert und wie gute Antworten darauf aussehen. Teilweise war die Schreibförderung in dieser Klassenstufe auch in die Leseclub-ähnlichen Diskussionen in der Schule eingebunden, in denen sich die Kinder über gelesene Texte austauschten und auch untereinander ihre schriftlichen Reaktionen auf Texte weitergaben und kommentierten.

In Klasse 5 waren die Anforderungen dann noch einmal höher. Die weiterhin typischen schriftlichen Reaktionen auf Texte (in diesem Fall: häufig Romane) erforderten immer längere Antworten. Dem Thema Ausdruck beim Schreiben wurde in Klasse 5 verstärkt Aufmerksamkeit geschenkt, indem die Kinder ihre Entwürfe laut vorlasen und darüber diskutierten, welche „Wow-Wörter" (s. Teilkap. 6.5.4.1 bei dem Thema Wortschatzförderung) sie verwendet hatten. Die Kinder schrieben nun nicht mehr zu Einzeltexten, sondern zu mehreren (s. Teilkap. 5.3).

Außerdem variierten die Schreibaufträge, indem die Kinder (kooperativ) Texte aus unterschiedlicher Perspektive erstellten. So sollten sie einen Text zu einem bevorstehenden Baseballspielbesuch erstellen und dabei dieses Spiel entweder lieben oder hassen sowie aus der Perspektive der Eltern des Kindes oder aus der Sicht eines Ticketverkäufers darstellen.

Erwähnenswert ist, dass jedes Kind an dieser Schule ein eigenes Schreibportfolio hatte, in dem sämtliche selbstständig und vollständig ausgeführten Texte gesammelt wurden. Dieses Portfolio wurde von Lehrperson zu Lehrperson gereicht, wenn das Kind in der Schullaufbahn weiter voranschritt. Dadurch erhielten die jeweils nachfolgenden Lehrpersonen Einblicke in den Stand der aktuellen Schreibkompetenz zum Zeitpunkt des Übertritts.

6.5 Zusammenfassung

Dieses Buchkapitel hat ganz unterschiedliche Bereiche der Strategievermittlung behandelt. Den Auftakt bildete eine Verortung der Strategievermittlung in einem inzwischen breit akzeptierten lesedidaktischen Modell von Lesekompetenz. Dieses Modell trennt drei Ebenen, die sich analytisch separieren lassen, im Lese- und Vermittlungsprozess hingegen dynamisch interagieren.

Die Vermittlung von Lesestrategien lässt sich nach diesem Modell auf einen Großteil der Leseprozessebene und der Subjektebene des Lesers anwenden.

Die Strategievermittlung ist ein hochdynamisches Geschehen, das sich einerseits regelhaft vollzieht, aber andererseits auch von schüler- und lehrerseitigen Merkmalen beeinflusst wird. Hinsichtlich der Schülerinnen und Schüler ist zunächst anzuführen, dass man lesebezogene Probleme auf unterschiedliche Arten lösen kann und dass dies noch dadurch verstärkt wird, dass man zu unterschiedlichen Zeitpunkten im Leben unterschiedliche Präferenzen hat. So kann eine früh erworbene Strategie an Bedeutung verlieren, weil man effektivere Strategien vermittelt bekommen hat oder für sich selbst entwickelt. Umgekehrt kann eine schlummernde Strategie eine Art „Inkubationszeit" haben und im Lichte sich ändernder Umstände und Aufgabenanforderungen wieder aktuell und nützlich werden. Dieser Logik folgend postuliert das „Modell der überlappenden Wellen", dass auf lange Sicht Veränderungen in der Strategienutzung zu erwarten sind. Das ist auch deshalb so wichtig, weil die Texte, auf die Schülerinnen und Schüler in den verschiedenen Lebenskontexten und Unterrichtsfächern treffen, jeweils spezifische Ansprüche stellen.

Die bisherigen Ausführungen gingen davon aus, dass eine Person die Strategien bereits effektiv beherrscht. Diese Fähigkeit wird als „Strategiereife" bezeichnet und bildet ihrerseits den Zielpunkt der Strategievermittlung. Nur wer das Stadium der Strategiereife erreicht, kann eine Strategie wirklich selbstreguliert im Wortsinne einsetzen. Auf dem zugegebenermaßen steinigen Weg dorthin überwinden Lernende Defizite, die mit der spontanen richtigen Anwendungen zum einen zu tun haben und mit dem sich sukzessive einstellenden Nutzen zum anderen. Hierbei gibt es eine in der Forschung klar benennbare Reihenfolge, woran es wann hapert. Besonders wichtig ist das Motivationstal, durch das Kinder und Jugendliche gehen, wenn sie sich bemühen, die Strategie richtig anzuwenden. Das ist eine veritable Sollbruchstelle und damit eine ausgesprochen heikle Phase, da die Gefahr von Frustrationen hoch ist und unter ungünstigen Umständen der Eindruck entstehen kann, Strategien seien nutzlos bzw. *nutzlos und anstrengend*. Deshalb ist die Angemessenheit der Texte genauso wichtig wie eine positive Bekräftigung.

Von der eben skizzierten Aneignungslogik ist es nicht weit zu jener der Vermittlung. Hierfür wurde ein mehrphasiges Modell vorgestellt, das Lehrpersonen und Schülerinnen sowie Schülern zu bestimmten Phasen unterschiedliche Rollen und Zuständigkeiten zuweist. Dabei trägt die Lehrperson anfänglich die meiste Verantwortung und überträgt sie sukzessive an die Lernenden. Die Vermittlung beginnt mit der Vermittlung von Strategiewissen und dem Diskutieren darüber, wie die gewählte Strategie die Leistungen verbessern kann. Dies soll die Effekte des Motivationstals abzufedern helfen.

Im Anschluss daran demonstriert die Lehrperson das gewünschte Vorgehen, damit die Schülerinnen und Schüler zunächst stellvertretend die Strategieanwendung bewusst erleben. Erst danach sollen die Schülerinnen und Schüler – zunächst eher eng geführt bzw. durch anspruchsvolle, aber nicht zu schwierige Aufgaben und weitere Unterstützungsleistungen – die Strategien üben, damit sie deren Nützlichkeit erleben. Die Unterstützungsleistungen werden sukzessive, aber nicht zu schnell zurückgefahren. Von entscheidender Bedeutung ist: Ohne Übung und ohne eine längerfristige Perspektive ist Strategievermittlung nicht sinnvoll zu denken. Dabei liegt es schlussendlich an den Lehrzielen von Lehrpersonen, den Schwierigkeitsmerkmalen der Strategie, Eigenschaften von Schülerinnen und Schüler, verfügbaren aktuellen Texte und vielem mehr, wie lang die Strategievermittlung de facto dauert. Außerdem haben Lehrpersonen die Freiheit, die Vermittlungsphasen zu kombinieren und zu wiederholen, solange die dahinterstehende Logik nicht gefährdet wird.

Die längerfristige Perspektive trifft man auch bei der Entwicklung als Lehrperson im Allgemeinen und als Lesestragievermittler bzw. -vermittlerin im Besonderen an. Sehr gute Lehrpersonen ähneln strukturell in vielen Merkmalen Experten aus anderen lebensweltlichen Bereichen, etwa exzellenten Schachspielern, hervorragenden Ärzten, namhaften Dirigenten und Musikern etc. Was sie eint, wird in der Forschung als Expertise und damit als höchste Form des Könnens bezeichnet, wobei es hier keinen echten Endzustand gibt. Als Experte wird man aber nicht geboren, sondern man wird durch Lernen, viel Übung und Auseinandersetzung mit dem jeweiligen Gegenstand bzw. der jeweiligen Tätigkeit erst dazu. Und: Nicht alle erreichen das Expertisestadium. Dies nimmt ein Modell auf, das davon ausgeht, dass sich Lehrpersonen vor allem in den ersten Jahren des Berufseinstiegs verändern, wobei ihre Wissensbestände und Vorgehensweisen einem Wandel unterliegen. Damit ähneln sie sich wiederum strukturell in den Lernprozessen, die ihre Schülerinnen und Schüler durchlaufen. Dies greifen längerfristige Professionalisierungsmaßnahmen gezielt auf und versuchen, Lehrpersonen handlungsfähiger zu machen, die daraufhin ihre Vermittlungsformen und ihren Unterricht verändern, was wiederum bedeutend für die Lernerfolge der Schülerinnen und Schüler ist. Diese längerfristige Veränderung im Unterricht wurde in diesem Kapitel anhand eines Beispiels nebst einem Unterrichtsauszug gezeigt. Ebenso demonstrierten authentische Beispiele, wie das für den Strategieerwerb so wichtige Modellieren der Vorgehensweise aussehen kann.

Weil Strategievermittlung zunächst ungewohnt ist und der Unterricht gezielt um dieses Element angereichert werden soll und weil das Motivationstal der Schüler auch bei Lehrpersonen zu erwarten ist, wenn etwas nicht auf Anhieb klappt, gab es in diesem Kapitel eine Reihe von Tipps für die Umsetzung. So erscheint es günstiger, einige allgemeine und in vielen Situationen nützliche Strategien zu vermitteln, statt einen vollständigen ‚Strategiekanon'. Dabei gibt es vieles, was Sie als Lehrperson tun können, aber es gibt kein Standardvorgehen. Außerdem ist es mit der Vermittlung von einigen Strategien nicht getan, sondern Lehrpersonen sollen kontinuierlich weitere Strategien suchen, die Motivation unterstützen und im besten Falle mit Kolleginnen und Kollegen kooperieren. Wie gut das gelingen kann und wie stark vernetzt und curricular aufgebaut die Fördermaßnahmen in der Realität sein können, hat ein umfangreiches Fallbeispiel einer amerikanischen Primarschule, der „Bennett Woods Elementary School" am Ende des Kapitels eindrucksvoll demonstriert, wobei diese Schule sich in ihrer Schulkultur erheblich verändert hat. Es ist dabei aber nicht die Vermittlung von Strategien allein, die für den offenkundigen Erfolg bei den Schülerinnen und Schülern sorgt, sondern eine komplexe und natürlich voraussetzungsreiche Verbindung verschiedener Faktoren. In besagter Schule erfolgte gleichwohl die integrative Vermittlung von Lese- und Schreibstrategien als elementarer, fächerübergreifender Bestandteil des alltäglichen Unterrichts. Strategien wurden dezidiert nicht als Selbstzweck, sondern – im Einklang mit ihrem per definitionem instrumentellen Charakter – als Werkzeuge vermittelt. Ein solch unaufgeregter Umgang mit ihnen und eine so konsequente Förderung sind das Beste, was man leseschwachen Kindern und Jugendlichen nur wünschen und angedeihen lassen kann.

Literatur

Afflerbach, P. (2000). Verbal Protocols and Protocol Analysis. In P. D. Pearson, R. Barr & M. L. Kamil (Eds), *Handbook of Reading Research. Volume III* (pp. 163–179). New York: Erlbaum Associates.

Afflerbach, P., Pearson, P. D. & Paris, S. G. (2008). Clarifying Differences between Reading Skills and Reading Strategies. *Reading Teacher, 61* (5), 364–373.

Afflerbach, P. P. & Cho, B.-Y. (2009). Identifying and Describing Constructively Responsive Comprehension Strategies in New and Traditional Forms of Reading. In S. E. Israel & G. G. Duffy (Eds), *Handbook of Research on Reading Comprehension* (pp. 69–90). New York: Routledge.

Afflerbach, P. P. & Cho, B.-Y. (2010). Determining and Describing Reading Strategies: Internet and Traditional Forms of Reading. In H. S. Waters & W. Schneider (Eds), *Metacognition, Strategy Use, and Instruction* (pp. 201–225). New York: Guilford Press.

Alexander, P. A. (2005). The Path to Competence: A Lifespan Developmental Perspective on Reading. *Journal of Literacy Research, 37* (4), 413–436.

Alexander, P. A. & Fox, E. (2013). A Historical Perspective on Reading Research and Practice, Redux. In D. E. Alvermann, N. Unrau & R. B. Ruddell (Eds), *Theoretical Models and Processes of Reading*. 6th ed. (pp. 3–46). Newark: International Reading Association.

Alexander, P. A., Fox, E., Maggioni, L., Loughlin, S., Baggetta, P., Dinsmore, D., Grossnickle, E. M., List, A., Parkinson, M. M., Winters, F. I. & Dumas, D. (2012). Reading into the Future: Competence for the 21st Century. *Educational Psychologist, 47* (4), 259–280.

Alexander, P. A., Graham, S. & Harris, K. R. (1998). A Perspective on Strategy Research: Progress and Prospects. *Educational Psychology Review, 10* (2), 129–154.

Alexander, P. A., Kulikowich, J. M. & Jetton, T. L. (1994). The Role of Subject-Matter Knowledge and Interest in the Processing of Linear and Nonlinear Texts. *Review of Educational Research, 64* (2), 201–252.

Anderman, E. M. (2011). Educational Psychology in the Twenty-First Century: Challenges for Our Community. *Educational Psychologist, 46* (3), 185–196.

Anders, P. L., Hoffman, J. V. & Duffy, G. G. (2000). Teaching Teachers to Teach Reading: Paradigm Shifts, Persistent Problems, and Challenges. In P. D. Pearson, R. Barr & M. L. Kamil (Eds), *Handbook of Reading Research. Volume III* (pp. 719–742). New York: Erlbaum Associates.

Anderson, V. (1992). A Teacher Development Project in Transactional Strategy Instruction for Teachers of Severely Reading-Disabled Adolescents. *Teaching and Teacher Education, 8* (4), 391–403.

Anmarkrud, Ø. & Bråten, I. (2009). Motivation for Reading Comprehension. *Learning and Individual Differences, 19* (2), 252–256.

Anmarkrud, Ø. & Bråten, I. (2012). Naturally-Occurring Comprehension Strategies Instruction in 9th-Grade Language Arts Classrooms. *Scandinavian Journal of Educational Research, 56* (6), 591–623.

Appel, M. & Schreiner, C. (2014). Digitale Demenz? Mythen und wissenschaftliche Befundlage zur Auswirkung von Internetnutzung. *Psychologische Rundschau, 65* (1), 1–10.

Archer, A. L. & Hughes, C. A. (2011). *Explicit Instruction: Effective and Efficient Teaching*. New York: Guilford Press.

Artelt, C. & Schlagmüller, M. (2004). Der Umgang mit literarischen Texten als Teilkompetenz im Lesen? Dimensionsanalysen und Ländervergleiche. In U. Schiefele, C. Artelt, W. Schneider & P. Stanat (Hrsg.), *Struktur, Entwicklung und Förderung von Lesekompetenz. Vertiefende Analysen im Rahmen von PISA 2000* (S. 167–196). Wiesbaden: VS Verlag für Sozialwissenschaften.

Artelt, C., Stanat, P., Schneider, W. & Schiefele, U. (2001). Lesekompetenz: Testkonzeption und Ergebnisse. In Deutsches PISA-Konsortium (Hrsg.), *PISA 2000. Basiskompetenzen von Schülerinnen und Schülern im internationalen Vergleich* (S. 69–137). Opladen: Leske + Budrich.

Aulls, M. Wesley. (1986). Actively Teaching Main Idea Skills. In J. F. Baumann (Ed.), *Teaching Main Idea Comprehension* (pp. 96–132). Newark: International Reading Association.

Bakker, M., van Dijk, A. & Wicherts, J. M. (2012). The Rules of the Game Called Psychological Science. *Perspectives on Psychological Science, 7* (6), 543–554.

Bandura, A. (1986). *Social Foundations of Thought and Action: A Social Cognitive Theory.* Englewood Cliffs: Prentice-Hall.

Berliner, D. C. (2001). Learning about and Learning from Expert Teachers. *International Journal of Educational Research, 35* (5), 463–482.

Berliner, D. C. (2004). Describing the Behavior and Documenting the Accomplishments of Expert Teachers. *Bulletin of Science, Technology & Society, 24* (3), 200–212.

Bjorklund, D. F., Miller, P. H., Coyle, T. R. & Slawinski, J. L. (1997). Instructing Children to Use Memory Strategies: Evidence of Utilization Deficiencies in Memory Training Studies. *Developmental Review, 17* (4), 411–441.

Boekaerts, M. (1996). Self-Regulated Learning at the Junction of Cognition and Motivation. *European Psychologist, 1* (2), 100–112.

Boer, H. de, Donker, A. S. & van der Werf, M. P. C. (in press). Effects of the Attributes of Educational Interventions on Students' Academic Performance: A Meta-Analysis. *Review of Educational Research.*

Bong, M. & Skaalvik, E. M. (2003). Academic Self-Concept and Self-Efficacy: How Different Are They Really? *Educational Psychology Review, 15* (1), 1–40.

Bos, W., Bremerich-Vos, A., Tarelli, I. & Valtin, R. (2012). Lesekompetenzen im internationalen Vergleich. In W. Bos, I. Tarelli, A. Bremerich-Vos & K. Schwippert (Hrsg.), *IGLU 2011. Lesekompetenzen von Grundschulkindern in Deutschland im internationalen Vergleich* (S. 91–135). Münster: Waxmann.

Bråten, I., Anmarkrud, Ø., Brandmo, C. & Strømsø, H. I. (2014). Developing and Testing a Model of Direct and Indirect Relationships between Individual Differences, Processing, and Multiple-Text Comprehension. *Learning and Instruction, 30,* 9–24.

Bremerich-Vos, A., Tarelli, I. & Valtin, R. (2012). Das Konzept von Lesekompetenz in IGLU 2011. In W. Bos, I. Tarelli, A. Bremerich-Vos & K. Schwippert (Hrsg.), *IGLU 2011. Lesekompetenzen von Grundschulkindern in Deutschland im internationalen Vergleich* (S. 69–89). Münster: Waxmann.

Britt, M. A., Perfetti, C. A., Sandak, R. & Rouet, J.-F. (1999). Content Integration and Source Separation in Learning from Multiple Texts. In S. R. Goldman, A. C. Graesser & P. van den Broek (Eds), *Narrative Comprehension, Causality, and Coherence. Essays in Honor of Tom Trabasso* (pp. 209–233). Mahwah: Erlbaum Associates.

Britt, M. A. & Rouet, J.-F. (2012). Learning with Multiple Documents: Component Skills and Their Acquisition. In J. R. Kirby & M. J. Lawson (Eds), *Enhancing the Quality of*

Learning. Dispositions, Instruction, and Learning Processes (pp. 276–314). Cambridge: Cambridge University Press.

Brown, J. S., Collins, A. & Duguid, P. (1989). Situated Cognition and the Culture of Learning. *Educational Researcher, 18* (1), 32–42.

Brown, R. (2008). The Road Not Yet Taken: A Transactional Strategies Approach to Comprehension Instruction. *The Reading Teacher, 61* (7), 538–547.

Brown, R. & Coy-Ogan, L. (1993). The Evolution of Transactional Strategies Instruction in One Teacher's Classroom. *The Elementary School Journal, 94* (2), 221–233.

Butler, D. L. & Schnellert, L. (2012). Collaborative Inquiry in Teacher Professional Development. *Teaching and Teacher Education, 28* (8), 1206–1220.

Cho, B.-Y. (2014). Competent Adolescent Readers' Use of Internet Reading Strategies: A Think-Aloud Study. *Cognition and Instruction, 32* (3), 253–289.

Christmann, U. & Groeben, N. (1999). Psychologie des Lesens. In B. Franzmann, K. Hasemann, D. Löffler & E. Schön (Hrsg.), *Handbuch Lesen* (S. 145–223). München: Saur.

Christmann, U. & Groeben, N. (2002). Anforderungen und Einflussfaktoren bei Sach- und Informationstexte. In N. Groeben & B. Hurrelmann (Hrsg.), *Lesekompetenz. Bedingungen, Dimensionen, Funktionen* (S. 150–173). Weinheim: Juventa.

Coley, J. D., DePinto, T., Craig, S. & Gardner, R. (1993). From College to Classroom: Three Teachers' Accounts of Their Adaptations of Reciprocal Teaching. *The Elementary School Journal, 94* (2), 255–266.

Collins, A., Brown, J. S. & Newman, S. E. (1989). Cognitive Apprenticeship: Teaching the Craft of Reading, Writing, and Mathematics. In L. B. Resnick (Ed.), *Knowing, Learning, and Instruction. Essays in Honor of Robert Glaser* (pp. 453–494). Hillsdale: Erlbaum Associates.

Conradi, K., Jang, B. G. & McKenna, M. C. (2014). Motivation Terminology in Reading Research: A Conceptual Review. *Educational Psychology Review, 26* (1), 127–164.

Cromley, J. G. & Azevedo, R. (2007). Testing and Refining the Direct and Inferential Mediation Model of Reading Comprehension. *Journal of Educational Psychology, 99* (2), 311–325.

Cunningham, A. E. & Stanovich, K. E. (2001). What Reading Does for the Mind. *Jounal of Direct Instruction, 1* (2), 137–149.

Dalton, B. & Proctor, C. P. (2008). The Changing Landscape of Text and Comprehension in the Age of New Literacies. In J. Coiro, M. Knobel, C. Lankshear & D. J. Leu (Eds), *Handbook of Research on New Literacies* (pp. 297–324). New York: Erlbaum Associates.

Danoff, B., Harris, K. R. & Graham, S. (1993). Incorporating Strategy Instruction within the Writing Process in the Regular Classroom: Effects on the Writing of Students with and without Learning Disabilities. *Journal of Reading Behavior, 25* (3), 295–322.

Dehaene, S. (2012). *Lesen: Die größte Erfindung der Menschheit und was dabei in unseren Köpfen passiert.* München: Btb.

Dillon, A. & Gabbard, R. (1998). Hypermedia as an Educational Technology: A Review of the Quantitative Research Literature on Learner Comprehension, Control, and Style. *Review of Educational Research, 68* (3), 322–349.

Dinsmore, D. & Alexander, P. (2012). A Critical Discussion of Deep and Surface Processing: What It Means, How It Is Measured, the Role of Context, and Model Specification. *Educational Psychology Review, 24* (4), 499–567.

Dinsmore, D., Alexander, P. & Loughlin, S. (2008). Focusing the Conceptual Lens on Metacognition, Self-Regulation, and Self-Regulated Learning. *Educational Psychology Review, 20* (4), 391–409.

Donker, A. S., Boer, H. d., Kostons, D., Dignath van Ewijk, C. C. & van der Werf, M. P. C. (2014). Effectiveness of Learning Strategy Instruction on Academic Performance: A Meta-Analysis. *Educational Research Review, 11,* 1–26.

Duckworth, A. L., Gendler, T. S. & Gross, J. J. (2014). Self-Control in School-Age Children. *Educational Psychologist, 49* (3), 199–217.

Duffy, G. G. (1993a). Rethinking Strategy Instruction: Four Teachers' Development and Their Low Achievers' Understandings. *The Elementary School Journal, 93* (3), 231–247.

Duffy, G. G. (1993b). Teachers' Progress toward Becoming Expert Strategy Teachers. *The Elementary School Journal, 94* (2), 109–120.

Duffy, G. G. (2014). *Explaining Reading: A Resource for Explicit Teaching of the Common Core Standards* (3rd ed.). New York: The Guilford Press.

Duffy, G. G. & Hoffman, J. V. (1999). In Pursuit of an Illusion: The Flawed Search for a Perfect Method. *Reading Teacher, 53* (1), 10–16.

Duffy, G. G., Miller, S., Parsons, S. A. & Meloth, M. S. (2009). Teachers as Metacognitive Professionals. In D. J. Hacker, J. Dunlosky & A. C. Graesser (Eds), *Handbook of Metacognition in Education* (pp. 240–256). New York: Routledge.

Duffy, G. G., Roehler, L. R. & Herrmann, B. A. (1988). Modeling Mental Processes Helps Poor Readers Become Strategic Readers. *The Reading Teacher, 41* (8), 762–767.

Duke, N. K. & Pearson, P. D. (2002). Effective Practices for Developing Reading Comprehension. In A. E. Farstrup & S. J. Samuels (Eds), *What Research Has to Say About Reading Instruction.* 3rd ed. (pp. 205–242). Newark: International Reading Association.

Eggert, H. (2002). Literarische Texte und ihre Anforderungen an die Lesekompetenz. In N. Groeben & B. Hurrelmann (Hrsg.), *Lesekompetenz. Bedingungen, Dimensionen, Funktionen* (S. 186–194). Weinheim: Juventa.

Fang, Z. (2008). Going beyond the Fab Five: Helping Students Cope with the Unique Linguistic Challenges of Expository Reading in Intermediate Grades. *Journal of Adolescent & Adult Literacy, 51* (6), 476–487.

Ferguson, L. E., Bråten, I. & Strømsø, H. I. (2012). Epistemic Cognition when Students Read Multiple Documents Containing Conflicting Scientific Evidence: A Think-Aloud Study. *Learning and Instruction, 22* (2), 103–120.

Flavell, J. H. (1979). Metacognition and Cognitive Monitoring: A New Area of Cognitive-Developmental Inquiry. *American Psychologist, 34* (10), 906–911.

Fox, E. (2009). The Role of Reader Characteristics in Processing and Learning from Informational Text. *Review of Educational Research, 79* (1), 197–261.

Friedrich, H. F. & Mandl, H. (2006). Lernstrategien: Zur Strukturierung des Forschungsfeldes. In H. Mandl & H. F. Friedrich (Hrsg.), *Handbuch Lernstrategien* (S. 1–23). Göttingen: Hogrefe.

Fuchs, D. & Fuchs, L. S. (2006). Introduction to Response to Intervention: What, Why, and How Valid Is It? *Reading Research Quarterly, 41* (1), 93–99.

Garner, R. (1987). Strategies for Reading and Studying Expository Text. *Educational Psychologist, 22* (3/4), 299–312.

Gehrer, K. & Artelt, C. (2012). Literalität und Bildungslaufbahn: Das Bildungspanel NEPS. In C. Rosebrock & A. Bertschi-Kaufmann (Hrsg.), *Literalität erfassen: bildungspolitisch, kulturell, individuell* (S. 168–187). Weinheim: Beltz Juventa.

Ginsburg-Block, M. D., Rohrbeck, C. A. & Fantuzzo, J. W. (2006). A Meta-Analytic Review of Social, Self-Concept, and Behavioral Outcomes of Peer-Assisted Learning. *Journal of Educational Psychology, 98* (4), 732–749.

Glaser, R. (1996). Changing the Agency for Learning: Acquiring Expert Performance. In K. A. Ericsson (Ed.), *The Road to Excellence. The Acquisition of Expert Performance in the Arts and Sciences, Sports, and Games* (pp. 303–311). Mahwah: Erlbaum Associates.

Gold, A. (2007). *Lesen kann man lernen: Lesestrategien für das 5. und 6. Schuljahr.* Göttingen: Vandenhoeck & Ruprecht.

Graesser, A. C., Millis, K. K. & Zwaan, R. A. (1997). Discourse Comprehension. *Annual Review of Psychology, 48* (1), 163–189.

Graesser, A. C., Singer, M. & Trabasso, T. (1994). Constructing Inferences during Narrative Text Comprehension. *Psychological Review, 101* (3), 371–395.

Graham, S., Harris, K. R. & McKeown, D. (2013). The Writing of Students with Learning Disabilities, Meta-Analysis of Self-Regulated Strategy Development Writing Intervention Studies, and Future Directions: Redux. In E. A. Swanson, K. R. Harris & S. Graham (Eds), *Handbook of Learning Disabilities.* 2nd ed. (pp. 405–438). New York: Guilford Press.

Graham, S. & Hebert, M. (2011). Writing to Read: A Meta-Analysis of the Impact of Writing and Writing Instruction on Reading. *Harvard Educational Review, 81* (4), 710–744.

Groeben, N. (2004a). Einleitung: Funktionen des Lesens – Normen der Gesellschaft. In N. Groeben & B. Hurrelmann (Hrsg.), *Lesesozialisation in der Mediengesellschaft. Ein Forschungsüberblick* (S. 11–35). Weinheim: Juventa.

Groeben, N. (2004b). (Lese-)Sozialisation als Ko-Konstruktion – Methodisch-methodologische Problem-(Lösungs-)Perspektiven. In N. Groeben & B. Hurrelmann (Hrsg.), *Lesesozialisation in der Mediengesellschaft. Ein Forschungsüberblick* (S. 145–168). Weinheim: Juventa.

Guthrie, J. T., Wigfield, A., Metsala, J. L. & Cox, K. E. (1999). Motivational and Cognitive Predictors of Text Comprehension and Reading Amount. *Scientific Studies of Reading, 3* (3), 231–256.

Guthrie, J. T., Wigfield, A. & You, W. (2012). Instructional Contexts for Engagement and Achievement in Reading. In S. Christenson, A. L. Reschly & C. Wylie (Eds), *Handbook of Research on Student Engagement* (pp. 601–634). New York: Springer.

Hacker, D. J. & Tenent, A. (2002). Implementing Reciprocal Teaching in the Classroom: Overcoming Obstacles and Making Modifications. *Journal of Educational Psychology, 94* (4), 699–718.

Harris, K. R. & Graham, S. (1996). *Making the Writing Process Work: Strategies for Composition and Self-Regulation.* Cambridge: Brookline Books.

Hasselhorn, M. & Gold, A. (2009). *Pädagogische Psychologie: Erfolgreiches Lernen und Lehren* (2., durchges. Aufl.). Stuttgart: Kohlhammer.

Hattie, J. (2012). *Visible Learning for Teachers: Maximizing Impact on Learning.* London: Routledge.

Hattie, J. & Timperley, H. (2007). The Power of Feedback. *Review of Educational Research, 77* (1), 81–112.

Helmke, A. (2009). *Unterrichtsqualität und Lehrerprofessionalität: Diagnose, Evaluation und Verbesserung des Unterrichts* (2., aktual. Aufl.). Seelze-Velber: Klett/Kallmeyer.

Henschel, S., Roick, T., Brunner, M. & Stanat, P. (2013). Leseselbstkonzept und Textart: Lassen sich literarisches und faktuales Leseselbstkonzept trennen? *Zeitschrift für Pädagogische Psychologie, 27* (3), 181–191.

Henschel, S. & Schaffner, E. (2014). Differenzielle Zusammenhänge zwischen Komponenten der Lesemotivation und dem Verständnis literarischer bzw. expositorischer Texte. *Psychologie in Erziehung und Unterricht, 61* (2), 112–126.

Hohn, K., Schiepe-Tiska, A., Sälzer, C. & Artelt, C. (2013). Lesekompetenz in PISA 2012: Veränderungen und Perspektiven. In M. Prenzel, C. Sälzer, E. Klieme & O. Köller (Hrsg.), *PISA 2012. Fortschritte und Herausforderungen in Deutschland* (S. 217–244). Münster: Waxmann.

Huang, S., Capps, M., Blacklock, J. & Garza, M. (2014). Reading Habits of College Students in the United States. *Reading Psychology, 35* (5), 437–467.

Hurrelmann, B. (2002). Prototypische Merkmale der Lesekompetenz. In N. Groeben & B. Hurrelmann (Hrsg.), *Lesekompetenz. Bedingungen, Dimensionen, Funktionen* (S. 275–286). Weinheim: Juventa.

Johnsson-Smaragdi, U. & Jönsson, A. (2006). Book Reading in Leisure Time: Long-Term Changes in Young Peoples' Book Reading Habits. *Scandinavian Journal of Educational Research, 50* (5), 519–540.

Jörgens, M. (2013). Leseengagement: Ein Konstrukt mit praktischer Bedeutung für die Lesedidaktik? *Didaktik Deutsch, 18* (35), 102–115.

Kammler, C. (2014). Präzisiert die Bildungsstandards Deutsch! Vergleichende Anmerkungen zum mittleren Schulabschluss und zum Hauptschulabschluss. *Didaktik Deutsch, 19* (36), 13–16.

Kintsch, W. (1998). *Comprehension: A Paradigm for Cognition.* Cambridge: Cambridge University Press.

Kintsch, W. & van Dijk, T. A. (1978). Toward a Model of Text Comprehension and Production. *Psychological Review, 85* (5), 363–394.

Kirschner, P. A., Sweller, J. & Clark, R. E. (2006). Why Minimal Guidance During Instruction Does Not Work: An Analysis of the Failure of Constructivist, Discovery, Problem-Based, Experiential, and Inquiry-Based Teaching. *Educational Psychologist, 41* (2), 75–86.

Kleinbub, I. D. (2010). *Unterrichtsqualität im Leseunterricht: Eine videobasierte Analyse in vierten Klassen.* Trier: Wissenschaftlicher Verlag Trier.

Klieme, E., Avenarius, H., Blum, W., Döbrich, P., Gruber, H., Prenzel, M., Reiss, K., Riquarts, K., Rost, J., Tenorth, H.-E. & Vollmer, H. J. (2003). *Zur Entwicklung nationaler Bildungsstandards.* Bonn, Berlin: Bundesministerium für Bildung und Forschung.

Klingner, J. K., Ahwee, S., Pilonieta, P. & Menendez, R. (2003). Barriers and Facilitators in Scaling Up Research-Based Practices. *Exceptional Children, 69* (4), 411–429.

Krauss, S. (2011). Das Experten-Paradigma in der Forschung zum Lehrerberuf. In E. Terhart, H. Bennewitz & M. Rothland (Hrsg.), *Handbuch der Forschung zum Lehrerberuf* (S. 171–191). Münster: Waxmann.

Kruse, G., Riss, M. & Sommer, T. (2014). *Lesen. Das Training 2 (Mittelstufe): Arbeitsmappe* (2., korr. Aufl.). Bern: Schulverlag plus.

Kuhn, A. & Bläsi, C. (2011). Lesen auf mobilen Lesegeräten 2011. *Media Perspektiven* (12), 583–951.

Lauth, G. W. (2014). Selbstinstruktionstraining. In G. W. Lauth, M. Grünke & J. C. Brunstein (Hrsg.), *Interventionen bei Lernstörungen. Förderung, Training und Therapie in der Praxis*. 2., überarb. und erw. Aufl. (S. 440–450). Göttingen: Hogrefe.

Lauth, G. W., Grünke, M. & Brunstein, J. C. (Hrsg.). (2014). *Interventionen bei Lernstörungen: Förderung, Training und Therapie in der Praxis* (2., überarb. und erw. Aufl.). Göttingen: Hogrefe.

Lenhard, W. & Artelt, C. (2009). Komponenten des Leseverständnisses. In W. Lenhard & W. Schneider (Hrsg.), *Diagnostik und Förderung des Leseverständnisses* (S. 1–17). Göttingen: Hogrefe.

Lenhard, W., Baier, D., Lenhard, A., Hoffmann, J. & Schneider, W. (2013). *conText: Förderung des Leseverständnisses durch das Arbeiten mit Texten*. Göttingen: Hogrefe.

Luiten, J., Ames, W. & Ackerson, G. (1980). A Meta-Analysis of the Effects of Advance Organizers on Learning and Retention. *American Educational Research Journal, 17* (2), 211–218.

Madigan, T. P. (2007). Thinking, Writing, Talking: A Discourse Analysis of Writing Instruction for Boys with Dyslexia. *Reading & Writing Quarterly, 23* (4), 359–416.

Makel, M. C. & Plucker, J. A. (2014). Facts Are More Important Than Novelty: Replication in the Education Sciences. *Educational Researcher, 43* (6), 304–316.

Makel, M. C., Plucker, J. A. & Hegarty, B. (2012). Replications in Psychology Research: How Often Do They Really Occur? *Perspectives on Psychological Science, 7* (6), 537–542.

Mandl, H. & Friedrich, H. F. (Hrsg.). (2006). *Handbuch Lernstrategien*. Göttingen: Hogrefe.

Marks, M., Pressley, M., Coley, J. D., Craig, S., Gardner, R., DePinto, T. & Rose, W. (1993). Three Teachers' Adaptations of Reciprocal Teaching in Comparison to Traditional Reciprocal Teaching. *The Elementary School Journal, 94* (2), 267–283.

Mason, L. H. (2013). Teaching Students Who Struggle with Learning to Think before, while, and after Reading: Effects of Self-Regulated Strategy Development Instruction. *Reading & Writing Quarterly, 29* (2), 124–144.

Mayer, R. E. (2008). Multimedia Literacy. In J. Coiro, M. Knobel, C. Lankshear & D. J. Leu (Eds), *Handbook of Research on New Literacies* (pp. 359–376). New York: Erlbaum Associates.

McKnight, C., Dillon, A. & Richardson, J. (1996). User Centred Design of Hypertext/Hypermedia for Education. In D. H. Jonassen (Ed.), *Handbook of Research for Educational Communications and Technology* (pp. 622–633). New York: Macmillan Library Reference USA.

Miller, P. H. & Seier, W. L. (1994). Strategy Utilization Deficiencies in Children: When, Where, and Why. *Advances in Child Development and Behavior, 25,* 107–156.

Mohan, L., Lundeberg, M. A. & Reffitt, K. (2008). Studying Teachers and Schools: Michael Pressley's Legacy and Directions for Future Research. *Educational Psychologist, 43* (2), 107–118.

Mokhtari, K., Reichard, C. A. & Gardner, A. (2009). The Impact of Internet and Television Use on the Reading Habits and Practices of College Students. *Journal of Adolescent & Adult Literacy, 52* (7), 609–619.

Möller, J., Pohlmann, I., Köller, O. & Marsh, H. W. (2009). A Meta-Analytic Path Analysis of the Internal/External Frame of Reference Model of Academic Achievement and Academic Self-Concept. *Review of Educational Research, 79* (3), 1129–1167.
Murphy, P. K., Wilkinson, I., Soter, A., Hennessey, M. & Alexander, J. (2009). Examining the Effects of Classroom Discussion on Students' Comprehension of Text: A Meta-Analysis. *Journal of Educational Psychology, 101* (3), 740–764.

National Institute of Child Health and Human Development (2000). *Report of the National Reading Panel: Teaching Children to Read. An Evidence-Based Assessment of the Scientific Research Literature on Reading and Its Implications for Reading Instruction: Reports of the Subgroups.* Washington: U.S. Government Printing Office.
Naumann, J. (2012). Online-Leseengagement: Vorhersage von Navigationsverhalten und Textverstehen bei Online-Texten. In C. Rosebrock & A. Bertschi-Kaufmann (Hrsg.), *Literalität erfassen: bildungspolitisch, kulturell, individuell* (S. 188–202). Weinheim: Beltz Juventa.
Naumann, J., Artelt, C., Schneider, W. & Stanat, P. (2010). Lesekompetenz von PISA 2000 bis PISA 2009. In E. Klieme, C. Artelt, J. Hartig, N. Jude, O. Köller, M. Prenzel, W. Schneider & P. Stanat (Hrsg.), *PISA 2009. Bilanz nach einem Jahrzehnt* (S. 23–71). Münster: Waxmann.
Ness, M. & Kenny, M. (in press). Improving the Quality of Think-Alouds. *The Reading Teacher.*
Nix, D. (2010). Förderung der Lesekompetenz. In M. Kämper-van den Boogaart & K. H. Spinner (Hrsg.), *Lese- und Literaturunterricht. Teil 2: Kompetenzen und Unterrichtsziele, Methoden und Unterrichtsmaterialien, Gegenwärtiger Stand der empirischen Unterrichtsforschung* (S. 139–189). Baltmannsweiler: Schneider-Verlag Hohengehren.
Nokes-Malach, T. J. & Mestre, J. P. (2013). Toward a Model of Transfer as Sense-Making. *Educational Psychologist, 48* (3), 184–207.

OECD (2010). *PISA 2009 Results: Learning to Learn - Student Engagement, Strategies and Practices: Volume III.* Paris: OECD.
OECD (2013). *PISA 2012 Results: What Students Know and Can Do - Student Performance in Mathematics, Reading and Science.* Paris: OECD.

Paris, S. G. (2005). Reinterpreting the Development of Reading Skills. *Reading Research Quarterly, 40* (2), 184–202.
Paris, S. G., Lipson, M. Y. & Wixson, K. K. (1983). Becoming a Strategic Reader. *Contemporary Educational Psychology, 8* (3), 293–316.
Pearson, P. D. (2004). The Reading Wars. *Educational Policy, 18* (1), 216–252.
Pekrun, R. & Götz, T. (2006). Emotionsregulation: Vom Umgang mit Prüfungsangst. In H. Mandl & H. F. Friedrich (Hrsg.), *Handbuch Lernstrategien* . Göttingen: Hogrefe.
Perfetti, C. A., Rouet, J.-F. & Britt, M. A. (1999). Towards a Theory of Documents Representation. In H. van Oostendorp & S. R. Goldman (Eds), *The Construction of Mental Representations during Reading* (pp. 99–122). Mahwah: Erlbaum Associates.
Philipp, M. (2011). *Lesesozialisation in Kindheit und Jugend: Lesemotivation, Leseverhalten und Lesekompetenz in Familie, Schule und Peer-Beziehungen.* Stuttgart: Kohlhammer.
Philipp, M. (2012a). *Besser lesen und schreiben: Wie Schüler effektiver mit Sachtexten umgehen lernen.* Stuttgart: Kohlhammer.

Philipp, M. (2012b). Einige theoretische und begriffliche Grundlagen. In M. Philipp & A. Schilcher (Hrsg.), *Selbstreguliertes Lesen. Ein Überblick über wirksame Leseförderansätze* (S. 38–58). Seelze-Velber: Friedrich.

Philipp, M. (2013a). *Lese- und Schreibunterricht.* Tübingen: Francke.

Philipp, M. (2013b). *Motiviert lesen und schreiben: Dimensionen, Bedeutung, Förderung.* Seelze-Velber: Klett/Kallmeyer.

Philipp, M. (2013c). *Wie motiviert lese und schreibe ich? Und wenn ja: auf wie viele Arten und Weisen? Zur Klärung und Klärungsbedürftigkeit der vielschichtigen Lese- und Schreibmotivation.* Verfügbar unter: http://www.leseforum.ch/myUploadData/files/2013_2_Philipp.pdf.

Philipp, M. (2014a). Leseunterricht in der Grundschule – vom Ist-Zustand und vom Soll-Zustand: Was Beobachtungsstudien lehren. In R. Valtin & I. Tarelli (Hrsg.), *IGLU 2011 – Wie lässt sich eine nachhaltige Verbesserung der Lesekompetenz erreichen?* (S. 122–165). Berlin: Deutsche Gesellschaft für Lesen und Schreiben.

Philipp, M. (2014b). *Selbstreguliertes Schreiben: Schreibstrategien erfolgreich vermitteln.* Weinheim: Beltz.

Philipp, M., Brändli, M. & Kirchhofer, K. C. (2014). *Kooperatives Lesen: Lesefluss, Textverstehen und Lesestrategien verbessern.* Seelze: Klett/Kallmeyer.

Philipp, M. & Schilcher, A. (Hrsg.). (2012). *Selbstreguliertes Lesen: Ein Überblick über wirksame Leseförderansätze.* Seelze-Velber: Friedrich.

Pöppel, E. (2009). Was geschieht beim Lesen? *Aus Politik und Zeitgeschichte* (42–43), 40–45.

Pressley, M. & Afflerbach, P. (1995). *Verbal Protocols of Reading: The Nature of Constructively Responsive Reading.* Hillsdale: Erlbaum Associates.

Pressley, M., Borkowski, J. G. & Schneider, W. (1989). Good Information Processing: What It Is and How Education Can Promote It. *International Journal of Educational Research, 13* (8), 857–867.

Pressley, M., El-Dinary, P. Beard, Gaskins, I., Schuder, T., Bergman, J. L., Almasi, J. & Brown, R. (1992a). Beyond Direct Explanation: Transactional Instruction of Reading Comprehension Strategies. *The Elementary School Journal, 92* (5), 513–555.

Pressley, M., Forrest-Pressley, D.-L., Elliott-Faust, D. J. & Miller, G. E. (1985). Children's Use of Cognitive Strategies: How to Teach Strategies, and What to Do If They Can't Be Taught. In M. Pressley & C. J. Brainerd (Eds), *Cognitive Learning and Memory in Children. Progress in Cognitive Development Research* (pp. 1–47). New York: Springer.

Pressley, M., Goodchild, F., Fleet, J., Zajchowski, R. & Evans, E. D. (1989). The Challenges of Classroom Strategy Instruction. *The Elementary School Journal, 89* (3), 301–342.

Pressley, M., Mohan, L., Raphael, L. M. & Fingeret, L. (2007). How Does Bennett Woods Elementary School Produce Such High Reading and Writing Achievement? *Journal of Educational Psychology, 99* (2), 221–240.

Pressley, M., Schuder, T., Teachers in the SAIL Program, Bergman, J. L. & El Dinary, P. B. (1992b). A Researcher-Educator Collaborative Interview Study of Transactional Comprehension Strategies Instruction. *Journal of Educational Psychology, 84* (2), 231–246.

Purcell-Gates, V., Duke, N. K. & Martineau, J. A. (2007). Learning to Read and Write Genre-Specific Text: Roles of Authentic Experience and Explicit Teaching. *Reading Research Quarterly, 42* (1), 8–45.

RAND Reading Study Group (2002). *Reading for Understanding: Toward an R&D Program in Reading Comprehension.* Santa Monica: Rand.

Reid, R., Lienemann, T. O. & Hagaman, J. L. (2013). *Strategy Instruction for Students with Learning Disabilities* (2nd ed.). New York: Guilford.

Reimann, P. & Rapp, A. (2008). Expertiseerwerb. In A. Renkl (Hrsg.), *Lehrbuch Pädagogische Psychologie* (S. 155–203). Bern: Huber.

Richter, T. & Christmann, U. (2002). Lesekompetenz: Prozessebenen und interindividuelle Unterschiede. In N. Groeben & B. Hurrelmann (Hrsg.), *Lesekompetenz. Bedingungen, Dimensionen, Funktionen* (S. 25–58). Weinheim: Juventa.

Roehler, L. R. & Duffy, G. G. (1986). What Makes One Teacher a Better Explainer than Another. *Journal of Education for Teaching, 12* (3), 273–284.

Roick, T., Stanat, P., Dickhäuser, O., Frederking, V., Meier, C. & Steinhauer, L. (2010). Strukturelle und kriteriale Validität der literarästhetischen Urteilskompetenz. Projekt literarästhetische Urteilskompetenz. In E. Klieme, D. Leutner & M. Kenk (Hrsg.), *Kompetenzmodellierung. Zwischenbilanz des DFG-Schwerpunktprogramms und Perspektiven des Forschungsansatzes.* Zeitschrift für Pädagogik, 56. Beiheft (S. 165–174). Weinheim: Beltz.

Rosebrock, C. (2009). Lesekompetenz als Mehrebenenkonstrukt. In A. Bertschi-Kaufmann & C. Rosebrock (Hrsg.), *Literalität. Bildungsaufgabe und Forschungsfeld* (S. 59–72). Weinheim: Juventa.

Rosebrock, C. & Nix, D. (2014). *Grundlagen der Lesedidaktik und der systematischen schulischen Leseförderung* (7., überarb. und erw. Aufl.). Baltmannsweiler: Schneider-Verlag Hohengehren.

Roseth, C. J., Johnson, D. W. & Johnson, R. T. (2008). Promoting Early Adolescents' Achievement and Peer Relationships: The Effects of Cooperative, Competitive, and Individualistic Goal Structures. *Psychological Bulletin, 134* (2), 223–246.

Rouet, J.-F. (2006). *The Skills of Document Use: From Text Comprehension to Web-Based Learning.* Mahwah: Erlbaum Associates.

Rouet, J.-F. & Britt, M. A. (2011). Relevance Processes in Multiple Document Comprehension. In M. T. McCrudden, J. P. Magliano & G. J. Schraw (Eds.), *Text Relevance and Learning from Text* (pp. 19–52). Charlotte: Information Age.

Ruddell, R. B. & Unrau, N. J. (2004). The Role of Responsive Teaching in Focus Reader Intention and Developing Reader Motivation. In R. B. Ruddell & N. Unrau (Eds), *Theoretical Models and Processes of Reading.* 5th ed. (pp. 954–978). Newark: International Reading Association.

Rupley, W. H., Blair, T. R. & Nichols, W. D. (2009). Effective Reading Instruction for Struggling Readers: The Role of Direct/Explicit Teaching. *Reading & Writing Quarterly, 25* (2), 125–138.

Salmerón, L., Cañas, J. J., Kintsch, W. & Fajardo, I. (2005). Reading Strategies and Hypertext Comprehension. *Discourse Processes, 40* (3), 171–191.

Salmerón, L., Kintsch, W. & Cañas, J. J. (2006). Reading Strategies and Prior Knowledge in Learning from Hypertext. *Memory & Cognition, 34* (5), 1157–1171.

Schaffner, E. & Schiefele, U. (2007). Auswirkungen habitueller Lesemotivation auf die situative Textrepräsentation. *Psychologie in Erziehung und Unterricht, 54* (4), 268–286.

Schiefele, U., Schaffner, E., Möller, J. & Wigfield, A. (2012). Dimensions of Reading Motivation and Their Relation to Reading Behavior and Competence. *Reading Research Quarterly, 47* (4), 427–463.

Schiefele, U. & Streblow, L. (2006). Motivation aktivieren. In H. Mandl & H. F. Friedrich (Hrsg.), *Handbuch Lernstrategien* (S. 232–247). Göttingen: Hogrefe.

Schilcher, A., Stöger, H., Pissarek, M., Sontag, C., Pronold-Günthner, F. & Steinbach, J. (2013). *Burg Adlerstein: Arbeitsheft*. Braunschweig: Westermann Schulbuchverlag.

Schleppegrell, M. J., Achugar, M. & Oteíza, T. (2004). The Grammar of History: Enhancing Content-Based Instruction through a Functional Focus on Language. *TESOL Quarterly, 38* (1), 67–93.

Schnotz, W. & Dutke, S. (2004). Kognitionspsychologische Grundlagen der Lesekompetenz: Mehrebenenverarbeitung anhand multipler Informationsquellen. In U. Schiefele, C. Artelt, W. Schneider & P. Stanat (Hrsg.), *Struktur, Entwicklung und Förderung von Lesekompetenz. Vertiefende Analysen im Rahmen von PISA 2000* (S. 61–99). Wiesbaden: VS Verlag für Sozialwissenschaften.

Schuder, T. (1993). The Genesis of Transactional Strategies Instruction in a Reading Program for At-Risk Students. *The Elementary School Journal, 94* (2), 183–200.

Schunk, D. H. & Zimmerman, B. J. (1997). Social Origins of Self-Regulatory Competence. *Educational Psychologist, 32* (4), 195–208.

Schunk, D. H. & Zimmerman, B. J. (Eds). (2008). *Motivation and Self-Regulated Learning: Theory, Research, and Applications*. New York: Routledge.

Sekretariat der Ständigen Konferenz der Kultusminister der Länder in der Bundesrepublik Deutschland (2004). *Bildungsstandards im Fach Deutsch für den Hauptschulabschluss: Beschluss vom 15.10.2004*. Berlin: KMK.

Seuring, V. & Spörer, N. (2010). Reziprokes Lehren in der Schule: Förderung von Leseverständnis, Leseflüssigkeit und Strategieanwendung. *Zeitschrift für Pädagogische Psychologie, 24* (3–4), 191–205.

Shanahan, C., Shanahan, T. & Misischia, C. (2011). Analysis of Expert Readers in Three Disciplines. *Journal of Literacy Research, 43* (4), 393–429.

Shulman, L. S. (1986). Those Who Understand: Knowledge Growth in Teaching. *Educational Researcher, 15* (2), 4–14.

Siegler, R. S. (2000). The Rebirth of Children's Learning. *Child Development, 71* (1), 26–35.

Slavin, R. E., Cheung, A., Groff, C. & Lake, C. (2008). Effective Reading Programs for Middle and High Schools: A Best-Evidence Synthesis. *Reading Research Quarterly, 43* (3), 290–322.

Slavin, R. E., Lake, C., Chambers, B., Cheung, A. & Davis, S. (2009). Effective Reading Programs for the Elementary Grades: A Best-Evidence Synthesis. *Review of Educational Research, 79* (4), 1391–1466.

Souvignier, E. & Antoniou, F. (2007). Förderung des Leseverständnisses bei Schülerinnen und Schülern mit Lernschwierigkeiten – eine Metaanalyse. *Vierteljahresschrift für Heilpädagogik und ihre Nachbargebiete, 76* (1), 46–62.

Spinner, K. H. (2004). Der standardisierte Schüler. *Didaktik Deutsch, 11* (18), 4–13.

Spörer, N. & Brunstein, J. C. (2006). Erfassung selbstregulierten Lernens mit Selbstberichtsverfahren: Ein Überblick zum Stand der Forschung. *Zeitschrift für Pädagogische Psychologie, 20* (3), 147–160.

Stark, T. (2010). Lautes Denken in der Leseprozessforschung. Kritischer Bericht über eine Erhebungsmethode. *Didaktik Deutsch, 16* (29), 58–83.

Stefanou, C. R., Perencevich, K. C., DiCintio, M. & Turner, J. C. (2004). Supporting Autonomy in the Classroom: Ways Teachers Encourage Student Decision Making and Ownership. *Educational Psychologist, 39* (2), 97–110.

Su, Y.-L. & Reeve, J. (2011). A Meta-Analysis of the Effectiveness of Intervention Programs Designed to Support Autonomy. *Educational Psychology Review, 23* (1), 159–188.

Sutter, T. (2002). Anschlusskommunikation und die kommunikative Verarbeitung von Medienangeboten: Ein Aufriss im Rahmen einer konstruktivistischen Theorie der Mediensozialisation. In N. Groeben & B. Hurrelmann (Hrsg.), *Lesekompetenz. Bedingungen, Dimensionen, Funktionen* (S. 80–105). Weinheim: Juventa.

Taboada, A., Tonks, S., Wigfield, A. & Guthrie, J. T. (2009). Effects of Motivational and Cognitive Variables on Reading Comprehension. *Reading and Writing, 22* (1), 85–106.

Taylor, G., Jungert, T., Mageau, G. A., Schattke, K., Dedic, H., Rosenfield, S. & Koestner, R. (2014). A Self-Determination Theory Approach to Predicting School Achievement over Time: The Unique Role of Intrinsic Motivation. *Contemporary Educational Psychology, 39* (4), 342–358.

Topping, K. J. & Ehly, S. W. (1998). Introduction to Peer-Assisted Learning. In K. J. Topping & S. W. Ehly (Eds), *Peer-Assisted Learning* (pp. 1–23). Mahwah: Erlbaum Associates.

Unrau, N. J. & Quirk, M. (2014). Reading Motivation and Reading Engagement: Clarifying Commingled Conceptions. *Reading Psychology, 35* (3), 260–284.

Utman, C. H. (1997). Performance Effects of Motivational State: A Meta-Analysis. *Personality and Social Psychology Review, 1* (2), 170–182.

van Dijk, T. A. & Kintsch, W. (1983). *Strategies of Discourse Comprehension*. New York: Academic Press.

van Eimeren, B. & Frees, B. (2009). Der Internetnutzer 2009 - multimedial und total vernetzt? *Media Perspektiven* (7), 334–348.

van Eimeren, B. & Ridder, C.-M. (2011). Trends in der Nutzung und Bewertung der Medien 1970 bis 2010. *Media Perspektiven* (1), 2–15.

Vollmeyer, R. (2006). Ansatzpunkte für die Beeinflussung von Lernmotivation. In H. Mandl & H. F. Friedrich (Hrsg.), *Handbuch Lernstrategien* (S. 223–231). Göttingen: Hogrefe.

Wanzek, J., Vaughn, S., Scammacca, N. K., Metz, K., Murray, C. S., Roberts, G. & Danielson, L. (2013). Extensive Reading Interventions for Students with Reading Difficulties after Grade 3. *Review of Educational Research, 83* (2), 163–195.

Weinstein, C. E. & Mayer, R. E. (1986). The Teaching of Learning Strategies. In M. C. Wittrock (Ed.), *Handbook of Research on Teaching*. 3rd ed. (pp. 315–327). New York: Macmillan.

Wellenreuther, M. (2014). *Lehren und Lernen – aber wie? Empirisch-experimentelle Forschungen zum Lehren und Lernen im Unterricht* (7., korr. Aufl.). Baltmannsweiler: Schneider-Verlag Hohengehren.

White, S., Chen, J. & Forsyth, B. (2010). Reading-Related Literacy Activities of American Adults: Time Spent, Task Types, and Cognitive Skills Used. *Journal of Literacy Research, 42* (3), 276–307.

Zimmerman, B. J. (2000). Attaining Self-Regulation. In M. Boekaerts, P. R. Pintrich & M. Zeidner (Eds), *Handbook of Self-Regulation* (pp. 13–39). San Diego: Academic Press.

Zimmerman, B. J. (2002). Becoming a Self-Regulated Learner: An Overview. *Theory into Practice, 41* (2), 64–70.
Zimmerman, B. J. (2013). From Cognitive Modeling to Self-Regulation: A Social Cognitive Career Path. *Educational Psychologist, 48* (3), 135–147.
Zimmerman, B. J. & Kitsantas, A. (2002). Acquiring Writing Revision and Self-Regulatory Skill through Observation and Emulation. *Journal of Educational Psychology, 94* (4), 660–668.